Guttentagsche Sammlung
Nr. 14. Preußischer Gesetze. Nr. 14.
Textausgaben mit Anmerkungen und Sachregister.

Kommunalabgabengesetz

vom 14. Juli 1893

und Kreis- und Provinzialabgabengesetz

vom 23. August 1906

(beide in der Fassung des Gesetzes vom 26. August 1921)

nebst Auszug aus der Ausführungsanweisung zum Kommunalabgabengesetz und Ausführungsanweisung zum Gesetze vom 26. August 1921.

Textausgabe mit Anmerkungen und Sachregister.

Von

Dr. F. Adickes †,

Oberbürgermeister in Frankfurt a. M., Mitglied des Herrenhauses.

Sechste Auflage,

nach Maßgabe der gegenwärtigen Gesetzgebung

neubearbeitet von

Dr. Joh. Falk, Bürgermeister in Bochum.

Berlin und Leipzig 1922.

Vereinigung wissenschaftlicher Verleger

Walter de Gruyter & Co.

vormals G. J. Göschen'sche Verlagshandlung — J. Guttentag, Verlagsbuchhandlung — Georg Reimer — Karl J. Trübner — Veit & Comp.

Vorwort zur ersten Auflage.

Auf den Wunsch der Verlagsbuchhandlung hat der Verfasser sich der Bearbeitung dieser Textausgabe des Kommunalabgabengesetzes unterzogen, um das erste Studium dieses so außerordentlich wichtigen und eingreifenden Gesetzes durch eine kurzgefaßte Einleitung und eine Anzahl erläuternder Bemerkungen zu erleichtern. Die weitere Ausführung derselben hofft er in Bälde in einem in gleichem Verlage erscheinenden Kommentar des Gesetzes geben zu können.

Frankfurt a. M., im Juli 1893.

Vorwort zur zweiten Auflage.

Der vorgenannte, 1894 in gleichem Verlage erschienene Kommentar verfolgte insbesondere den Zweck, das Verständnis der leitenden Gedanken des KAG. über die Stellung der Realsteuern im Kommunalsteuersystem durch eingehende historische Darlegungen zu fördern und die zum ersten Male von der Gesetzgebung versuchte Formulierung von Bestimmungen über Gebühren und Beiträge mit ausführlichen, zum Teil auch kritischen Bemerkungen zu begleiten, um hierdurch die Verbindung zwischen Wissenschaft und Praxis zu einer tunlichst innigen und fruchtbaren zu gestalten.

Gleichzeitig war von mir in den „Studien über die weitere Entwicklung des Gemeindesteuerwesens auf

Grund des Preuß. KAG. vom 14. Juli 1893" [1]) der Versuch gemacht, der Ausbildung einiger indirekten Steuern, insbesondere der Umsatzsteuer sowie besonderer Grundbesitzsteuern, durch eingehende Erörterungen die Wege zu ebnen.

Die Textausgabe war dagegen nur mit einer geringen Zahl kurzer erläuternder Bemerkungen ausgestattet.

Nachdem das Gesetz nunmehr seit mehr als zwei Jahren in Geltung ist, erschien es angemessen, in dieser zweiten Auflage der Textausgabe den Umfang der Erläuterungen weiter auszudehnen, insbesondere auch aus den Ausführungsbestimmungen, den anderweit ergangenen Ministerialerlassen und den Entscheidungen des Oberverwaltungsgerichtes das Wichtigste mitzuteilen.

Frankfurt a. M., im April 1897.

Vorwort zur sechsten Auflage.

Die umfassenden gesetzlichen Abänderungen des Kommunalabgabengesetzes machen eine neue Auflage dieser für den praktischen Gebrauch bestimmten Textausgabe mit Anmerkungen notwendig. Wenn auch vielleicht dieser Auflage und damit dem Werke selbst keine allzulange Lebensdauer mehr beschieden sein sollte, da die Staatsregierung die Ersetzung des Kommunalabgabengesetzes durch ein neues Gesetz in absehbarer Zeit plant, so erschien dennoch

[1]) Zuerst in der Tübinger Zeitschrift für die gesamte Staatswissenschaft, herausgegeben von Dr. A. Schäffle, 1894, S. 410 bis 452, 583—658, dann auch in besonderer Ausgabe bei H. Laupp, Tübingen 1894, erschienen; mit Anhang 124 S.

diese Ausgabe in der jetzt gültigen Fassung geboten, da die alte Fassung dem praktischen Gebrauch nur mehr wenig dienlich sein kann.

Die neue Auflage ist auch bezüglich der unverändert gebliebenen Bestimmungen unter Berücksichtigung der Rechtsprechung und Verwaltungspraxis neu bearbeitet. Der Gesetzestext ist lediglich in der heute geltenden Fassung aufgenommen. Eine Mitaufnahme des früheren Wortlauts, wie er in größeren Kommentaren vielfach in anderer Druckschrift erfolgt, erschien entbehrlich, zumal hierdurch die Übersicht für den praktischen Gebrauch beeinträchtigt wird. Dies ist lediglich bezüglich der durch das Kriegsgesetz vom 13. Mai 1918 (s. unten S. 43) vorübergehend geänderten Gesetzesstellen geschehen. Ebenso blieben die §§ 91—93 weg, an deren Stelle das Kreis- und Provinzialabgabengesetz getreten ist.

Das seither in Abschnitt II abgedruckte Gesetz wegen Aufhebung direkter Staatssteuern vom 14. Juli 1893 ist in dieser Auflage weggelassen. Dieses Gesetz, so bedeutungsvoll es auch bei der Einführung des Kommunalabgabengesetzes gewesen ist, hat heute nur noch historischen Wert und ist für die tägliche Praxis völlig entbehrlich. Ferner ist weggefallen das Gesetz, betr. die Heranziehung der Beamten usw. zur Gemeindeeinkommensteuer vom 16. Juni 1909.

Statt dessen sind neu aufgenommen ein Auszug aus der Ausführungsanweisung zum Kommunalabgabengesetz, enthaltend die nach der Gesetzesänderung für den praktischen Gebrauch noch bedeutungsvollen Bestimmungen sowie die vor kurzem erschienene Ausführungsanweisung zur Novelle vom 26. August 1921. Beigefügt wurden ferner mehrere der neuen Mustersteuerordnungen zu Gemeindesteuern und die reichsrechtlichen Bestimmungen für die gemeindlichen Vergnügungssteuern.

Seit dem Erscheinen der letzten, von Stadtrat Dr. Woell in Frankfurt a. M. bearbeiteten Auflage dieses Werkes im Jahre 1911 ist der Verfasser desselben, Oberbürgermeister Dr. Franz Adickes, aus dem Leben geschieden. Es geziemt sich daher wohl, auch an dieser Stelle mit einigen Worten dieses großen Kommunalpolitikers zu gedenken. Der Unterzeichnete tut dies um so lieber, als es ihm vergönnt gewesen ist, mehrere Jahre unter Adickes in der Finanzverwaltung der Stadt Frankfurt zu arbeiten und aus dem Wirken dieses Mannes auch für seine persönliche Entwickelung reichen Gewinn mit ins Leben zu nehmen. Der nachfolgende kurze Lebensabriß möge in diesem Sinne ein schlichter Kranz des Erinnerns und der Dankbarkeit auf seinem Grabe sein.

Bochum, den 7. Januar 1922.

Dr. Johannes Falk.

Franz Adickes.

Franz Adickes wurde am 19. Januar 1846 als Sohn eines Amtsgerichtsrats zu Harsefeld bei Stade geboren. Er studierte in Heidelberg, München und Göttingen Rechtswissenschaften, nahm 1870/71 am Krieg gegen Frankreich teil, war von 1873 bis 1877 Zweiter Bürgermeister in Dortmund und wurde 1877 nach Altona berufen. Von dort kam er 1891 als Nachfolger des Oberbürgermeisters Miquel nach Frankfurt a. M.

Seine Lebensarbeit fällt zeitlich mit seiner 21 jährigen Wirksamkeit als Oberbürgermeister der Stadt Frankfurt zusammen. Sie beschränkt sich aber keineswegs, weder sachlich noch örtlich, auf die aus diesem Amte sich ergebende Tätigkeit.

Von seinen hohen Verdiensten treten seine Grundstückspolitik, Wohnungsreform, Städtebau- und Siedlungspolitik besonders hervor. Großangelegte Straßendurchbrüche in der Altstadt, durch die dort Licht und Luft geschaffen und der Innenverkehr in neue Bahnen gelenkt worden ist, zeugen von seinem Unternehmungsgeist und seiner Tatkraft; er hat Frankfurt zu einer neuzeitlichen Großstadt ausgestaltet. Der großzügige Frankfurter Bebauungsplan, die weitausgedehnten gärtnerischen Anlagen und Grüngürtel, die prächtigen Straßen und Plätze in den Außenteilen der Stadt sind seiner Anregung zu danken.

Als er sah, daß Frankfurts Bedeutung als Börsen- und Handelsstadt allein dessen Zukunft nicht verbürge, verwandte er seine Bemühungen darauf, einerseits die Mainmetropole zu einer führenden Industriestadt zu machen, andererseits sie in wissenschaftlicher und künstlerischer Beziehung zu heben und die bestehenden Bildungsinstitute weiter auszubilden. Trotz mancher Hemmnisse und trotz großen Widerstandes hat er es verstanden, seine weitschauenden Gedanken durchzusetzen. Großen Kampf hat es gekostet, bis das Festhallenprojekt genehmigt war; heute möchte niemand diesen herrlichen, für die Stadt so wertvollen Bau missen. Der großzügig angelegte Osthafen ist seine Schöpfung. Die Errichtung der Akademie für Sozial- und Handelswissenschaften und ihr Ausbau zur Universität waren seine Lieblingspläne, für die er unermüdlich Freunde und Stifter geworben hat. Als er in der Begründung der Frankfurter Universität sein Lebenswerk gekrönt sah, ist er 1912, damals schon ein kranker Mann, in den Ruhestand getreten.

Von einem Ruhestand konnte allerdings bei dem immer schaffensfreudigen Manne nicht die Rede sein. Er wurde in den Aufsichtsrat der Dresdener Bank berufen, vor allen Dingen aber war er auch weiterhin unermüdlich für die Förderung der Universität tätig, deren feierliche Eröffnung zu erleben ihm vergönnt war.

Der Turm des unter ihm errichteten Rathauses ist vom Volksmunde „Der lange Franz" genannt und damit sein äußeres Denkmal geworden, aber das ganze Frankfurt als moderne Großstadt, vom Osthafen bis zur Adickes-Allee im Norden und zum Fluggelände im Westen, ja darüber hinaus das durch die Eingemeindung des gesamten Landkreises Frankfurt geschaffene Groß-Frankfurt ist die Spur von seinen Erdentagen.

Aus Dankbarkeit für seine Verdienste hat ihn die Stadt Frankfurt a. M. zum Ehrenbürger ernannt. Von seinen Freunden wurde in der von ihm begründeten städtischen Galerie seinem Andenken eine wertvolle Stiftung errichtet.

Über seine Tätigkeit in der Frankfurter Verwaltung hinaus hat er auch im allgemein-politischen Leben eine bedeutende Rolle gespielt. Schon als Oberbürgermeister in Altona war er 1889 ins Preußische Herrenhaus berufen worden. Nach seiner Wahl zum Oberbürgermeister von Frankfurt a. M. legte er sein Mandat nieder, wurde dann aber von neuem berufen, als er sein Frankfurter Amt angetreten hatte. Als Parlamentarier betätigte er sich vornehmlich in der Verwaltungs- und Justizgesetzgebung. Insbesondere an der praktischen Durchführung und dem wissenschaftlichen Ausbau der Miquelschen Finanz- und Steuerreform hat er hervorragenden Anteil genommen.

Bekannt wurde sein Name weithin durch die Anregungen zur Reform der deutschen Rechtspflege, wobei er besonders auf das kürzere englische Verfahren hinwies. Am meisten in der Öffentlichkeit wird wohl die sogenannte „Lex Adickes", ein Gesetz zur Erleichterung von Stadterweiterungen, genannt, deren erste Vorlage er 1892 einbrachte, die aber erst 1902 zum Gesetz erhoben wurde und zunächst nur für den Bezirk Frankfurt, später aber für eine Reihe anderer Städte und dann für das gesamte Staatsgebiet Geltung erhielt.

Sein Wirken wurde auch von hohen und höchsten Stellen besonders anerkannt. Mehrfach wurde mit ihm wegen Berufung in das Preußische Staatsministerium verhandelt, doch zog Adickes das Verbleiben in seinem Frankfurter Amt vor, in dem sich auch seine großzügige Persönlichkeit vielleicht besser entfalten konnte als in dem Rahmen des preußischen Ministeriums.

Als juristischer, kommunaler und wirtschaftspolitischer Schriftsteller hat Adickes ebenfalls eine fruchtbare Tätigkeit entfaltet.

Am 4. Februar 1915 ist er in Frankfurt a. M. gestorben und auf dem Frankfurter Hauptfriedhof beerdigt worden.

Inhaltsverzeichnis.

Abkürzungen.

A. = Anmerkung.

AA. = Anweisung zur Ausführung des KAG. vom 10. Mai 1894.

Abs. = Absatz.

AH. Kom. red. Pl. II. III. = Haus der Abgeordneten, Kommission, redaktionelle Änderung, Plenum, 2., 3. Lesung.

BGBl. S. = Bundesgesetzblatt Seite.

Friedrichs = Das Gesetz, betr. die Anlegung und Veränderung von Straßen und Plätzen ..., vom 2. Juli 1875 von Friedrichs. 5. Aufl. von Dr. v. Strauß und Torney. Berlin 1905, Guttentag.

GS. S. = Preuß. Gesetzsammlung Seite.

HH. KomBer. = Herrenhaus, Kommissionsbericht.

Jebens = Verwaltungsrechtliche Aufsätze von J. Berlin 1899.

KAG. (ohne Angabe von Paragraphen) = Adickes, Kommentar zum KAG. Berlin 1894, Guttentag.

MBl. = Ministerialblatt der gesamten inneren Verwaltung.

ME. = Ministerialerlaß.

Mot. = Motive zum Entwurf des Kommunalabgabengesetzes.

Noell = Das KAG. vom 14. Juli 1893. Erläutert von F. Noell, Wirkl. Geh. Ob.-Reg.-Rat. 8. Aufl. Berlin 1919. Bearbeitet von Geh. Ob.-Reg.-Rat Dr. Freund.

OVG. = Oberverwaltungsgerichts-Entscheidungen. Bd. 1 ff.

Oertel = Die Städteordnung für die sechs östlichen Provinzen vom 30. Mai 1853 mit Ergänzungen und Erläuterungen. 5. Aufl. 1910.

PVBl. = Preußisches Verwaltungsblatt.

R. = Regierungsentwurf zum Kommunalabgabengesetz.

Studien = Adickes, Studien über die weitere Entwicklung des Gemeindeabgabenwesens (vergl. Vorwort zur 2. Aufl. dieses Kommentars oben S. 5). Die Seitenzahlen sind diejenigen der besonderen Ausgabe, in welcher S. 1—43 = S. 410—452 der Tüb. Zeitschrift und S. 44—119 = 583—648 sind.

Die Zeichen R., AH., HH. unter den einzelnen Paragraphen verweisen auf den Regierungsentwurf und die Landtagsverhandlungen über das ursprüngliche Gesetz, durch welche der Entwurf Veränderungen erfahren hat.

Einleitung zur sechsten Auflage.

Das Kommunalabgabengesetz, ehedem ein gewaltiger Eckstein in dem wohlgefügten Prachtbau der Miquelschen Finanzreform, ist zum Torso geworden. Die neue Reichssteuergesetzgebung hat seine innere Festigkeit mit einem Schlage zerstört, indem sie den tragfähigsten Bestandteil, die Gemeindeeinkommensteuer, herausgebrochen hat. Ob es damit genug sein wird, oder ob Reich und Staat sich aus den verbliebenen Trümmern weitere brauchbare Teile in Gestalt der Grundsteuer, der Gewerbesteuer oder einzelner indirekter Steuern noch aussuchen werden, steht dahin.

Die Gemeindeverwaltungen werden auf eine Neuverteilung der gesamten Steuerquellen zwischen Reich, Staat und Gemeinden vertröstet. Mit einer solchen, die im Anschluß an die Neuregelung der Gemeindeverfassung und die endgültige Gestaltung des Landessteuergesetzes zu erwarten sein dürfte, werden die Tage des Kommunalabgabengesetzes gezählt sein.

Durch drei Jahrzehnte in seinen Grundgedanken bewährt, werden die leitenden Gedanken des Kommunalabgabengesetzes auch für jede Neuordnung des gemeindlichen Finanzwesens die Grundlage werden müssen. Die in ihm verkörperten Grundsätze der Verteilung der öffentlichen Lasten nach den Vorteilen, die die gemeindliche Tätigkeit den einzelnen Gemeindeangehörigen gewährt, und den besonderen Lasten, die einzelne Gemeindeangehörige oder in der Gemeinde ansässige oder tätige Personenvereinigungen verursachen, kurz nach Leistung und Gegenleistung unter angemessener Berücksichtigung der Leistungsfähigkeit, entsprechen so sehr dem Charakter der Mehrzahl der Gemeindeausgaben, daß sie auch für die künftige Gestaltung richtunggebend bleiben werden. Vielleicht wird künftig die Berücksichtigung des Ertrages auf weiteren Gebieten des Gemeindeabgabenrechts noch mehr zurücktreten müssen gegenüber Gesichtspunkten der wirtschaftlichen Abhängigkeit der Gemeindeangehörigen von der Gemeinde und umgekehrt. Die Neugestaltung wird aber, so weitgehende Änderungen sie vielleicht auch in Einzelheiten bringen mag, auf der Grundlage des bisher Gewordenen, vielleicht auch des nur Gewollten, aufbauen müssen.

Denn man darf heute wohl behaupten, daß die weitgesteckten Ziele, die den Schöpfern des Kommunalabgabengesetzes vorgeschwebt haben, nicht restlos erreicht, daß sich ihre Absichten auch bis zur Gegenwart noch **nicht** in jeder Beziehung voll ausgewirkt haben. Auf der anderen Seite ist im Laufe der Geltungszeit des Gesetzes manches geworden, was die Gesetzgeber bei seiner Schaffung noch nicht übersehen haben können. So hat sich die Erwartung, daß sowohl das indirekte Steuerwesen der Gemeinden als auch ganz besonders das Gebiet der **direkten Realsteuern** eine mannigfaltige und ergiebige Ausbildung erfahren werden, nur zum Teil verwirklicht. Nur äußerst zögernd gingen die Gemeindeverwaltungen hier vor, und die Annahme, daß durch selbständige Steuerordnungen die zahlreichen Mängel der staatlichen Grund-, Gebäude- und Gewerbesteuergesetze, welche diese gerade für die Gemeindebesteuerung so besonders ungeeignet machen, ausgeschaltet würden, erfüllte sich nicht. Das als **Übergangszustand** gedachte Verfahren der Erhebung von Zuschlägen zur staatlichen Veranlagung der Realsteuern (Denkschrift zu den Steuergesetzentwürfen von 1892, Drucksachen des

Abgeordnetenhauses Nr. 8 S. 45) blieb nahezu die Regel. Lediglich auf dem Gebiete der Grundsteuer veranlaßte der Gedanke der Besteuerung nach dem gemeinen Werte in größerem Umfange zu selbständigem Vorgehen.

Im übrigen wurden Ansätze zu freierer Gestaltung des Gemeindesteuerwesens vielfach hintangehalten durch die während der ganzen Geltungsdauer des Gesetzes den Gemeindeverwaltungen ungünstige Rechtsprechung, die, bestimmt durch einen streng formalistischen Standpunkt des obersten Verwaltungsgerichtshofes, glaubte, die Gemeinden in den engsten gesetzlich zu begründenden Schranken halten zu müssen.

Dazu kam, daß aus Gründen, die sich aus der Praxis ergaben, bestimmte durch das Gesetz vorgesehene Einnahmemöglichkeiten nicht in der erwarteten Weise verwirklicht werden konnten, wie z. B. die Bauplatzsteuer des § 27, die „Aufwandssteuern" des § 23 und das weite Gebiet der Beiträge gemäß § 9. Die im § 20 vorgesehene Möglichkeit der Mehrbelastung der Realsteuern dürfte wohl überhaupt kaum zu praktischer Auswirkung gekommen sein. Hinderlich war für die umfangreichere Anwendung der Beitragsumlegung nach § 9 allerdings auch das — erst vom Abgeordnetenhause in den Regierungsentwurf eingefügte — besonders umständliche formelle Verfahren. Von den indirekten Steuern haben sich außer den schon vor Erlaß des Kommunalabgabengesetzes in größerem Umfange üblichen Steuern (Hundesteuer, Lustbarkeitssteuer) die Grundstücksumsatzsteuer und in der späteren Zeit die Wertzuwachssteuer einer größeren Verbreitung zu erfreuen gehabt. Daneben hat, finanziell von geringer Bedeutung, die Schankerlaubnissteuer sich eingebürgert. Auf dem gesamten Gebiete der indirekten Steuern haben — neben den durch die Rechtsprechung entstandenen Schwierigkeiten — besonders die einschränkenden Erlasse der Ministerialinstanzen außerordentlich hemmend gewirkt, die vielfach zu von den Gemeinden beschlossenen neuartigen oder neugestalteten Steuern die gesetzlich vorgesehene Zustimmung entweder ganz versagten oder sie an die Einhaltung von sogenannten „Mustersatzungen“ knüpften. Daß bei der Handhabung dieses Aufsichtsrechts in sehr vielen Fällen über die „Staatsnotwendigkeiten“ sowie die berechtigten Interessen der Steuerzahler erheblich hinausgegangen worden ist, wird heute kaum noch bestritten. Es ist auch in vielen Fällen dadurch bewiesen, daß die Genehmigungs- und Zustimmungsinstanzen durch den Lauf der Entwickelung von der Unhaltbarkeit ihres Widerstandes sich überzeugen mußten. Die von seiten der Rechtsprechung entstandenen Schwierigkeiten mußten dagegen mehrfach im Wege der Gesetzgebung, zum Teil deklaratorisch beseitigt werden. So kam es, daß die fast sprichwörtlich gewordene Steuerfindigkeit der Gemeindeverwaltungen, die während der Reichssteuerdebatten sogar zu hochpolitischer Bedeutung gelangte, in ihrem praktischen Ergebnis, von einigen Ausnahmen abgesehen, nur Untergeordnetes zutage fördern konnte und mehr zu feuilletonistischen Zeitungsartikeln den Stoff lieferte.

Ähnliches gilt, wenn auch nicht in gleichem Umfange, für das Gebiet der Benutzungs- und Verwaltungsgebühren. Doch gelang es hier, durch eine Reihe eingebürgerter Gebührenarten, wenigstens für die Zeit vor dem Kriege, die hauptsächlichsten Gemeindeunternehmungen hinreichend zu finanzieren, wenn auch für viele Betriebe die privatrechtliche Vergütung vorgezogen wurde.

Wann eine Neuordnung des Gemeindeabgabenrechts für Preußen Wirklichkeit werden wird, steht noch dahin. In anderen Ländern (Mecklenburg-Schwerin, Hessen, Sachsen) ist eine solche Neuordnung bereits erfolgt. In

Preußen ist eine Ausführungsanweisung zu der Novelle vor kurzem durch die Minister des Innern und der Finanzen herausgegeben worden. Anläßlich der Verhandlungen über die neuen Verfassungsgesetze ist vielfach die Erwartung ausgesprochen worden, daß diese nicht ohne gleichzeitige Regelung des Abgabenrechts für die Kommunalverbände erfolgen sollten. Doch wird nach Mitteilungen der maßgebenden Stellen damit zu rechnen sein, daß jedenfalls die Städte- und Landgemeindeverfassungsreform und wahrscheinlich auch die Umgestaltung der Selbstverwaltungsverbände (Kreis und Provinz) nicht von der Klärung der finanziellen Grundlage derselben abhängig gemacht werden sollen.

Aus allen diesen Gründen darf wohl angenommen werden, daß dem Kommunalabgabengesetz in der Gestaltung, die es durch die Novelle erhalten hat, schließlich doch wohl noch einige Lebensdauer beschieden sein wird.

Für die Neuregelung der Gemeindeabgaben werden in jedem Falle die günstigen und ungünstigen Erfahrungen, die in Gesetzgebung, Praxis, Rechtsprechung und Wissenschaft auf diesem Gebiete gemacht worden sind, von bestimmender Bedeutung sein. Nicht zuletzt aus diesem Grunde werden die Einleitung der ersten Auflage dieses Werkchens, soweit sie heute noch von Interesse ist, sowie Teile der Vorbemerkungen zu den späteren Auflagen nachstehend wieder abgedruckt.

Aus der Einleitung zur ersten Auflage.

Das Kommunalabgabengesetz vom 14. Juli 1893 steht im engsten Zusammenhang mit dem Gesetz wegen Aufhebung direkter Staatssteuern vom 14. Juli 1893 und bildet mit diesem zusammen einen Teil des in den Jahren 1891 bis 1893 durchgeführten großartigen Werkes einer vollständigen Umgestaltung der Gesamtheit der preußischen Staats- und Kommunalsteuern.

Den ersten Schritt des großen Reformwerkes, dessen Notwendigkeit von Wissenschaft und Praxis übereinstimmend schon seit Jahren anerkannt war,[1]) bildete der Erlaß der die staatliche Gewerbe- und Klassen- und klassifizierte Einkommensteuer durchaus umgestaltenden beiden Gesetze vom 24. Juni 1891: des Einkommensteuergesetzes und des Gewerbesteuergesetzes. Während das letztere nur die Aufgabe hatte, die veralteten und mit der wirtschaftlichen Entwicklung unverträglich gewordenen Bestimmungen der Gewerbesteuergesetzgebung durch neue, den jetzigen wirtschaftlichen Verhältnissen besser angepaßte zu ersetzen und so insbesondere die kleineren Betriebe durch schärfere Heranziehung der größeren entsprechend zu entlasten, ohne jedoch den Gesamtertrag der Gewerbesteuer zu erhöhen (§ 81 des Gewerbesteuergesetzes), hatte das Einkommensteuergesetz eine doppelte Aufgabe zu lösen: nämlich einerseits durch Einführung der Selbstdeklaration das gesamte, bisher in weitem Umfange der Besteuerung entzogene Einkommen zur Steuer heranzuziehen und zugleich die größeren Einkommen ihrer größeren Leistungsfähigkeit entsprechend stärker zu belasten und andererseits durch die gesteigerten Erträgnisse der so verbesserten Einkommensteuer die Mittel „zur Durchführung der Beseitigung der Grund- und Gebäudesteuer als Staatssteuer bezw. der Über-

---

[1]) Über die Geschichte der dem KAG. zugrunde liegenden Gedanken, Ideen und theoretischen Erörterungen, deren Zusammenhang mit den wechselnden wirtschaftlichen und politischen Strömungen sowie die parlamentarischen Kämpfe und Arbeiten vergl. Adickes, Kommentar (Guttentag 1894) S. 1—109.

weisung derselben an kommunale Verbände" — wenigstens teilweise — zu gewinnen. Der § 82 des Einkommensteuergesetzes bestimmte in dieser Richtung, daß, wenn die Einnahme an Einkommensteuer für das Jahr 1892/93 den Betrag von 80 000 000 Mark und für die folgenden Jahre einen um je 4 Prozent erhöhten Betrag erreichte, die diese Summe übersteigenden Überschüsse zu dem eben genannten Zweck verwandt werden sollten.

Nachdem die erste Einkommensteuerveranlagung für 1892/93 ein gesamtes Veranlagungssoll von 124 842 848 Mark gegenüber einem gesamten Hebungssoll der Klassen- und klassifizierten Einkommensteuer für 1891/92 von 79 558 827 Mark ergeben hatte, schien der Augenblick zur Fortführung der Steuerreform gekommen. In welchem Sinne freilich die Aufhebung oder Überweisung der staatlichen Grund- und Gebäudesteuer an Kommunalverbände geschehen, ob insbesondere die Überweisung als Dotierung der Verbände nach dem Maßstab der in ihnen aufkommenden Realsteuern oder nach irgendeinem anderen Maßstab bewirkt werden sollte, oder ob die Überweisung einen Verzicht des Staates auf diese Steuern bedeuten und inwieweit in diesem Falle die Verbände zur Forterhebung dieser Steuern verpflichtet sein sollten, alle diese und andere Fragen, insbesondere auch die der Rückwirkung dieser sogenannten Überweisung auf das gesamte Ertragssteuersystem des Staates, waren durch die bisherigen Diskussionen noch keineswegs geklärt. „Die Forderung der Überweisung von Grund- und Gebäudesteuer an Kommunalverbände hatte sich im Laufe der Jahre mehr zu einem die allgemeinere Richtung der Reform andeutenden Schlagworte als zu einem klaren und fruchtbaren Grundgedanken auf dem Gebiete der Steuerreform entwickelt." (Denkschrift S. 7.)

Die mit Allerhöchster Ermächtigung vom 2. November 1892 dem Landtag vorgelegten Entwürfe
eines Gesetzes wegen Aufhebung direkter Staatssteuern,[1]
eines Ergänzungssteuergesetzes und
eines Kommunalabgabengesetzes
geben nebst der dazugehörigen Denkschrift auf alle diese Fragen eine bestimmte, aus einem großgedachten Plan mit Notwendigkeit sich ergebende Antwort. (Drucksachen des Hauses der Abgeordneten Nr. 5, 6, 7, 8 nebst Anlagen[2].)

---

[1]) Die Bestimmungen des Gesetzes wegen Aufhebung direkter Staatssteuern vom 14. Juli 1893 (GS. von 1893, Nr. 21 S. 119, ausgegeben zu Berlin, den 28. Juli 1893), welches in den früheren Auflagen im Wortlaut abgedruckt war, aber als für den praktischen Gebrauch entbehrlich nunmehr ausgeschieden ist, betreffen im allgemeinen:

A. die Aufhebung derjenigen direkten Staatssteuern, auf welche der Staat verzichtet, um den Kommunalverbänden in dem durch die Neuregulierung der Kommunalabgaben bedingten Umfange Steuerquellen zu erschließen (§§ 1, 2);

B. diejenigen Vorkehrungen, welche erforderlich sind, um einerseits den Kommunalverbänden die Nutzung der ihnen vom Staate eröffneten Steuerquellen zu ermöglichen oder zu erleichtern, andererseits für solche Verwaltungszweige, in deren Bereiche die aufzuhebenden Staatssteuern oder deren Einrichtungen die Grundlage für die Bestimmung von Rechten und Rechtsverhältnissen usw. bilden, die fernerweite Benutzung dieser Grundlagen zu sichern oder entsprechenden Ersatz zu schaffen (§§ 3, 4);

C. Abänderungen gesetzlicher Vorschriften und Einrichtungen, welche infolge der Umwandlung der Staatssteuern in Kommunalsteuern notwendig oder zweckmäßig erscheinen (§§ 5 bis 16);

D. Maßnahmen zur Deckung des Ausfalls, welcher für die Staatskasse durch die Aufhebung von Staatssteuern entsteht, insbesondere Rückerstattung von Grundsteuerentschädigungen (§§ 17—27) und Aufhebung der sogenannten Lex Huene (§ 28).

[2]) Abgedruckt in dem Beilageheft zum Verwaltungsarchiv von Schultzenstein und Keil, Die Preußischen Steuergesetze von 1892 nebst Denkschrift und Begründungen. Berlin 1893, Heymann.

Die Grundzüge dieses Planes sind folgende:

1. Das gesamte Ertragssteuersystem ist nach dem Gange der Entwicklung für den Staat unhaltbar geworden, während seine weitere Ausbildung innerhalb der Gemeinden eine Voraussetzung gerechter Gemeindesteuerverteilung bildet (Denkschrift S. 8—29); es sind daher nicht nur die Grund- und Gebäudesteuer, sondern auch die Gewerbesteuer und die Bergwerksabgaben aus den staatlichen Steuern auszuscheiden.

2. Für die dem Staate hierdurch erwachsenden Ausfälle, nämlich (nach dem Voranschlag für 1892/93 und der Kontingentierung der Gewerbesteuer in § 81 des GewStG.)

an Grundsteuer	39 907 000	M.
„ Gebäudesteuer	35 086 000	„
„ Steuer vom stehenden Gewerbebetriebe	19 811 000	„
„ Bergwerksabgaben	6 926 000	„
zusammen	101 730 000	M.

ist dem Staate Ersatz zu gewähren. Derselbe wird zum Teil durch den Mehrertrag der Einkommensteuer von rund 40 000 000 Mark gegeben, zu einem anderen Teile kann er durch Aufhebung des Gesetzes vom 14. Mai 1885 (der sogenannten Lex Huene)[1]), welche dem Staate im Durchschnitt etwa 24 Millionen erspart, gewonnen werden; es kommt ferner in Betracht, daß eine Beseitigung der den Gemeinden für Veranlagung und Erhebung von Staatssteuern zurzeit staatsseitig gezahlten Vergütungen für den Staat eine Minderausgabe

[1]) Gesetz, betr. Überweisung von Beträgen, welche aus landwirtschaftlichen Zöllen eingehen, an die Kommunalverbände.

von etwa 2940000 Mark herbeiführen würde. Es bliebe also noch zu decken ein Ausfall von rund 35 000 000 Mark, zu dessen Ausgleich die Einführung einer die Einkommensteuer ergänzenden Vermögenssteuer (Ergänzungssteuer) vorgeschlagen wird: eine Steuer, deren Einführung nach Ablehnung der im Jahre 1891 von der Regierung vorgeschlagenen, aber vom Hause der Abgeordneten abgelehnten Erbschaftssteuer auch an und für sich eine Notwendigkeit ist, um durch eine verschiedene Besteuerung fundierten und unfundierten Einkommens dem Grundsatz der Besteuerung nach der Leistungsfähigkeit gerecht zu werden. (Denkschrift S. 15, 33—40.)

3. Behufs Durchführung dieses Reformplanes hatte das Kommunalabgabengesetz eine doppelte Aufgabe zu lösen. Indem nämlich der Staat auf die Realsteuern verzichtete und diese Steuerquellen ausschließlich den Gemeinden überließ, bedurfte es vor allem einer neuen Rechtsordnung, welche eine sachgemäße Bewirtschaftung dieser zur Verfügung gestellten Steuerquellen sicherte und Anordnungen darüber traf, in welchem Umfange und unter welchen Voraussetzungen die vom Staate aufgegebenen Realsteuern künftig von den Gemeinden weiter erhoben werden müssen. (Denkschrift S. 40.)

Zugleich wurde aber durch die Neugestaltung der Einkommensteuer und deren Ausbildung zu der fundamentalen direkten Staatssteuer eine Umgestaltung des bisherigen Kommunalsteuerwesens in der Richtung bedingt, daß es nicht mehr zulässig erschien, die kommunalen Haushalte in dem bisherigen Umfange (Denkschrift S. 42—44; Mot.

S. 33—37) auf Zuschläge zur Einkommensteuer aufzubauen, da dieselben die dringende Gefahr einer Untergrabung der Einkommensteuer durch Anreiz zu falschen Deklarationen begründen. (Denkschrift S. 17, 18.)

Demgemäß geht das Kommunalabgabengesetz wesentlich von folgenden Grundgedanken[1]) aus:

a) Der im Wege der direkten Besteuerung aufzubringende Gemeindebedarf ist tunlichst zu beschränken, indem die gewerblichen Gemeindeanstalten (§ 3) möglichst wirtschaftlich verwaltet und in Gemäßheit des Grundsatzes von Leistung und Gegenleistung für Benutzung gemeindlicher Veranstaltungen Gebühren (§ 4) erhoben sowie zur Errichtung und Unterhaltung von Anstalten, welche einzelnen zum besonderen Vorteile gereichen, besondere Beiträge (§ 9) eingezogen oder Mehrleistungen (§ 20) auferlegt werden. (Denkschrift S. 44, 47; Mot. 40.)

„Soweit die Reichsgesetze nicht entgegenstehen, ist ferner eine weitere Pflege zweckmäßiger indirekter Steuern angezeigt." (Denkschrift S. 44; vergl. Mot. S. 39, 40.)

b) Der hiernach verbleibende Bedarf an direkten Steuern ist zwischen Real- und Einkommensteuern angemessen zu verteilen, und zwar dergestalt, daß Grundbesitz und Gewerbebetrieb nach Beseitigung der staatlichen Realsteuern zu den kommunalen Lasten stärker als bisher und nach

[1]) Ausführlicher dargelegt in Adickes, Kommentar S. 165 bis 180, 323.

bestimmten, wenn auch elastischen Normen (§§ 54 bis 58) heranzuziehen sind.

„Die Realsteuern sollen den Grund und Boden und die Gewerbebetriebe für die ihnen vorzugsweise zugute kommenden oder durch sie veranlaßten Ausgaben nach dem Grundsatz der Leistung und Gegenleistung in Anspruch nehmen, während die Aufwendungen für allgemeine öffentliche Zwecke allen Einwohnern zur Last fallen und von denselben auch innerhalb der Gemeinde nach Maßgabe der persönlichen Leistungsfähigkeit, also im Wege der Einkommenbesteuerung, aufzubringen sind." (Denkschrift S. 44; vergl. S. 15—18.) Zuschläge zur Ergänzungssteuer sind ausgeschlossen, weil „der Gemeinde zur Deckung des Steuerbedarfs Realsteuern bereitgestellt sind und die von den letzteren getroffenen Objekte nicht noch einmal — nach dem Maßstabe des Nettoertrages — besteuert werden können". (Mot. zu § 30, jetzt 36.)

c) Während die Gemeindeeinkommensteuer nur in engstem Anschluß an die Staatseinkommensteuer erhoben werden darf (§§ 36, 37), liegt die Umgestaltung der bisherigen Grund-, Gebäude- und Gewerbesteuern zu besonderen Realgemeindesteuern geradezu in der Absicht des Gesetzes. „Die Freigabe dieser Steuerquellen von seiten des Staates erhält erst dadurch ihre volle Bedeutung für die Gemeinden, daß dieselben an die bisherigen Steuerformen nicht gebunden, sondern in der Lage sind, ihr Steuersystem nach den besonderen Verhältnissen der Gemeinde auszugestalten. Nach dieser Richtung eröffnet sich ein neues und fruchtbares Feld für die Betätigung der Selbstverwaltung. Solange aber besondere Steuern vom Grundbesitz oder Gewerbebetriebe nicht eingeführt sind, hat die Realbesteuerung der Gemeinden in Form der vom Staate auch nach dem Verzicht zu veranlagenden Grund-, Gebäude- und Gewerbesteuer zu erfolgen. (§§ 3, 4 des Gesetzes wegen Aufhebung direkter Staatssteuern.) Der allmähliche Übergang zu der anderweiten Einrichtung ihres Steuerwesens wird hierdurch den Gemeinden wesentlich erleichtert werden." (Denkschrift S. 45.)

Bei der Ausgestaltung der besonderen Realsteuern „wird vor allem auf die Vermeidung derjenigen Mängel Gewicht zu legen sein, welche den staatlich veranlagten Steuern vom Grundbesitz anhaften und auch deren Wert als kommunale Besteuerungsformen beeinträchtigen. Insbesondere werden die Gemeinden gegenüber der völligen Starrheit und Unveränderlichkeit der staatlichen Grundsteuer sowie gegenüber der Bemessung der staatlichen Gebäudesteuer nach weit zurückliegenden Zeiträumen und ihrer Festlegung für je 15 jährige Perioden auf Einrichtungen hinzuwirken haben, welche hinsichtlich der Höhe der Besteuerung eine dem wechselnden Steuerbedarfe entsprechende volle Beweglichkeit und rücksichtlich der Veranlagung die tunlichste Anpassung an die Gegenwart gewährleisten." (Mot. S. 51, 52.) „Insbesondere wird in der Bauplatzsteuer (§§ 27, 54 A. 2, 58) den Gemeinden eine neue Steuerquelle eröffnet, welche ohne empfindlichen Druck eine billige und gerechte Vorbelastung bewirkt und einen vorzugsweise kommunalen Charakter trägt." (Mot. S. 53 zu § 22, jetzt 27.) [1])

[1]) Vergl. jedoch unten S. 37 und 112.

d) Charakteristisch sind endlich die Bestimmungen, welche den staatlichen Behörden, und insbesondere auch der Ministerialinstanz, weitgehende Rechte in bezug auf die Durchführung der Grundgedanken des Gesetzes geben. (§§ 2 A. 3, 4, 9, 77, 78, 96.) Die Erhebung von Zuschlägen zur Staatseinkommensteuer in Höhe von mehr als 100 Prozent soll ebenso wie jede Abweichung von den Grundsätzen über die Verteilung des Steuerbedarfs (§§ 54—58) ministerieller Zustimmung bedürfen, „um eine den Grundsätzen des Gesetzes entsprechende gleichmäßige Ausführung desselben in diesen besonders wichtigen Beziehungen sicherzustellen", mit dem Vorbehalt jedoch, demnächst, „wenn die Auffassung, auf der das Gesetz beruht, Boden gewonnen haben wird", das ministerielle Zustimmungsrecht auf die untergeordneten Aufsichtsbehörden zu übertragen. (Mot. zu § 62, jetzt §§ 77, 78 S. 66, 67.)

„Dem Staate müssen ... Garantien geboten werden, welche die wirkliche Umwandlung der von ihm aufgegebenen Realsteuern in Kommunalsteuern gewährleisten. Wenn der Staat sich der bisher von ihm ausgeübten Besteuerung der Güterquellen begibt, um den Gemeinden allein die Ausnutzung dieser für die kommunale Besteuerung besonders geeigneten Steuerquellen zu ermöglichen, so muß ihm auch die Möglichkeit einer entsprechenden Einwirkung auf die Gemeinden eröffnet werden. Nur unter dieser Voraussetzung verzichtet der Staat seinerseits auf die Realsteuern." (Mot. a. a. O.)

Das auf diesen Grundlagen aufgebaute Kommunalabgabengesetz mußte sich von den früheren Versuchen einer Regelung des Kommunalsteuerwesens, welche unabhängig von einer gleichzeitigen Neugestaltung der staatlichen direkten Steuern in den Jahren 1877—1880 unternommen waren, wesentlich unterscheiden. Immerhin konnte in vielen Einzelheiten an diese früheren Entwürfe,[1]) in welchen die stärkere Hervorkehrung des Grundsatzes der Besteuerung nach Leistung und Gegenleistung gleichfalls bereits hervortritt, angeknüpft werden. Auch konnten die Bestimmungen des Gesetzes vom 27. Juli 1885 — des sogenannten Kommunalsteuer-Notgesetzes — mit den bei der Handhabung desselben als notwendig erkannten Klarstellungen und Ergänzungen im wesentlichen Aufnahme in dem neuen Gesetze finden.

Die Verhandlungen des Hauses der Abgeordneten nahmen einen für die Vorlagen äußerst günstigen Verlauf. Die X. Kommission, welcher die sämtlichen Entwürfe nebst der Denkschrift überwiesen wurden, erklärte sich mit großer Majorität für die Annahme des gesamten Reformplanes, und was insbesondere die Verhandlungen über das Kommunalabgabengesetz anlangt, über welches in Nr. 128 der Drucksachen ein ausführlicher Bericht (S. 163, Berichterstatter: Dr. Wuermeling) erstattet wurde, so fanden sowohl der Aufbau und die Grundlagen des Entwurfs als auch die Einzelheiten im wesentlichen Billigung. Das Plenum trat diesen Auffassungen bei, und so beschränkten sich die Änderungen, abgesehen von Verbesserungen in der Fassung, auf einzelne Punkte, von denen hier folgende hervorgehoben sein mögen:

[1]) Diese früheren Entwürfe und die dazugehörigen Berichte der Kommissionen des AH. sind zusammengestellt in Anlage B zu Nr. 128 der Drucksachen des AH. von 1892/93: „Zusammenstellung von Drucksachen des AH., betreffend die Aufbringung von Gemeindeabgaben“ S. 576.

1. in § 9 (Beiträge) ist zum Schutz der Interessenten ein der Erhebung von Beiträgen vorhergehendes formelles Verfahren eingeführt;
2. in § 23 ist ein Verbot der Neueinführung von Miets- und Wohnungssteuern eingefügt;
[3. in §§ 33 und 67 ist die Steuerpflicht der Gesellschaften mit beschränkter Haftung beseitigt und eine besondere Steuerpflicht der einzelnen Gesellschafter festgesetzt;] [1])
[4. in § 37 ist für die Kommunaleinkommensteuer ein Verbot stärkerer Degression bezw. Progression als bei der Staatseinkommensteuer hinzugefügt;]
[5. in dem — vom Herrenhause gestrichenen — § 52 ist die im R. unter gewissen Bedingungen vorgesehene Steuerfreiheit der Aktionäre auf die Hälfte des Dividendeneinkommens eingeschränkt;]
6. in § 53 ist eine Verpflichtung der sogenannten Betriebsgemeinden zur Zahlung von Zuschüssen an die durch gewisse Fabriken usw. stark belasteten Nachbargemeinden neu eingeführt;
[7. in § 54 ist das Maß der Heranziehung der Realsteuern zuungunsten der Einkommensteuer geändert;]
[8. in den §§ 71 bis 74 ist ein besonderes Verfahren zur Verteilung der Steuern eines in mehreren Gemeinden Steuerpflichtigen auf die einzelnen Gemeinden eingeführt;]
9. in den §§ 78 und 96 sind die Befugnisse der Aufsichtsbehörden schärfer begrenzt und

---

[1]) Die infolge der Novelle vom 26. August 1921 sowie des Kreis- und Provinzialabgabengesetzes nicht mehr praktischen Punkte sind [ ] eingeklammert.

[10. in § 92 eine Kreishundesteuer von höchstens 5 Mark für zulässig erklärt.]

Auch das Herrenhaus nahm den Gesamtreformplan günstig auf und beschränkte sich beim Kommunalabgabengesetz auf Antrag der XI. Kommission (Berichterstatter: Oberbürgermeister Zweigert, Drucksachen Nr. 90 S. 41) auf wenige Abänderungen, von denen hier folgende erwähnt sein mögen:

[1. die Steuerpflicht der Gesellschafter einer Gesellschaft mit beschränkter Haftung wurde auch für den Fall anerkannt, daß diese Gesellschaften Aktiengesellschaften usw. sind (§ 33 Nr. 3);]

[2. durch geeignete Zusätze zu den §§ 33 Nr. 1, 47, 49, 50 wurde außer Zweifel gestellt, daß das aus außerpreußischen Gemeinden gewonnene Einkommen in den Wohnsitzgemeinden in vollem Umfang steuerpflichtig sei und die Bestimmungen zur Vermeidung der Doppelbesteuerung sich auf dieses Einkommen nicht beziehen [1]);]

[3. die Steuerfreiheit der Aktionäre — vergl. oben Nr. 5 — wurde völlig beseitigt.]

Nachdem dann das Haus der Abgeordneten in der Sitzung vom 3. Juli 1893 diesen Abänderungen beigetreten war, erfolgte die Publikation des Gesetzes, welches nach § 96 Abs. 1 am 1. April 1895 in Kraft treten wird, am 14. Juli 1893 (Gesetzsamml. S. 152 ff.).

Den Gemeindebehörden und — in zahlreichen Fällen — auch den Aufsichtsbehörden sind nunmehr große und verantwortliche Aufgaben gestellt.

Zunächst gilt es, über die Forterhebung der vom Staate aufgehobenen Realsteuern und

---

[1]) Vergl. hierzu unten S. 37 und 41.

der bislang zu denselben erhobenen Zuschläge Beschluß zu fassen. — —

(Die nachfolgenden Ausführungen der Einleitung zur 1. Auflage über die Verteilung des durch direkte Gemeindesteuern aufzubringenden Gemeindebedarfs auf diese sind heute nicht mehr von praktischer Bedeutung und daher hier weggelassen.)

Die Überweisung der Realsteuern an die Gemeinden wird hiernach in gewissem Umfange den Realsteuerpflichtigen zugute kommen; im wesentlichen aber wird sie — abgesehen von den Gutsbezirken — zur Herabsetzung der Gemeindeeinkommensteuer dienen. Die weitere Ermäßigung der letzteren wird davon abhängen, ob und inwieweit es gelingt, aus Gebühren, Beiträgen, Vorausbelastungen und indirekten Steuern erheblichere Einnahmen flüssig zu machen und die Realsteuern durch Ausbildung derselben zu besonderen Gemeindesteuern an Stelle der einstweilen vom Staate für die Gemeinden weiter veranlagten Grund-, Gebäude- und Gewerbesteuer ausgiebiger zu gestalten.

Abgesehen von der Deckung der Kosten besonderer Veranstaltungen, als Kanalisationen und dergl., durch Gebühren und Beiträge, werden in dieser Richtung indirekte Steuern in erheblicherem Maße wohl nur dann in Betracht kommen können, wenn einerseits in Erfüllung der von beiden Häusern des Landtags gefaßten Resolutionen die reichsgesetzlichen Beschränkungen der Getränkesteuern aufgehoben und andererseits die bisher in Preußen mit Unrecht vernachlässigten und namentlich in Gemeinden mit starkem Zuzug und steigenden Grundwerten sehr empfehlenswerten Immobiliarumsatzsteuern (§ 13 A. 2) mehr wie bisher entwickelt werden.

Voraussichtlich werden Schritte nach dieser letzteren Seite hin vielfach leichter und erfolgreicher sich vollziehen lassen, als dies durch die stärkere Anspannung der Realsteuern möglich sein wird. Indessen ist zu hoffen, daß die nach dem KomBer. des AH. zum Kommunalabgabengesetz (S. 33) in Aussicht stehenden drei Musterregulative für größere, mittlere und kleinere Gemeinden den bei der Gesetzberatung regierungsseitig ausgeführten Ideen eine glückliche Gestaltung und somit für die Durchführung dieser Reform der Realsteuern die erwünschten Handhaben geben werden.

Die Fülle der hiernach sich bietenden Aufgaben zeigt zugleich, wie das neue Kommunalabgabengesetz nicht sowohl einen Abschluß bildet, vielmehr nur eine Grundlage schafft, auf welcher sich eine gesundere Gestaltung des Kommunalabgabenwesens erst durch gemeinsame Arbeit der Gemeinde- und Staatsbehörden entwickeln soll. Möge dieser Arbeit ein voller Erfolg beschieden sein!

Zwischen dem Abschluß dieser Einleitung zur ersten Auflage und diesen Zusatzbemerkungen zur zweiten liegen die ersten Jahre der Handhabung und praktischen Erprobung des KAG.[1])

Die oben als besonders entwicklungsfähig bezeichneten Immobiliarumsatzsteuern haben sich in erfreulicher Weise, wie die Denkschrift sagt, „über Erwarten" weite neue Gebiete [2]) erobert; leider sind sie zunächst durch schematische Vorschriften der Aufsichtsbehörden in ihrer

---

[1]) Vergl. Denkschrift über die Ausführung des KAG. vom 4. April 1896 in den Anlagen zu den Sten. Verh. des AbgH. Bd. III S. 1997 bis 2104. — Auszugsweise auch im PVBl. XVII S. 317, 325, 337 ff.

[2]) Bei Abfassung der Denkschrift bestand diese Steuer schon in 239 Städten und 359 Landgemeinden.

Entwicklung mannigfach gehemmt worden. Es ist zu hoffen, daß die im Ministerialerlaß vom 12. September 1896 (MBl. 1896 S. 189) ausgesprochene freiere Auffassung [1]) noch in erweitertem Umfange zur Geltung gelangt.[2])

Anderweite Versuche der Einführung neuer indirekter Steuern haben zu nennenswerten Erfolgen bisher nur bezüglich der Biersteuer [3]) geführt. Eine Erweiterung der enggezogenen Steuerbefugnis der Gemeinden ist nach dem oben genannten ME. „vom Standpunkt der Reichsfinanzen aus nicht angängig. Wegen Erweiterung der Befugnis der Gemeinden zur Einführung einer kommunalen Weinsteuer (sind) dagegen bereits

---

[1]) „Die Umsatzsteuerordnungen anlangend, so werden künftighin etwaige, nach den in der Eingabe vorgetragenen Gedanken technisch brauchbar ausgestaltete Umsatzsteuerordnungen in rascher Entwicklung befindlicher Gemeinden, wenn und soweit sie in den örtlichen Verhältnissen genügende Rechtfertigung finden, unter dem Gesichtspunkte eines Versuches auf eine wohlwollende Prüfung unsererseits zu rechnen haben; auch wird von uns, wo die Lage der Verhältnisse danach angetan ist, an der Beibehaltung aller einzelnen Befreiungen des Stempelsteuergesetzes, der Beschränkung des Steuersatzes auf 1 Prozent sowie der gleichmäßigen Bemessung desselben auf bebaute und unbebaute Grundstücke nicht unter allen Umständen festgehalten werden." Nach der in A. 1 S. 35 genannten Denkschrift S. 2002 waren diese Beschränkungen für nötig gehalten, „um einer den verschuldeten Grundbesitz schädigenden und die Seßhaftmachung der Minderbemittelten, namentlich der Arbeiterbevölkerung, hemmenden Erschwerung des Besitzwechsels vorzubeugen und zu verhüten, daß der durch § 27 Abs. 2 wesentlich in der Absicht, der Bauplatzspekulation entgegenzuwirken, zugelassenen Bauplatzsteuer von vornherein der Boden entzogen würde".

[2]) Ausführliche Erörterungen über die Umsatzsteuer in den im Vorwort erwähnten Studien S. 24—43.

[3]) Bei Abfassung der Denkschrift bestand eine Biersteuer in 420 Städten und 574 Landgemeinden.

entsprechende Verhandlungen eingeleitet, deren Ergebnis sich aber zurzeit noch nicht übersehen läßt."

Die stärkere Anspannung der Realsteuern in manchen Gemeinden hat lebhafte Klagen der Beteiligten und mannigfache Schwierigkeiten hervorgerufen. Nachdem anfänglich eine ungesetzliche Handhabung der §§ 54 ff. seitens der Ministerialinstanz behauptet war — ohne indessen die Zustimmung des Landtages zu finden, in dessen Sessionen von 1894/95 und 1895/96 die Beschwerden vorgetragen wurden —, wurden weiterhin im Abgeordnetenhause Anträge auf Änderung der genannten Paragraphen eingebracht, fanden jedoch keine Annahme.

Die Bauplatzsteuer hat sich inzwischen in der vorgesehenen Gestaltung (§ 27 Abs. 2) als kaum durchführbar erwiesen. Die Ausbildung besonderer Realsteuern ist bislang (1897) nur in wenig erheblichem Umfang erfolgt.[1]) — Inzwischen sind Grundbesitzsteuern auf der Grundlage der Besteuerung des gemeinen Wertes in vielen Gemeinden zur Einführung gelangt. Vergl. A. 3 zu § 25. (Zusatz von 1902.)

Die Bestimmungen über Beiträge und Mehrbelastung haben bei der Anwendung zu mancherlei Schwierigkeiten und Bedenken geführt. Voraussichtlich werden erst oberstrichterliche Entscheidungen Klarheit schaffen und ein endgültiges Urteil ermöglichen.

Die vom Herrenhause (vergl. oben S. 33) herbeigeführten Veränderungen in den §§ 33 Nr. 1, 47, 49 und 50

[1]) Auch hierüber vergl. die ausführlichen Erörterungen in den Studien S. 44—109, 113—119, über Erfassung der Wertsteigerung des Grundbesitzes in schnell wachsenden Gemeinden insbesondere S. 33—40, 56—58, 97—100, 102—109 und über die Verschiedenheiten staatlicher und kommunaler Grundbesitzsteuern in bezug auf ihre Berechtigung, ihre Aufgaben und ihre Gestaltung S. 44 bis 59.

haben solche Klagen über Doppelbesteuerung hervorgerufen, daß noch vor dem Inkrafttreten des KAG. von der Königl. Staatsregierung eine Novelle eingebracht wurde, welche auch Gesetzeskraft erlangte (Gesetz vom 30. Juli 1895). Hiernach ist nunmehr alles Einkommen aus Grundbesitz und Gewerbe außerhalb der Gemeinde steuerfrei, auch wenn es aus dem Reichsausland stammt.

Zusätze von 1906.

Die auf S. 35 und 36 ausgesprochene Hoffnung auf eine freiere Behandlung der Immobiliarumsatzsteuer in der Ministerialinstanz ist in höchst erfreulicher Weise in Erfüllung gegangen. So ist es möglich geworden, nicht nur die festen Prozentsätze der reinen Umsatzsteuer den Verhältnissen und Bedürfnissen der einzelnen Gemeinden entsprechend zu gestalten und, soweit nötig, abzustufen, sondern auch diese bisher übliche, notwendigerweise schematische Umsatzsteuer zu einer Besteuerung der steigenden Werte des Immobiliarbesitzes (Wertzuwachssteuer) fortzubilden und dadurch einer Forderung zu entsprechen, welche in Deutschland bereits seit einem Menschenalter wieder und wieder erhoben ist.[1])

Allerdings handelt es sich zunächst nur um erste, in einzelnen Städten (Frankfurt a. M., Köln, Gelsenkirchen u. a. m.) in verschiedener Weise unternommene Versuche. Allein, auf diesem schwierigen Gebiete ist nur allmählich

---

[1]) Vergl. insbesondere Adolph Wagner, Finanzwissenschaft II, 2. Aufl. 1890, S. 547—588, bes. S. 567, 581, 582, und Adickes Studien (Vorwort S. 6), namentlich S. 40, 95, 100, 109, sowie R. Brunhuber, Die Wertzuwachssteuer. Zur Praxis und Theorie. Jena 1906.

durch Versuche und die bei diesen zu sammelnden Erfahrungen vorwärtszukommen. Und die bisherigen Erfahrungen, die sich allerdings nur auf Gemeinden mit stark wachsender Einwohnerzahl beziehen, sind durchaus günstig.[1])

Eine andere, bisher von der Ministerialinstanz nicht zugelassene indirekte Steuer: die Abgabe von Wirtschaftskonzessionen, wird voraussichtlich auch den Gemeinden nicht mehr versagt werden, nachdem in dem neuen Kreisabgabengesetz die Zulässigkeit dieser Steuer für die Landkreise gesetzlich anerkannt ist.

Für eine rationelle und den Bedürfnissen entsprechende Ausgestaltung der Gebühren und direkten Grundbesitzsteuern ist — gegenüber einer die Gemeinden einengenden, rein mechanische Gleichheit verlangenden Rechtsprechung des Oberverwaltungsgerichts — eine feste Rechtsgrundlage durch das Gesetz vom 24. Juli 1906 (Gesetzsamml. S. 376) zur Deklarierung des Kommunalabgabengesetzes vom 14. Juli 1893 geschaffen. Im Herrenhause (Drucksache Nr. 84 von 1905/06) von Dr. Graf Yorck von Wartenburg beantragt und eingehend begründet, fand der Gesetzentwurf in beiden Häusern Annahme und auch die Zustimmung der Staatsregierung. Ich füge den Text, da er mehrere Paragraphen berührt, schon an dieser Stelle ein:

Einziger Paragraph.

„Die §§ 7, 20, 27 des Kommunalabgabengesetzes vom 14. Juli 1893 (Gesetzsamml. S. 152) stehen einer Abstufung der Gebühren und Steuersätze nicht entgegen. Insbesondere ist es zulässig, die Gebührensätze nach Maßgabe der Leistungsfähigkeit bis zur gänzlichen

[1]) Vergl. jetzt unten § 13 A. 2a.

Freilassung abzustufen und einzelne Grundstücksarten oder Besitzgruppen mit verschiedenen Sätzen zu den Steuern vom Grundbesitze heranzuziehen.

Ebensowenig schließt der § 27 a. a. O. aus, daß einzelne Grundstücksarten oder Besitzgruppen nach verschiedenen Normen besteuert werden."

Eine bedeutungsvolle Abänderung hat das KAG. dadurch erfahren, daß die bisher in den §§ 91—93 geregelten Kreis- und Provinzialsteuern durch ein besonderes Gesetz (Kreis- und Provinzialabgabengesetz vom 23. April 1906, Gesetzsamml. S. 159) neu und umfassend geordnet sind.

Das neue Gesetz, betreffend die Abänderung des Einkommensteuergesetzes und des Ergänzungssteuergesetzes, wird auch auf das kommunale Abgabenwesen erheblich einwirken; die Einwirkungen anderer Reichs- und preußischer Gesetze sind an den betreffenden Stellen (A. 2 und 3 zu § 11 und A. 1 zu § 14) vermerkt.

Zusätze von 1911.

Die durch das Kreis- und Provinzialabgabengesetz vom 23. April 1906 grundsätzlich für die Kommunalbesteuerung zugelassene Abgabe von Wirtschaftskonzessionen (vergl. S. 39) ist nunmehr durch ME. vom 12. März 1907 auch den Gemeinden zugestanden worden und hat bei diesen bereits eine große Verbreitung gefunden.

Im übrigen haben die wachsenden Steuerbedürfnisse von Reich und Staat zu einer wesentlichen Einengung der Gemeinden auf dem Gebiete der indirekten Steuern geführt. Außer den am 1. April 1910 eingetretenen Einwirkungen des Reichszolltarifgesetzes vom 25. Dezember 1902 auf die Verbrauchsabgaben hat das Reich die Wertzuwachssteuer, die bereits im Begriff war, ein Gemeingut der selbständigen Gemeindebesteuerung zu werden, durch Gesetz vom 14. Februar 1911 an sich gezogen und den Gemeinden lediglich eine hinter den bisherigen Besteuerungsmöglichkeiten erheblich zurückbleibende Mitbeteiligung belassen. (Näheres s. A. 2a zu § 13.)

Die durch Novelle zum preußischen Stempelgesetz vom 26. Juni 1909 neueingeführte staatliche Besteuerung der Automaten usw. drängt die Gemeinden, wie im ME. vom 11. Dezember 1909 bereits zum Ausdruck gebracht worden ist, zur Zurückhaltung in der Besteuerung der Lustbarkeiten.

(Die die Gemeindeeinkommenbesteuerung betreffenden Ausführungen sind hier nicht mehr abgedruckt.)

Die Ausbildung besonderer Gemeinderealsteuern ist in lebhaftem Fortschritt begriffen, namentlich hat bei der Besteuerung des Grundbesitzes die Steuer nach dem gemeinen Wert immer mehr an Boden gewonnen. Diese Besteuerungsform ist indes materiell durch die Novelle zum Einkommen- und Ergänzungssteuergesetz vom 26. Mai 1909 für die Grundstücke und zugehörigen Gebäude, welche „dauernd land- oder forstwirtschaftlichen Zwecken zu dienen bestimmt sind“, ausgeschlossen worden.

Die Erwartungen, welche an die Novelle zum KAG. vom 24. Juli 1906 (s. S. 39) für eine freiere Ausgestaltung der Grundbesitzsteuern geknüpft wurden, haben sich nicht in vollem Maße erfüllt, da das Oberverwaltungsgericht auch jetzt noch eine Berücksichtigung der Verhältnisse des Besitzers (der subjektiven Merkmale), speziell auch der von diesem verfolgten wirtschaftlichen Zwecke, z. B. eine Bevorzugung gemeinnütziger Baugesellschaften, in den Steuerordnungen für unzulässig erklärt.

Die Härten des bisherigen Rechtszustandes, nach welchem die kommunale Doppelbesteuerung des Einkommens bei

Personen mit mehrfachem Wohnsitz in- und außerhalb Preußens zugelassen war, sind durch Gesetz vom 6. Mai 1910 (Gesetzsamml. S. 43) nunmehr in der Hauptsache gemildert.

Die mit der Entwicklung der gewerblichen Großbetriebe zusammenhängende starke Vermehrung der Fälle von Forensalbesteuerung hat eine präzisere Durchführung des Gesetzes in dieser Richtung und die Klärung einer Reihe hierher gehöriger Zweifelsfragen durch die Rechtsprechung zur Folge gehabt.

Der steigende, durch direkte Steuern immer schwerer zu deckende Finanzbedarf der Gemeinden hat im Sinne der grundlegenden Absicht des KAG. neben dem umfassenderen Ausbau des Gebührenwesens zu einer fortschreitenden Ausbildung der Beiträge geführt, wobei namentlich die neuere, den Interessen der Gemeinden entgegenkommende Rechtsprechung des Oberverwaltungsgerichts über das Verhältnis der §§ 9 und 10 des KAG. zu § 15 Fluchtliniengesetz vom 2. Juli 1875 günstig gewesen ist.

Zusätze von 1922.

Seit dem Erscheinen der letzten Auflage dieses Kommentars im Jahre 1911 sind mehrfache Versuche zur Änderung der Vorschriften des Gemeindeabgabenrechts gemacht worden, die nur zum Teil Gesetz geworden sind.

Die Vorschriften des KAG. über Gebühren für die Straßenreinigung wurden zunächst nicht unwesentlich beeinflußt durch das Gesetz über die Reinigung öffentlicher Wege vom 1. Juli 1912 (Gesetzsamml. S. 187).

Im Jahre 1914 wurde dann dem Landtag ein umfangreicher Entwurf eines Abänderungsgesetzes zum KAG.

vorgelegt, der jedoch die Kommission nicht wieder verlassen hat. In der Kommission hat der Regierungsentwurf derartige Abänderungen zuungunsten der Gemeinden, zum Teil sogar über das schon bestehende Recht hinaus, erfahren, daß seitens der Regierung zu mehreren Beschlüssen ein „Unannehmbar" ausgesprochen werden mußte.

Durch das Kriegsgesetz zur Vereinfachung der Verwaltung vom 13. Mai 1918 (Gesetzsamml. S. 53) sind den Gemeinden wesentliche Erleichterungen bezüglich der Einführung und Genehmigung von Gemeindeabgaben eingeräumt. Dieses Gesetz ist jedoch zunächst nur für beschränkte Dauer erlassen und sollte ursprünglich zwei Jahre nach Beendigung des Kriegszustandes, d. i. mit dem 10. Januar 1922, außer Kraft treten (Art. 13 Abs. 3). Gleichzeitig mit dem Außerkrafttreten sollen die geänderten oder aufgehobenen Vorschriften in der früheren Fassung wieder in Kraft treten. Inzwischen ist aber durch Gesetz vom 5. Januar 1922 sowohl die Geltungsdauer des Kriegsgesetzes um ein Jahr, also auf insgesamt drei Jahre, ausgedehnt worden als auch durch Verordnung des Staatsministeriums der Zeitpunkt der Beendigung des Kriegszustandes erst auf den 11. November 1921 (Friede mit Amerika) festgesetzt worden, so daß das Kriegsgesetz nunmehr erst am 10. November 1924 außer Kraft zu treten hätte. Eine einfache Außerkraftsetzung dürfte, außer aus sachlichen Gründen, aber schon deswegen überhaupt nicht mehr in Frage kommen, weil neuere gesetzliche Vorschriften auf seinem Vorhandensein aufbauen (vergl. Gesetz vom 26. August 1921 zu § 8 KAG.).

Ferner ergingen das Gesetz, betreffend steuerliche Vorrechte in eingemeindeten Ortsteilen, vom 25. Februar 1920 (Gesetzsamml. S. 61) — abgedruckt in A. 4 zu § 1 S. 51 — sowie das Gesetz zur Abänderung einiger Vorschriften des Gemeindeabgabenrechts vom 6. Mai 1920 (Gesetzsamml.

S. 309), durch welches § 1 a des KAG. eingefügt wurde (vergl. die Anmerkungen zu § 1 a S. 53).

Unterm 10. Dezember 1920 ist der Verfassunggebenden Preußischen Landesversammlung ein neuer Entwurf einer Novelle zum KAG. vorgelegt worden (Drucksache der Verfassunggebenden Preußischen Landesversammlung Nr. 3525). Auch dieser Entwurf ist nicht Gesetz geworden. Erst die Vorlage des Preußischen Staatsministeriums vom 6. Juli 1921 (Drucksache des Preußischen Landtages Nr. 683) führte zu umfangreichen Abänderungen durch das Gesetz vom 26. August 1921 (Preuß. Gesetzsamml. S. 495).[1]) Durch dieses Gesetz wird sowohl das KAG. wie auch das Kreis- und Provinzialabgabengesetz in wesentlichen Punkten umgestaltet. Auch trifft es die durch die Reichseinkommensteuergesetzgebung erforderlich gewordenen Abänderungen. Ferner gibt das Gesetz dem Siedlungsverband Ruhrkohlenbezirk und den Zweckverbänden im Sinne des Gesetzes vom 19. Juli 1911 (Gesetzsamml. S. 115) das Recht, Verwaltungsgebühren nach dem neuen § 6 Abs. 2 des KAG. zu erheben. Auch dieses Gesetz hat als eine Notmaßnahme zu gelten.

Die Begründung zur Regierungsvorlage sagt hierüber:

„Eine Neuregelung des Kommunalabgabenrechts ist eine unbedingte Notwendigkeit. Immerhin wird eine Erfüllung dieses berechtigten Wunsches sich erst ermöglichen lassen, wenn ein systematischer Aufbau

[1]) Weitere Gesetzesmaterialien: I. Beschlüsse des verstärkten Gemeindeausschusses: Drucksache Nr. 753. — II. Anträge zur II. Beratung: Drucksachen Nr. 765, 769, 770—780, 789, 790. — III. Zusammenstellung der Beschlüsse II. Beratung: Drucksache Nr. 791. — IV. Anträge zur III. Beratung: Drucksachen Nr. 792, 793, 798—802. — V. Wörtliche Berichte: 36. Sitzung (I. Beratung), 39. Sitzung (II. Beratung), 39. und 40. Sitzung (III. Beratung und Schlußabstimmung). — VI. Zusammenstellung der endgültigen Beschlüsse: Drucksache des Staatsrats Nr. 54.

unter verständnisvoller Würdigung der Bedürfnisse von Reich, Ländern und Gemeinden (Gemeindeverbänden) durch eine Umgestaltung der Reichsgesetze, insbesondere des Landessteuergesetzes, vorgenommen wird. Bis dahin wird man sich leider mit Maßnahmen begnügen müssen, die von vornherein den Stempel des Vorübergehenden tragen.

Immerhin sind zahlreiche Vorschläge in der vorstehenden Novelle zum Kommunal- sowie Kreis- und Provinzialabgabengesetz von großer Bedeutung für die beteiligten Gemeinden und Gemeindeverbände. Dabei konnten naturgemäß für ein vorläufiges Gesetz nur Verhältnisse in Rücksicht gezogen werden, die dringend einer baldigen Regelung bedürfen."

Durch das Gesetz vom 26. August 1921 werden auch eine Reihe von Bestimmungen des KAG., die sich auf die Einkommensteuer bezogen und welche durch die Reichsgesetzgebung bereits außer Kraft getreten sind, förmlich aufgehoben. Die Aufzählung der aufzuhebenden Gesetzesstellen ist allerdings nicht vollständig, da z. B. die auf die Einkommensteuer bezüglichen Bestimmungen in § 60 Abs. 2 Ziffer 1 b und Abs. 3, § 68 Abs. 5, § 69 Abs. 2 darin fehlen, ebenso zahlreiche Bezugnahmen auf aufgehobene Paragraphen, z. B. in den §§ 32, 56, 57, 60 u. a.

Auch ist dabei wohl nicht mehr erinnerlich gewesen, daß bereits § 7 des Preuß. Ausführungsgesetzes vom 13. Januar 1921 zum Landessteuergesetz bestimmt: „Die Vorschriften des Kommunalabgabengesetzes und des Kreis- und Provinzialabgabengesetzes, die sich auf die Einkommensteuer beziehen, werden aufgehoben."

Durch die Novelle vom 26. August 1921 werden leider auch die dringendsten Wünsche der Gemeinden nur zum geringen Teil erfüllt. Über weitergehende Wünsche vergl. insbesondere Falk in der Kommunalen Rundschau, 14. Jahrgang S. 282, Kommunalpolitische Blätter, 12. Jahrgang S. 97, Täglicher Berichtsdienst für Kommunalwirtschaft und Kommunalpolitik vom 21. Juni 1921 und Deutsche Gemeindezeitung, Band 60 S. 141. Ferner haben die Forderungen der Gemeinden zu einer Reform des Kommunalabgabenrechts zum Teil in den Verhandlungen des Staatsrats und des Landtags über die Novelle ihren Niederschlag gefunden (siehe insbesondere Gutachten des Staatsrats, Drucksache des Landtags 1921 Nr. 683). Außerdem hat der Staatsrat bei dieser Gelegenheit die nachfolgenden Entschließungen angenommen:

„I. Das Staatsministerium ist zu ersuchen, nachdrücklich für eine größere Freigabe der Steuern auf das Bier und sonstige Getränke für die Gemeinden beim Reich einzutreten.

II. (Zu § 13 des Kommunalabgabengesetzes.)

Der Staatsrat ist der Ansicht, daß den Gemeinden — spätestens bei der Neuregelung der Gemeindeabgabengesetze — das Recht zu geben ist, für die Kosten der Einrichtung und Unterhaltung ihres Feuerlöschwesens von den Feuerversicherungsgesellschaften und Feuerversicherungsanstalten, welche Versicherungsverträge über in Gemeinden befindliche Gebäude und bewegliche Gegenstände abgeschlossen haben, eine besondere Abgabe zu erheben.

Falls ein solches selbständiges Abgabenrecht nicht erreichbar sein sollte, so muß den Gemeinden wenigstens ein angemessener Anteil an den Stempelerträgen des Reiches von den Versicherungspolicen zugewiesen werden.

III. (Zu § 14 des Kommunalabgabengesetzes.)

Der Staatsrat ist der Ansicht, daß den Gemeinden und Gemeindeverbänden das Recht der Besteuerung des in ihrem Bezirke verbrauchten Gases und elektrischen Stromes gesichert werden muß. Dies ist schon deshalb nötig, um die in vielen Orten bestehende Verschiedenheit der Preise (Preise der kommunalen Anstalten mit Finanzzuschlag und Preise von privaten Anstalten ohne solchen Zuschlag) auszugleichen. Das Staatsministerium wird ersucht, baldigst die entgegenstehenden gesetzlichen und Verwaltungsschwierigkeiten zu beseitigen.

IV. (Zu den §§ 24 und 28 des Kommunalabgabengesetzes.)

Der Staatsrat ersucht das Staatsministerium, dem Reiche gegenüber nachdrücklich die Anerkennung des Standpunktes zu verlangen, daß der § 15 des Reichseisenbahnvertrages („Die Länder werden von den Reichseisenbahnen Staatssteuern nicht erheben") einer Besteuerung der Eisenbahnen durch die Gemeinden nicht entgegensteht.

V. (Zu § 53 des Kommunalabgabengesetzes.)

Der Staatsrat ersucht das Staatsministerium, die zeitgemäße Änderung des § 53 des Kommunalabgabengesetzes herbeizuführen,

VI. im Reichsrate auf eine Abänderung des Reichsbesteuerungsgesetzes vom 15. April 1911 dahingehend hinzuwirken, daß den Gemeinden und Gemeindeverbänden die Heranziehung des Betriebes der Reichseisenbahnen zur Gewerbesteuer oder doch zu Zuschüssen im Sinne des § 6 des genannten Gesetzes ermöglicht wird."

Die Bestimmungen des neuen Gesetzes sind in die nachstehende Neufassung des Kommunalabgabengesetzes und des Kreis- und Provinzialabgabengesetzes eingearbeitet, ebenso sind die wesentlichen Teile der Begründung in den Anmerkungen beigefügt.

Mehrfache auf dem Gebiete des Gemeindeeinkommensteuerrechts erfolgte gesetzliche Änderungen können, als durch die neueste Entwicklung überholt, hier unerwähnt bleiben.

Weitere auch in das Kommunalabgabenrecht erheblich eingreifende Bestimmungen trifft das Landessteuergesetz vom 30. März 1920 (Reichs-Gesetzbl. S. 402), insbesondere in den §§ 1—14. Hierin ist zunächst vorgesehen, daß steuerliche Bestimmungen der Länder und Gemeinden (Gemeindeverbände) aufgehoben werden müssen, wenn überwiegende Interessen der Reichsfinanzen entgegenstehen (§§ 3 und 4).

Ferner sind neue Steuerordnungen der Gemeinden (Gemeindeverbände) — worunter alle Gemeindebeschlüsse steuerlichen Inhalts verstanden sein sollen — dem Reichsminister der Finanzen oder der von ihm beauftragten Reichsbehörde mitzuteilen, welche binnen einem Monat Einspruch erheben können, wenn die Ordnungen mit dem Reichsrecht nicht vereinbar oder wenn sie geeignet sind, Reichssteuereinnahmen zu schädigen, und überwiegende Interessen der Reichsfinanzen entgegenstehen (§ 5). Mit der Wahrnehmung dieser Prüfung und Erhebung des Einspruchs sind von dem Reichsfinanzminister die Landesfinanzämter beauftragt worden. (Hierzu vergl. Schuster PVBl. Band 42 S. 202, Markull ebenda S. 221, Odenkirchen S. 304, Markull Band 43 S. 51 und Erlaß der Preußischen Minister des Innern und der Finanzen vom 23. Juli 1921, Ministerialblatt S. 253.) Über die Bedeutung des § 5 ist unterm 12. Dezember 1921 ein Gutachten des Großen Senats des Reichsfinanzhofs ergangen, wonach die Einhaltung der Anordnungen des § 5 für die Rechtsgültigkeit einer Gemeindesteuer nicht Voraussetzung ist (abgedruckt im PVBl. Bd. 43 S. 231).

Die Länder haben Steuern vom Grundvermögen und Gewerbebetriebe zu erheben, die sie ganz oder teilweise den Gemeinden (Gemeindeverbänden) überlassen können

(Ertragsteuer). Sie können nach Merkmalen des Wertes, des Ertrags, der Ertragsfähigkeit oder des Umfanges des Grundvermögens oder des Gewerbebetriebes veranlagt werden, dürfen aber nicht wie Einkommensteuern ausgestaltet werden. Besteuerungsmerkmale, die auf die Berücksichtigung der persönlichen Leistungsfähigkeit des Steuerpflichtigen abzielen, sollen nicht zugrunde gelegt werden (§§ 8 und 9).

Über weitere Bestimmungen wegen Vermeidung der Doppelbesteuerung (§§ 10 und 11) siehe unten zu § 32 des KAG. A. 3, wegen der gemeindlichen Vergnügungssteuer (§§ 12 und 13) siehe unten zu § 15 des KAG. A. 2 und Abschnitt V Ziffer 1.

Nach § 14 des Landessteuergesetzes sollen die Länder darauf Bedacht nehmen, die Bestimmungen über die Veranlagung und Erhebung der Landes- und Gemeindesteuern mit den Vorschriften der Reichsabgabenordnung in Einklang zu bringen, eine Bestimmung, deren Befolgung im Interesse der Einheitlichkeit des förmlichen Steuerrechts nur nach jeder Richtung hin zu wünschen wäre.

I.

Kommunalabgabengesetz.

Vom 14. Juli 1893

(Gesetzsammlung von 1893 Nr. 21 S. 152—184. Ausgegeben zu Berlin, den 28. Juli 1893),

in der Fassung des Gesetzes vom 26. August 1921

(Gesetzsammlung von 1921 Nr. 50 S. 495—500. Ausgegeben zu Berlin, den 8. September 1921).

Wir Wilhelm, von Gottes Gnaden König von Preußen usw. verordnen mit Zustimmung beider Häuser des Landtages Unserer Monarchie für den Umfang derselben, mit Ausschluß (der Hohenzollernschen Lande und) der Insel Helgoland, was folgt:

1. Der Ausschluß der Hohenzollernschen Lande und der Insel Helgoland hat in der Besonderheit der dort bestehenden staatlichen und kommunalen Steuergesetze seinen Grund. Vergl. § 29 des Gesetzes wegen Aufhebung direkter Steuern.— Durch die Hohenzollernsche Gemeindeordnung vom 2. Juli 1900 sind die Bestimmungen des KAG. über die Gemeindeabgaben und durch die Hohenzollernsche Amts- und Landesordnung vom 9. Oktober 1900 die Bestimmungen des KAG. über Kreis- und Provinzialsteuern mit gewissen Abänderungen in den Hohenzollernschen Landen eingeführt. Dementsprechend hat das an die Stelle der letzteren Bestimmungen getretene Kreis- und Provinzialabgabengesetz vom 23. April 1906 auch die Hohenzollernschen Lande seinem Geltungsbereich unterworfen.

Teil I. Gemeindeabgaben.

Erster Titel.

Allgemeine Bestimmungen.

§ 1. Die Gemeinden sind berechtigt, zur Deckung ihrer Ausgaben und Bedürfnisse nach Maßgabe der Bestimmungen dieses Gesetzes Gebühren und Beiträge, indirekte und direkte Steuern zu erheben, sowie Naturaldienste zu fordern.

R. § 1.

1. Selbständige Gutsbezirke, westfälische Ämter und rheinische Bürgermeistereien können Kommunalabgaben nach § 1 nicht erheben. Vergl. jedoch § 6. Auf Gutsbezirke beziehen sich von den Bestimmungen des KAG. nach Streichung der §§ 47—52 durch die Novelle vom 26. August 1921 nur noch die §§ 53 und 69 Abs. 4. Vergl. Ausführungsanweisung Art. 1 Ziff. 2, unten Abschn. IV, Kreis- und Provinzialabgabengesetz §§ 7, 13, 14 und 16, unten Abschn. II, sowie §§ 17 und 18 Zweckverbandsgesetz vom 19. Juli 1911 (GS. S. 115 bis 123). — Die Kosten der Bürgermeistereien sind durch Beiträge der Gemeinden aufzubringen. ME. vom 12. März 1895 (MBl. S. 89).

2. „Die in vielen Gemeinden bestehende Verpflichtung der Hausbesitzer, den Bürgersteig zu unterhalten, läßt der Entwurf unberührt.“ (Mot.) Vergl. § 4 Abs. 2 und Oertel, 3. Aufl. S. 267.

3. Die gesetzlichen Bestimmungen des KAG. können durch privatrechtliche Vereinbarungen nicht geändert werden. Insbesondere kann eine Gemeinde auf das Recht, bestimmte Abgaben zu erheben, durch Privatvertrag nicht rechtswirksam verzichten. Wohl aber ist dies möglich bezüglich bestimmter bereits feststehender Abgabenbeträge. OVG., PVBl. XX S. 159, XXII S. 312, XXIV S. 148.

4. Bezüglich eingemeindeter Ortsteile ist zu beachten das nachstehende Gesetz, betreffend steuerliche Vor-

rechte in eingemeindeten Ortsteilen, vom 25. Februar 1920 (GS. S. 61):

Die Verfassunggebende Preußische Landesversammlung hat folgendes Gesetz beschlossen, das hiermit verkündet wird:

§ 1. Auf Grund steuerlicher Vorrechte, die aus Anlaß von Gemeindebezirksveränderungen, insbesondere Eingemeindungen, den Steuerpflichtigen der eingemeindeten Ortsteile eingeräumt sind, darf die zwischen der steuerlichen Belastung der Steuerpflichtigen des eingemeindeten Ortsteils und derjenigen der Hauptgemeinde am 1. April 1914 oder, falls die Bezirksveränderung (Eingemeindung) später erfolgt ist, am Tage des Inkrafttretens der Veränderung (Eingemeindung) vorhanden gewesene Spannung nicht überschritten werden.

Entgegenstehende Bestimmungen, insbesondere in Eingemeindungsgesetzen (Eingemeindungsverträgen), werden insoweit aufgehoben.

Das Entsprechende gilt für die Erhebung von Gebühren oder Vergütungen, die vertragsmäßig für die Entnahme von Wasser, Gas oder elektrischem Strom festgesetzt sind.

§ 2. Das Gesetz hat rückwirkende Kraft vom 1. April 1919 ab mit Ausnahme der Bestimmung im § 1 Abs. 3 über Gebühren und Vergütungen. Eine Nachveranlagung ist zulässig.

§ 3. Die Minister des Innern und der Finanzen erlassen die zur Ausführung dieses Gesetzes erforderlichen Anordnungen.

§ 4. Das Gesetz tritt mit dem Tage seiner Verkündung in Kraft.

Bezüglich des Inkrafttretens von Gemeindesteuerordnungen und Besteuerungsbeschlüssen in neueingemeindeten Ortsteilen vergl. Pini, PVBl. Bd. 42 S. 327, 520, Bd. 43 S. 28, insbesondere S. 31.

5. Über die Berechtigung, den Reichsfiskus zu Gemeindeabgaben heranzuziehen, vergl. das Reichsbesteuerungsgesetz vom 15. April 1911 (RGBl. S. 187).

§ 1a. Die Abgabenschuld entsteht, sobald der Tatbestand verwirklicht ist, an den das Gesetz den Anspruch des Abgabengläubigers knüpft. Das gilt auch dann, wenn die Abgabenschuld durch eine Veranlagung festgestellt werden muß. Die Veranlagung kann auch dann noch vorgenommen werden, wenn der die Entstehung von Abgabenschulden begründende Tatbestand inzwischen weggefallen ist.

1. § 1a ist eingefügt durch Gesetz zur Abänderung einiger Vorschriften des Gemeindeabgabenrechts vom 6. Mai 1920, Art. II § 1 (GS. S. 311).

2. Durch diese Bestimmung ist der vom Oberverwaltungsgericht aufgestellten sogenannten „Bändertheorie" im Wege der Gesetzgebung entgegengetreten worden, die für die Gemeinden schwere Nachteile mit sich brachte, indem ihnen fortdauernd erhebliche Steuerbeträge entgingen (so die Regierungsbegründung zu der Gesetzesvorlage, Drucksachen der Verfassunggebenden Preußischen Landesversammlung Nr. 2171 S. 3293). Nach dieser Bändertheorie sollte eine Heranziehung zu einer Gemeindeabgabe nicht mehr stattfinden können, wenn das Band, das eine Person mit der Gemeinde verknüpft — Wohnsitz, Aufenthalt, Grundbesitz, Gewerbebetrieb —, vor der förmlichen Heranziehung zu der Abgabe gelöst war. Die Art der Regelung folgt jetzt der Reichsabgabenordnung, insbesondere auch in der Wahl des Ausdrucks und der verwendeten Grundbegriffe. Vergl. § 81 der Reichsabgabenordnung, insbesondere auch die Begründung der Reichsregierung zum Gesetzentwurf, Drucksachen der Verfassunggebenden Deutschen Nationalversammlung, Aktenstück Nr. 759 S. 584.

3. Die Bestimmung beschränkt sich nicht — wie es der im Jahre 1914 vorgelegte, aber nicht Gesetz gewordene Entwurf eines Abänderungsgesetzes zum KAG. vorsah — auf die direkten Gemeindesteuern, sondern bezieht sich auf alle Arten von Gemeindeabgaben, namentlich auch auf Beiträge.

Die Bestimmung hat rückwirkende Kraft für das Steuerjahr 1919, auch soweit über eine solche Abgabe bereits im Rechtsmittelverfahren rechtsgültig entschieden ist (Art. II § 2 des Gesetzes vom 6. Mai 1920).

4. Über die weitergehende Bedeutung dieses neuen § 1 a vergl. unten A. 2 und 3 zu § 66.

5. Die übrigen durch dieses Gesetz erfolgten Änderungen des Gemeindeabgabenrechts sind durch die Reichssteuergesetzgebung überholt.

§ 2. Die Gemeinden dürfen von der Befugnis, Steuern zu erheben, nur insoweit Gebrauch machen, als die sonstigen Einnahmen, insbesondere aus dem Gemeindevermögen, aus Gebühren, Beiträgen und vom Staate oder von weiteren Kommunalverbänden den Gemeinden überwiesenen Mitteln zur Deckung ihrer Ausgaben nicht ausreichen. Auf Hunde- und Lustbarkeits-, sowie auf ähnliche, durch besondere Rücksichten gebotene Steuern findet diese Bestimmung keine Anwendung.

Durch direkte Steuern darf nur der Bedarf aufgebracht werden, welcher nach Abzug des Aufkommens der indirekten Steuern von dem gesamten Steuerbedarfe verbleibt.

R. § 2.

1. Nach der Absicht des Gesetzes (vergl. Einl. S. 27) soll der durch Steuern zu deckende Bedarf durch andere Gemeindeeinnahmen tunlichst verringert werden. Unter den „anderen Gemeindeeinnahmen" kommen in Betracht Zuweisungen von Reich und Staat (Anteile an Reichssteuern, Staatsbeihilfen zu Schulen usw.), ferner die Wanderlagersteuer, Gesetz vom 27. Februar 1880 (GS. S. 174) sowie Abänderungsgesetz vom 14. Januar 1921, das die Steuersätze wesentlich erhöhte und den Gemeinden die Erhebung von Zuschlägen gestattet. Gebühren und Beiträge *müssen* in gewissen Fällen erhoben werden (§§ 4, 9). Ein Zwang zur Einführung oder Erhöhung indirekter Steuern ist unzulässig. § 78 Abs. 3. Vergl. §§ 2 und 22 Kreis- und Provinzialabgabengesetz, unten Abschn. II, und § 17 Zweckverbandsgesetz.

2. Hunde-, Lustbarkeits- und andere ähnliche Steuern (Schankerlaubnissteuer, Wohnungsluxussteuer) beruhen oftmals nicht so sehr

auf finanziellen als auf anderen, namentlich polizeilichen oder wirtschaftlichen und sozialen Erwägungen und können daher auch unabhängig vom finanziellen Bedarf erhoben werden. Vergl. §§ 15, 16.

3. Unzulässig ist die Erhebung von Steuern zur Ansammlung von Vermögen, soweit es sich nicht um die Bildung von Fonds zu bestimmten, aus Steuererträgen zu deckenden Bedürfnissen der laufenden Verwaltung handelt (Schulbau, Pflasterungskosten usw.). Die Bildung eines Fonds für Volksschulbauten (60 bis 30 Mark pro Schulstelle) ist den Gemeinden mit 25 oder weniger Schulstellen durch das Volksschulunterhaltungsgesetz vom 28. Juli 1906 § 14 zur Pflicht gemacht. Ebenso die Bildung von Ruhegehalts- und Hinterbliebenenversorgungsfonds für die Lehrer an den Berufsschulen. Gewerbe- und Handelslehrer-Diensteinkommensgesetz § 11 und Ausführungsbestimmungen des Handelsministers hierzu. Auch die Ansammlung solcher Rücklagen für die Ruhegehalts- und die Hinterbliebenenversorgung der Gemeindebeamten und Lehrer der Gemeindeschulen ist zulässig, desgl. die Bildung eines Betriebsfonds (sogenannten eisernen Fonds). AA. Art. 2 Nr. 4.

§ 3. Gewerbliche Unternehmungen der Gemeinden sind grundsätzlich so zu verwalten, daß durch die Einnahmen mindestens die gesamten durch die Unternehmung der Gemeinde erwachsenden Ausgaben, einschließlich der Verzinsung und der Tilgung des Anlagekapitals, aufgebracht werden.

Eine Ausnahme ist zulässig, sofern die Unternehmung zugleich einem öffentlichen Interesse dient, welches anderenfalls nicht befriedigt wird.

R. § 3. AH. Kom.

1. Als gewerbliche Unternehmungen werden vom OVG. 17 S. 249 die auf Gewinnerzielung gerichteten Veranstaltungen bezeichnet. Da sie aber nach Abs. 2 zugleich einem öffentlichen Interesse dienen können, ist ihre Unterscheidung von den Veranstaltungen des § 4 schwierig. Zu den letzteren sind diejenigen zu zählen, zu deren Benutzung ein Zwang besteht, jedoch keines-

wegs ausschließlich (Wasserwerke, für die vielfach polizeilicher Benutzungszwang besteht). Unter § 3 fallen der Regel nach Gaswerke, Elektrizitätswerke, Badeanstalten, Eisenbahnen und Kleinbahnen. Eine für alle Fälle zutreffende Unterscheidung zwischen Unternehmungen des § 3 und Veranstaltungen des § 4 ist unmöglich, auch vom Gesetz nicht gewollt. Entscheidend für die Frage ist die Beschlußfassung der Gemeinde, deren auf soziale, finanzielle, administrative und sonstige praktische Erwägungen zu stützendes Ermessen zu bestimmen hat, ob für die Benutzung des Unternehmens eine privatrechtliche Vergütung ohne Benutzungszwang gemäß § 3 oder — soweit erforderlich, mit Genehmigung der Aufsichtsbehörde (vergl. § 8) — eine öffentlich-rechtliche Gebühr mit oder ohne Benutzungszwang gemäß § 4 zu erheben ist. OVG. PVBl. XVIII S. 301, XXI S. 207. Dies gilt nach Entsch. des OVG. vom 10. Januar 1911 (PVBl. XXXII S. 712) auch für einen Gemeindefriedhof und eine kommunale Bestattungsanstalt, bei denen, sobald kein Benutzungszwang besteht, der Charakter als gewerbliches Unternehmen nicht ausgeschlossen ist. Schließlich sind die Gemeinden in der Lage, auch für die privatrechtlichen Vergütungen für Lieferungen und Leistungen ihrer unter § 3 fallenden Unternehmungen die Beitreibbarkeit im Verwaltungszwangsverfahren ohne Beschreitung des ordentlichen Rechtswegs zu ermöglichen, wenn sie die Tarife gemäß § 90 KAG. von der Aufsichtsbehörde genehmigen („feststellen") lassen. Vergl. AusfAnw. Art. 58 Abs. 2. Noell-Freund A. 4 zu § 12. Dies soll aber nur zulässig sein, wenn die Unternehmung auch dem öffentlichen Interesse dient. Vergl. §§ 3 und 23 Kreis- und Provinzialabgabengesetz, unten Abschn. II.

2. „grundsätzlich", d. h. es ist nicht ausgeschlossen, daß zeitweilig oder dauernd Zuschüsse zur Verwaltung gegeben werden, falls ohne dies ein rationeller Betrieb nicht zu führen ist.

3. Der § 78 ist auf gewerbliche Unternehmungen nicht anwendbar. HH. KomBer. S. 5. Die Beachtung der Vorschriften des § 3 kann von der Aufsichtsbehörde verlangt werden, ent-

gegenstehende Gemeindebeschlüsse können gemäß § 15 des ZustGes. beanstandet werden. Ferner können Beschluß- und Aufsichtsbehörden auf Beachtung des § 3 bei der Genehmigung anderer die Finanzverwaltung der Gemeinde betreffender Beschlüsse hinwirken. Vergl. ferner Jebens S. 21 ff. und Noell A. 1 zu § 3 S. 12.

4. Ein Recht der Gemeindeangehörigen auf Benutzung eines gewerblichen Gemeindeunternehmens besteht nicht. OVG. PVBl. XXIII S. 690.

Zweiter Titel.

Gebühren und Beiträge.

§ 4. Die Gemeinden können für die Benutzung der von ihnen im öffentlichen Interesse unterhaltenen Veranstaltungen (Anlagen, Anstalten und Einrichtungen) besondere Vergütungen (Gebühren) erheben.

Die Erhebung von Gebühren hat zu erfolgen, wenn die Veranstaltung einzelnen Gemeindeangehörigen oder einzelnen Klassen von solchen vorzugsweise zum Vorteile gereicht und soweit die Ausgleichung nicht durch Beiträge (§ 9) oder eine Mehr- oder Minderbelastung (§ 20) erfolgt. Die Gebührensätze sind in der Regel so zu bemessen, daß die Verwaltungs- und Unterhaltungskosten der Veranstaltung, einschließlich der Ausgaben für die Verzinsung und Tilgung des aufgewendeten Kapitals, gedeckt werden.

Besteht eine Verpflichtung zur Benutzung einer Veranstaltung für alle Gemeindeangehörigen oder für einzelne Klassen derselben, oder sind die Genannten auf die Benutzung der Veranstaltung angewiesen, so ist unter Berücksichtigung des öffentlichen Interesses, welchem die Veranstaltung dient, und der den einzelnen gewährten besonderen Vorteile eine entsprechende Ermäßigung der Gebührensätze

gestattet; auch kann in Fällen dieser Art die Erhebung von Gebühren unterbleiben.

Auf Unterrichts- und Bildungsanstalten, auf Krankenhäuser, Heil- und Pflegeanstalten, sowie auf vorzugsweise den Bedürfnissen der unbemittelten Volksklassen dienende Veranstaltungen finden vorstehende Bestimmungen (Absatz 2 und 3) keine Anwendung. Jedoch muß für den Besuch der von den Gemeinden unterhaltenen höheren Lehranstalten und Fachschulen ein angemessenes Schulgeld erhoben werden.

[Andere Abweichungen von der im Absatz 2 vorgeschriebenen Bemessung der Gebühren sind nur aus besonderen Gründen gestattet.] *)

Ein Zwang zur Erhebung von Chaussee-, Wege-, Pflaster- und Brückengeldern findet nicht statt.

R. § 4. AH. Kom. Vergl. § 4 und 24 Kreis- und Provinzialabgabengesetz, unten Abschn. II.

1. In § 4 sind die Benutzungs- und in § 6 die Verwaltungsgebühren geregelt. — Voraussetzung der ersteren ist die tatsächliche Benutzung oder Inanspruchnahme, also eine Individualleistung der Gemeinde. Vergl. OVG. PVBl. XVIII S. 299 bis 302. Diese Voraussetzung ist auch bei demjenigen gegeben, welcher in seinen — eigenen oder ermieteten — Räumen einen jederzeit benutzbaren Anschluß an die Wasserleitung oder Kanalisation hat. OVG. PVBl. XXII S. 347, XXV S. 557. (Vergl. OVG. **51** S. 59 und über den Fall automatischer Wassermesser entgegen dem früheren Standpunkt in PVBl. XXI S. 113; s. auch A. 4.) Gebühren können einmalige und fortlaufende Abgaben sein. Sie sind keine dingliche Last; Besitznachfolger können also nicht für die Benutzungszeit der Vorgänger herangezogen werden. Nach OVG. **51** S. 62 und Kammergericht Bl. f.

*) Abs. 5 ist durch das Kriegsgesetz zur Vereinfachung der Verwaltung vom 13. Mai 1918 (GS. S. 53) Art. 5 Ziff. 1 vorläufig gestrichen. (Vergl. Einleitung S. 43.)

Rechtspflege 1909 S. 66 und 1910 S. 54 genießen sie auch nicht das Vorrecht öffentlicher Lasten bei Zwangsversteigerungen; hiergegen indes mit guten Gründen Heilgendorff PVBl. XXXII S. 806. Vergl. A. 2 zu § 90 und A. 7 zu § 9. Solidarische Heranziehung mehrerer Benutzer ist zulässig. Interessenten, welche von Veranstaltungen — ohne sie zu benutzen — besondere Vorteile haben, sind durch Beiträge oder Mehrbelastungen heranzuziehen. Vergl. §§ 9, 20. — Durch Gebühren werden Beiträge und Mehrbelastungen nicht ausgeschlossen. — Mieter können nur zu Kanalgebühren herangezogen werden, wenn ihre Wohnungen durch besondere Ableitung an die Kanalisation angeschlossen sind; weitergehende Bestimmungen, welche die Gebührenpflicht des Mieters schon beim Anschluß des Grundstücks als ganzes eintreten lassen, sind rechtsungültig. OVG. PVBl. XXIII S. 407, XXVI S. 961. Privatrechtlicher Natur sind die Erstattungsforderungen der Gemeinde für die Herstellung des Anschlusses. OVG. **37** S. 90, PVBl. XXVII S. 697/98.

2. Eine Gebühr für Straßenreinigung kann nur beim Bestehen einer observanzmäßigen Verpflichtung der zu der Gebühr Herangezogenen zur Reinigung erhoben werden. OVG. **26** S. 43, PVBl. XXIV S. 121, XXV S. 214, XXIX S. 893. Für die Reinigungspflicht gilt jetzt das Gesetz über die Reinigung öffentlicher Wege vom 1. Juli 1912 (GS. S. 187). Vergl. auch A. 2 § 9.

3. Ein Zwang zur Benutzung von Wasserleitungen, Kanalisationen, Fäkalien- und Kehrichtabfuhr usw. kann nicht schon durch Ortsstatut, sondern nur durch Polizeiverordnung in Verbindung mit einem Ortsstatut eingeführt werden; letzteres stellt die rechtliche Voraussetzung für den Polizeizwang her, indem es den betreffenden Betrieb zu einer „Gemeindeangelegenheit" macht und damit aus dem Bereich der privatgewerblichen Tätigkeit gemäß § 1 GO. ausscheidet. OVG. PVBl. XVIII S. 494 bis 497, **26** S. 61, **28** S. 354. PVBl. XXI S. 113. Nur tatsächliche Benutzung, nicht schon das Bestehen eines Benutzungszwangs begründet die Gebührenpflicht (s. oben A. 1); die Zuwiderhandlung gegen Benutzungszwang macht nur strafbar.

4. Der Maßstab für die Bemessung der Gebühren darf kein absolut ungeeigneter und darum willkürlicher sein. Hierüber entscheidet der Verwaltungsrichter; im übrigen haben über die Zweckmäßigkeit der angewandten Maßstäbe nur die Beschlußbehörden zu befinden. OVG. **30** S. 97, **31** S. 61, **36** S. 92. Zulässig sind außer dem Maßstab des wirklichen Verbrauchs (z. B. Wassermesser) auch Wahrscheinlichkeitsmaßstäbe, so für Kanal- und Wassergebühren der Nutzungswert der angeschlossenen Räume, PVBl. XXVI S. 961 (dagegen wenigstens nicht für fortlaufende Gebühren der gemeine Wert, OVG. **53** S. 96), ingleichen für erstere die Frontlänge oder Flächengröße, für letztere die Kopfzahl der Hausbewohner. Die Verbindung von Verbrauchs- und Wahrscheinlichkeitsmaßstab ist nur zulässig, wenn getrennte Gebühren: eine Mindestgebühr für den Besitz eines Anschlusses und außerdem eine Zusatzgebühr für den tatsächlichen Verbrauch, erhoben werden (vergl. Entsch. PVBl. XXXI S. 479, abweichend von **51** S. 59 und PVBl. XXI S. 113, s. oben A. 1). Angemessenheit, Zweckmäßigkeit und Höhe der ordnungsmäßig beschlossenen Benutzungsgebühren unterliegen nicht der Nachprüfung durch den Verwaltungsrichter, OVG. **53** S. 302, 308, PVBl. XXII S. 312. Ein Zwang zur Anmeldung der Veranlagungsmerkmale (des Nutzungswerts usw.) wird nach Abänderung des § 82 des Gesetzes jetzt auch bei Gebühren eingeführt werden können. Bisher unzulässig, OVG. PVBl. XXIX S. 256. Doch bleibt dies zweifelhaft, da die materielle Vorschrift in § 68 leider nicht entsprechend ausgedehnt worden ist.

5. Benutzungsgebühren müssen erhoben werden:
a) wenn Gemeindeveranstaltungen einzelnen Angehörigen oder einzelnen Klassen von solchen besonders zum Vorteile gereichen,
b) für den Besuch von höheren Lehranstalten und Fachschulen (Abs. 4); s. unten A. 8.

6. Benutzungsgebühren können nicht erhoben werden: für ein kommunales Einwohnermeldeamt, insoweit es bestimmt ist, Privatpersonen Auskunft zu erteilen (OVG. **62** S. 243), wohl

aber jetzt Verwaltungsgebühren nach § 6 Abs. 2; ferner nicht für die „Benutzung" des Luftraumes einer Straße usw. bei Anlegung von Balkonen, Erkern und dergl., OVG. **28** S. 75, PVBl. XXVII S. 15; für Benutzung von Straßengelände zur Aufstellung von Bauzäunen, Gerüsten, Lagerung von Baumaterialien usw. OVG. **48** S. 112, PVBl. XXXI S. 397. Doch sind hier privatrechtliche Vergütungen möglich, unter Umständen auch Verwaltungsgebühren § 6. Ein Zwang zur Erhebung von Benutzungsgebühren besteht aber nicht, oder doch — im Fall von A. 5b — nur beschränkt:

a) insoweit besondere Beiträge (§§ 9, 10) oder Vorausleistungen (§ 20) erhoben werden (Abs. 2),
b) für Veranstaltungen, deren Benutzung rechtlich oder tatsächlich erfolgen muß (Abs. 3),
c) in bezug auf Krankenhäuser und die anderen in Abs. 4 genannten Anstalten,
d) in bezug auf Benutzung von Wegen und Brücken (Abs. 6).

7. Unter Gemeindeangehörigen sind alle physischen und juristischen Personen, Erwerbsgesellschaften usw. zu verstehen, welche der Gemeinde irgendwie angehören (durch Aufenthalt, Besitz, Gewerbebetrieb usw.). Das Recht zur Gebührenerhebung ist aber unabhängig von der Gemeindeangehörigkeit der die Anstalt benutzenden Personen. OVG. vom 4. Oktober 1910; Selbstverwaltung Bd. 38 S. 12. Unter Klasse ist jede in gleicher Lage befindliche Mehrheit von Personen zu verstehen, z. B. alle Grundbesitzer oder die Besitzer kanalangeschlossener Grundstücke usw. Vergl. OVG. PVBl. XX S. 440.

8. „Zu den Fachschulen im Sinne des Gesetzes gehören Fortbildungs-, Näh-, Haushaltungs- und ähnliche Schulen niederer Art nicht." (Mot. AH. Drucksachen 1892 Anl. zu Nr. 7 S. 44.) OVG. **42** S. 157. Durch Art. 145 der Reichsverfassung ist die Schulgeldfreiheit für Fortbildungsschulen festgelegt. Nach dem Gewerbe- und Handelslehrer-Diensteinkommensgesetz vom 10. Juni 1921 (GS. S. 421) § 16 sind die Gemeinden verpflichtet, Fortbildungsschulbeiträge (Berufsschulbeiträge) von den Arbeitgebern zu erheben. Näheres hierüber s. Falk im PVBl. Bd. 42 S. 380. Das Ministerium für Handel und Gewerbe hat durch Erlaß vom 3. August 1921 eine Mustersatzung herausgegeben, s. unten Abschnitt V Ziff. 2.

Über den Gebührencharakter des Schulgeldes für höhere Schulen usw. hat die Rechtsprechung längere Zeit geschwankt; sie hat sich aber schließlich für denselben entschieden. Plenarentscheidung des OVG. vom 22. Februar 1913, Entsch. des 8. Senats vom 20. Mai, 23. September 1913 Bd. 64 S. 371. PVBl. XLIII S. 177. Ebenso Reichsgericht, Entsch. vom 9. Januar 1914 in RG.Entsch. i. ZS. Bd. 84 S. 27, 37. Eine Abstufung des Schulgeldes nach dem Einkommen ist bei einer Reihe von Gemeinden eingeführt, neuerdings aber von dem Reichsminister der Finanzen als gegen die Reichseinkommensteuergesetzgebung verstoßend auf Grund des § 5 Landessteuergesetz beanstandet. Höheres Schulgeld für auswärtige als für einheimische Schüler höherer Schulen ist zulässig, Zentralblatt für die Unterrichtsverwaltung 1896 S. 252.

Über Schulgeldfreiheit der Söhne von Lehrern an höheren Unterrichtsanstalten s. OVG. 49 S. 201.

9. Über die Beitreibung der Gebühren: § 90. Über die Genehmigung durch die Aufsichtsbehörde: § 8 und § 77.

10. Befreiungen eines Grundstückes von Gemeindelasten schließen keine Befreiung von Gebühren und Beiträgen (§§ 9, 10) ein. Anders nach § 20.

§ 5. Die bestehenden Vorschriften über die Verleihung des Rechts auf Erhebung von Chaussee-, Wege-, Pflaster-, Brücken-, Fähr-, Hafen-, Schleusengeldern und von anderen derartigen Verkehrsabgaben, sowie über die Feststellung der Tarife für solche werden durch dieses Gesetz nicht berührt.

AH. Kom.

Vergl. Erl. vom 4. September 1882 (GS. S. 360), ME. vom 18. September 1882 und 31. Mai 1883 (GS. 1883 S. 2 und 140),

ME. vom 30. März 1895 (GS. S. 127). Betr. Chausseegeld Allerh. KabO. vom 28. Januar 1908 (GS. S. 38). Im allgemeinen gilt jetzt ME. vom 5. Dezember 1921 (MBl. S. 390). Eine Genehmigung durch die Kreis- und Bezirksausschüsse ist künftig nicht mehr erforderlich.

Dem Vorläufigen Reichswirtschaftsrat liegt der Entwurf eines Reichsfahrzeugsteuergesetzes vor (Drucksache Nr. 177), wonach die Erhebung von Chaussee- und ähnlichen Wegegeldern für die gewöhnliche Benutzung öffentlicher Wege, mit Ausnahme solcher für besondere selbständige Verkehrsanlagen, künftig unzulässig sein soll. Vergl. § 13 Anm. 3 a. E.

§ 6. Die Gemeinden, Amtsbezirke, Ämter und Landbürgermeistereien sind berechtigt, für die Genehmigung und Beaufsichtigung von Neubauten, Umbauten und anderen baulichen Herstellungen, sowie für die ordnungs- und feuerpolizeiliche Beaufsichtigung von Messen und Märkten, von Musikaufführungen, Schaustellungen, theatralischen Vorstellungen und sonstigen Lustbarkeiten Gebühren zu erheben. Die Erhebung von Lustbarkeitssteuern schließt die Erhebung von Gebühren für die Beaufsichtigung der Lustbarkeit aus.

Die im Absatz 1 genannten Verbände dürfen, soweit nicht Gebührenfreiheit gesetzlich angeordnet ist, für einzelne Handlungen ihrer Organe (für eine Tätigkeit), die im wesentlichen im Interesse einzelner erfolgen, Verwaltungsgebühren erheben. Gebührenfrei sind Handlungen, bei denen ein öffentliches Interesse vorliegt, und der mündliche Verkehr. In den zu erlassenden Gebührenordnungen müssen die einzelnen Handlungen, für deren Vornahme eine Gebühr erhoben werden soll, nach Art und Inhalt der Tätigkeit bezeichnet werden.

Die Gebühren sollen so bemessen werden, daß deren Aufkommen die Kosten des bezüglichen Verwaltungszweigs nicht übersteigt.

R. § 5. AH. Kom.

1. Abs. 2 und 3 sind durch Gesetz vom 26. August 1921 geändert. Die Fassung des zweiten Satzes sowie der dritte Satz des Abs. 2 und die Änderung des Abs. 3 beruhen auf Beschlüssen des Landtages und standen nicht in der Regierungsvorlage. Durch Abs. 2 ist den Gemeinden die Befugnis zur Erhebung von Verwaltungsgebühren grundsätzlich eingeräumt, während sie ihnen bisher nur in einzelnen besonders aufgezählten Fällen gewährt war. Die durch die Änderung entstandene Fassung dürfte in verschiedener Hinsicht kaum als besonders glücklich bezeichnet werden, da einmal die grundsätzliche Vorschrift erst im Abs. 2 ausgesprochen wird, während im Abs. 1 bereits einzelne Fälle herausgegriffen werden, zum anderen, weil der Abs. 2 in seiner Fassung erhebliche Unklarheiten enthält. Die Worte „die im wesentlichen im Interesse einzelner erfolgen" können in Praxis und Rechtsprechung leicht zu Schwierigkeiten führen. Denn alle Handlungen öffentlicher Behörden sollen doch im allgemeinen im öffentlichen Interesse erfolgen, wenn auch vielfach einzelne Personen besondere Vorteile daran haben werden. Auch sind die merkwürdigerweise in Klammern beigefügten Worte „(für eine Tätigkeit)" nicht recht verständlich, da doch wohl alle Handlungen „eine Tätigkeit" sind. Vergl. auch Anm. 2a.

Als Verwaltungsgebühren im Sinne des Abs. 2 kommen in Frage: Gebühren für Erteilung von Auskünften, Beglaubigungen, Bescheinigungen, Erlaubnisscheinen für Ziehhunde, für Handel mit Lebensmitteln, für Feilhalten nicht zum Wochenmarkt gehörender Gegenstände auf diesem, für Duplikate von Arbeitsbüchern und dergl., für Gewerbelegitimationskarten und andere Ausweise. Auch die Einführung einer allgemeinen Bescheidgebühr dürfte zulässig sein. Vergl. Falk im PVBl. Bd. XLIII S. 198. Eine Reihe dieser Gebühren ist inzwischen bei zahlreichen Gemeinden eingeführt. Auch wurden solche Abgaben schon vor der Gesetzesänderung vielfach als „Auslagenersatz" oder unter ähnlicher Bezeichnung erhoben. Insbesondere durfte die Auskunftserteilung durch kommunale Polizeiverwaltungen (Einwohnermeldeamt) von der vorgängigen Einzahlung eines eventuell zu pauschalierenden Betrags ohne Gebührencharakter abhängig gemacht werden, der die baren Auslagen deckte. ME. vom 26. September 1902.

„Im übrigen bezieht sich die neue Vorschrift nach ihrer allgemeinen Fassung auf jegliche behördliche Tätigkeit (z. B. des Gemeindevorstandes, der kommunalen Polizei, des Mietseinigungs- und Wohnungsamtes, der Kohlenstelle und dergl.), sofern sie nicht als durch die Benutzungsgebühren im Sinne des § 4 abgegolten anzusehen ist." (Begründung zum R. des Gesetzes vom 26. August 1921, Drucksache des Preußischen Landtags 1921 Nr. 683 Sp. 13 ff. Vergl. auch AA. unten Abschn. IV 2.)

Bezüglich der Verwaltungsgebühren für die Gemeindekohlenstellen vergl. ME. vom 28. Juli 1921, MBl. S. 259. Danach soll der Satz von 1 Mark je Tonne im Regelfall nach Möglichkeit nicht überschritten werden.

2. Voraussetzung der kommunalen Gebührenerhebung ist, daß der betreffende Verwaltungszweig sich in den Händen der Gemeinde, nicht in denen einer staatlichen Polizeiverwaltung befindet. (Mot.) Bezüglich der Meß- und Marktgebühren vergl. § 68 RGewO., bezüglich des Marktstandgeldes § 11 KAG.

2 a. Für die Steuerfreiheit nach Abs. 2 ist Voraussetzung, daß ein öffentliches Interesse vorliegt, oder — mit Rücksicht auf die Fassung des vorangehenden Satzes — richtiger, daß ein öffentliches Interesse überwiegt. Vergl. Anm. 1. Öffentliche Behörden sind daher nicht schlechthin steuerfrei.

3. Diese Gebühren sollen nicht zu einer Einnahmequelle gemacht werden; planmäßig und unter normalen Verhältnissen sollen die Kosten nicht überstiegen werden. Dies unterlag seither der richterlichen Nachprüfung im Verwaltungsstreitverfahren. Nachdem durch Gesetz vom 26. August 1921 in Abs. 3 das Wort „müssen" in „sollen" geändert worden ist, ist anzunehmen, daß Abs. 3 nunmehr als bloße Ordnungsvorschrift die Rechtsgültigkeit einer Gebühr nicht mehr beeinflußt. Es ist aber auch seither schon

nicht als ungesetzlich betrachtet worden, wenn unter besonderen Verhältnissen einmal eine Überschreitung eintrat. KAG. S. 286.

4. Über Baugebühren vergl. ME. vom 1. September 1896 (MBl. S. 162 und OVG. 32 S. 93 ff., PVBl. XXII S. 156). Auch fiskalische Bauten sind gebührenpflichtig, OVG. PVBl. XXVIII S. 240 (Reichsbesteuerungsgesetz vom 15. April 1911). Bei den Fabrikanlagen usw., welche nach § 16 GewO. der — die baupolizeiliche Genehmigung in sich schließenden — Genehmigung durch den Kreis- (Stadt-) oder Bezirksausschuß bedürfen, kann eine Gebühr nach § 6 nicht erhoben werden; wohl aber scheint die Entscheidung des OVG. vom 20. November 1908, PVBl. XXX S. 527, die Einziehung entsprechender Sätze als Auslagen des Verwaltungsbeschlußverfahrens gemäß § 22 GewO. und § 124 Abs. 3 LVG. zuzulassen. Geeignete und übliche Maßstäbe der Gebührenbemessung sind die Kubikmeter des umbauten Raumes, die Quadratmeter der bebauten Fläche und die Höhe der Baukosten.

5. Nach dem Kriegsgesetz zur Vereinfachung der Verwaltung vom 13. Mai 1918 ist eine Genehmigung der Aufsichtsbehörde nur für Gebühren nach Abs. 2, nicht für solche nach Abs. 1 notwendig. Vergl. § 8 A. 1 und § 77.

6. Für die Erhebung von Gebühren wird sich vielfach die Einführung von Gebührenmarken empfehlen.

§ 7. Gebühren sind im voraus nach festen Normen und Sätzen zu bestimmen. Eine Berücksichtigung Unbemittelter ist nicht ausgeschlossen.

R. § 4 Abs. 5. AH. Kom. red.

1. Eine Abstufung der Gebühren ist nicht ausgeschlossen. (Mot.) Insbesondere kann dabei die Leistungsfähigkeit mitberücksichtigt werden, wie dies durch das oben S. 39 und 40 abgedruckte deklaratorische Gesetz nunmehr festgestellt ist. Vergl. OVG. 50 S. 55 und Entsch. vom 10. Januar 1911 in Mitteilung der Zentralstelle des Städtetags vom 1. Mai 1911 Sp. 112, wo offenbar im Widerspruch mit den Absichten des Deklarationsgesetzes nur die Abstufung des der normalen Leistungsfähigkeit

entsprechenden Satzes nach unten, nicht auch dessen Staffelung nach oben für zulässig erklärt wird. Vergl. Noell-Freund zu § 7.

2. Die richterliche Nachprüfung bezieht sich zwar nicht auf die Angemessenheit, wohl aber auf die Rechtmäßigkeit der Gebühr und somit auch darauf, ob sie sich als eine absolut ungeeignete und darum willkürliche darstellt. OVG. **30** S. 97, **31** S. 61. Vergl. dazu **36** S. 92. PVBl. XX S. 492, XXI S. 19, 105, XXII S. 347, XXV S. 557, 723, XXVII S. 894 über Kanalisationsgebühren und Wassergeld. Bestimmungen, nach denen die Gebühr im Einzelfall nach billigem Ermessen der Veranlagungsbehörde ermäßigt werden kann, machen die ganze Gebührenordnung ungültig. OVG. **36** S. 92 sowie Entsch. vom 27. Juni 1905 Nr. II 1125 in Sachen der Stadtgemeinde Wiesbaden. Dagegen ist eine Bestimmung, wonach eine bereits veranlagte Gebühr aus gewissen Gründen vom Gemeindevorstand ermäßigt oder erlassen werden kann, zulässig.

Ferner ist ein beweglicher, sich durch die jährlichen etatmäßigen Ausgaben für Kanalisation, Wasserleitung usw. bestimmender Maßstab zulässig. OVG. **40** S. 80. Staffelung nach dem Einkommen unzulässig. Erl. d. Reichsfinanzministers vom 12. November 1921.

3. Gebühren können nicht mit rückwirkender Kraft eingeführt werden. OVG. PVBl. XLIII S. 177. Vergl. jedoch § 77 Abs. 5.

§ 8. Die Festsetzung von Gebühren bedarf in den Fällen des § 4 Absatz 3 [und 5 und des § 6]*) der Genehmigung. Das Erfordernis der Genehmigung des Schulgeldes durch die Schulaufsichtsbehörde bleibt unberührt.

Die Vorschriften des Artikel 5 Nummer 2 des Kriegsgesetzes zur Vereinfachung der Verwaltung vom 13. Mai 1918

---

*) Die Worte in Abs. 1 „und 5 und des § 6" sind durch Kriegsgesetz vom 13. Mai 1918 vorläufig gestrichen; vergl. jedoch Einleitung S. 43 und den durch Gesetz vom 26. August 1921 diesem Paragraphen angefügten Abs. 3.

(Gesetzsamml. S. 53), soweit sie sich auf Verwaltungsgebühren im Sinne des § 6 Absatz 2 beziehen, werden aufgehoben.

R. § 6. AH. Kom.

1. Der Sinn dieser durch die wiederholte Gesetzesänderung sehr unglücklich gewordenen Fassung ist nun, daß für die Dauer der Geltung des Kriegsgesetzes der Genehmigung nur noch bedürfen:

a) Verwaltungsgebühren nach § 6 Abs. 2,

b) Benutzungsgebühren, wenn rechtlicher oder tatsächlicher Zwang zur Benutzung der Veranstaltung vorliegt (§ 4 Abs. 3).

Sollte das Kriegsgesetz vom 13. Mai 1918 später wieder wegfallen, so wäre alsdann die Genehmigung erforderlich für:

a) alle Verwaltungsgebühren (§ 6),

b) Benutzungsgebühren, wenn entweder rechtlicher oder tatsächlicher Zwang zur Benutzung der Veranstaltung vorliegt oder Abweichungen von den Vorschriften über Bemessung der Höhe der Gebühren (§ 4 Abs. 2) getroffen werden.

Hinsichtlich des Umfanges, in welchem Genehmigung erforderlich ist, bestehen immerhin Zweifel. Vergl. KAG. S. 287 und Noell zu § 8.

§ 9. Die Gemeinden können behufs Deckung der Kosten für Herstellung und Unterhaltung von Veranstaltungen, welche durch das öffentliche Interesse erfordert werden, von denjenigen Grundeigentümern und Gewerbetreibenden, denen hierdurch besondere wirtschaftliche Vorteile erwachsen, Beiträge zu den Kosten der Veranstaltungen erheben. Die Beiträge sind nach den Vorteilen zu bemessen.

Beiträge müssen in der Regel erhoben werden, wenn anderenfalls die Kosten, einschließlich der Ausgaben für die Verzinsung und Tilgung des aufgewendeten Kapitals, durch Steuern aufzubringen sein würden.

Der Plan der Veranstaltung ist nebst einem Nachweise der Kosten offenzulegen. Der Beschluß der Gemeinde wegen

Erhebung von Beiträgen ist unter der Angabe, wo und während welcher Zeit Plan nebst Kostennachweis zur Einsicht offenliegen, in ortsüblicher Weise mit dem Bemerken bekanntzumachen, daß Einwendungen gegen den Beschluß binnen einer bestimmt zu bezeichnenden Frist von mindestens vier Wochen bei dem Gemeindevorstande anzubringen seien. Handelt es sich um eine Veranstaltung, welche nur einzelne Grundeigentümer oder Gewerbetreibende betrifft, so genügt an Stelle der Bekanntmachung eine Mitteilung an die Beteiligten. Über Einwendungen entscheidet die zur Genehmigung von Gemeindebeschlüssen nach diesem Gesetze zuständige Behörde.*)

Zu diesem Behufe hat der Gemeindevorstand den Beschluß nebst den dazugehörigen Vorverhandlungen und der Anzeige, [ob und] **) welche Einwendungen innerhalb der gestellten Frist erhoben sind, der zuständigen Behörde einzureichen.

Der Beschluß der zuständigen Behörde ist in gleicher Weise zur Kenntnis der Beteiligten zu bringen, wie der Beschluß der Gemeinde bekanntgemacht worden ist.

Gegen den Beschluß der zuständigen Behörde steht den Beteiligten die Beschwerde offen. Sind Einwendungen nicht innerhalb der gesetzlichen Frist erhoben oder ist über die erhobenen rechtskräftig entschieden, so hat dies der Gemeindevorstand in der im Absatz 3 angegebenen Weise bekanntzumachen. Mit dieser Bekanntmachung wird der Beschluß rechtswirksam.***)

---

*) Dieser Satz hat durch das Kriegsgesetz vom 13. Mai 1918 (vergl. Einleitung S. 43) vorläufig obige Fassung erhalten. Er lautete bisher: „Der Beschluß bedarf der Genehmigung."

**) Vorläufig gestrichen durch Kriegsgesetz vom 13. Mai 1918.

***) Diese beiden letzten Sätze sind durch Kriegsgesetz vom 13. Mai 1918 vorläufig hinzugefügt.

R. § 7. AH. Kom.

1. Über „Veranstaltungen" vergl. § 4 Abs. 1.

2. Der Ausdruck „durch das öffentliche Interesse erfordert werden" ist nach Noell A. 10 zu § 4 gleichbedeutend mit „im öffentlichen Interesse geschaffen werden", d. h. die Veranstaltungen des § 9 decken sich mit denen des § 4. Bedenken wegen des Wortlautes: KAG. S. 250 ff. Wegen Straßenverbreiterung vergl. OVG. **51** S. 68, wegen Straßenunterhaltung und des dabei nach der Rechtsprechung des OVG. zu wahrenden Prinzips des einheitlichen Straßennetzes **32** S. 122, **36** S. 99, PVBl. XIX S. 188, XXIII S. 136, XXIV S. 515, wegen Straßenreinigung OVG. **47** S. 100. Vergl. A. 2 zu § 4. Die Heranziehung der Feuerversicherungsanstalten zu den Kosten des Feuerlöschwesens nach § 9 ist nicht statthaft, AH. StB. S. 1968, HH. StB. S. 322.

3. Beiträge brauchen insbesondere dann nicht erhoben zu werden, wenn die Kosten durch Gebühren (§ 4) oder Vorausbelastungen (§ 20) gedeckt werden (Abs. 2). Vergl. auch OVG. **45** S. 150. — Gebühren und Beiträge schließen sich gegenseitig nicht aus. Die Erhebung von Beiträgen schließt dagegen eine steuerliche Vor- oder Mehrbelastung stets aus (AA. Art. 1 Ziff. 1 Abs. 4, Art. 13 Abs. 4, KAG. § 20).

4. „Die Beitragsleistung darf sich niemals auf den gesamten Kostenbedarf einer Veranstaltung erstrecken. Vielmehr ist der dem öffentlichen Interesse entsprechende Teil des Kostenbedarfs einer Veranstaltung aus den zur Bestreitung der allgemeinen Ausgaben bestimmten Einkünften der Gemeinde und nur der hiernach verbleibende Restbetrag durch Beiträge zu decken." AA. Art. 7 Nr. 4. OVG. **32** S. 110. PVBl. XIX S. 185, XXII S. 348.

5. Die Feststellung von Beiträgen wird regelmäßig vor Herstellung der „Veranstaltung" erfolgen; ausnahmsweise können sie indessen auch nachträglich festgesetzt werden. AH. Pl. S. 1967. AA. Art. 7 Nr. 3. OVG. **32** S. 122. PVBl. XIX S. 185.

6. Die Beiträge können als einmalige oder als Renten, und zwar auch als ablösbare, festgesetzt werden. AH. Pl. S. 2286.

7. Dem auf einem Grundstück ruhenden Beitrag wird dinglicher Charakter zuzuerkennen sein, doch schwankt hier die Praxis der Gerichte erheblich. Vergl. PVBl. XXIV S. 276, XXXIV S. 238. Miteigentümer können solidarisch verpflichtet werden. Vergl. OVG. **32** S. 120. PVBl. XIX S. 185. Beiträge genießen die Vorzugsrechte der öffentlichen Lasten bei der Zwangsvollstreckung, ob auch im Konkurs, ist bestritten; vergl. A. 2 zu § 90.

8. Bei Bemessung der Beiträge nach den Vorteilen ist von den allgemeinen und durchschnittlich erwachsenden Vorteilen auszugehen. KAG. S. 253. So auch OVG. PVBl. XIX S. 185, 186, XX S. 441, XXIV S. 5, 408, OVG. **42** S. 19, **45** S. 67, 150, **46** S. 75, **50** S. 62, **51** S. 68. OVG. vom 5. Oktober 1906, Selbstverwaltung **34** S. 229 und Noell-Freund A. 8 zu § 9.

Noell ging von der Annahme aus (A. 8 zu § 9), daß jeder zu Beiträgen in Gemäßheit genehmigter Ordnungen Herangezogene im Verwaltungsstreitverfahren einwenden kann, daß sein Vorteil seinem Beitrage nicht entspreche, und hierüber dann Beweis zu erheben ist. Bei dieser Auffassung war das Beitragsverfahren für fortlaufend zur Erhebung kommende Beiträge (wie z. B. Kanalbeiträge) praktisch unverwendbar. In der 7. und 8. Auflage ist jedoch im Anschluß an die Rechtsprechung des OVG. von dieser Auffassung abgegangen.

9. Die Beachtung der Vorschriften über das Verfahren ist Voraussetzung für die Rechtsgültigkeit der Beiträge. OVG. **32** S. 109, 116, **37** S. 24. PVBl. XXII S. 32, 133; XXIV S. 553.

10. Einen Sonderfall der Erhebung von Beiträgen durch die Kommunalverbände regelt das Wassergesetz vom 7. April 1913 (Pr. GS. S. 134) durch folgende Bestimmungen:

§ 292.

Beseitigung von Hindernissen des Hochwasserabflusses.

(1) Soweit es zur Verhütung von Hochwassergefahr notwendig ist, Erhöhungen der Erdoberfläche und über die Erd-

oberfläche hinausragende Anlagen (Deiche, Dämme und andere deichähnliche Erhöhungen; Gebäude, Mauern und andere bauliche Anlagen; Feldziegeleien, Einfriedigungen, Baum- und Strauchpflanzungen und ähnliche Anlagen), die den Abfluß des Hochwassers behindern, ganz oder teilweise zu beseitigen, kann das Recht zur Enteignung nach dem Enteignungsgesetze vom 11. Juni 1874 (GS. S. 221) gewährt werden.

(3) Wird das Enteignungsrecht dem Staate oder einem Kommunalverbande gewährt, so können sie die Eigentümer derjenigen Grundstücke und Anlagen sowie diejenigen Verbände und Körperschaften des öffentlichen Rechtes, denen die Beseitigung zum Vorteile gereicht, zu den Kosten des Unternehmens nach Verhältnis des ihnen aus diesem erwachsenden Vorteils heranziehen. Der Beitrag darf für jeden Herangezogenen das Maß des ihm erwachsenden Vorteils nicht übersteigen. Auf Antrag des Unternehmers setzt der Bezirksausschuß die Höhe des Beitrags fest. Gegen den Beschluß ist binnen zwei Wochen die Beschwerde bei dem Landeswasseramte zulässig.

§ 9 a. Als Veranstaltung im Sinne des § 9 gilt auch der Bau von Kleinwohnungen. Als wirtschaftlicher Vorteil ist dabei für die Heranziehung von Arbeitgebern zu Beiträgen die Tatsache anzusehen, daß durch die geplanten Wohnungen eine unter den Arbeitnehmern der Arbeitgeber hervorgetretene Wohnungsnot gemildert oder einer drohenden Wohnungsnot vorgebeugt wird. Unter Kosten sind dabei nur diejenigen Baukosten zu verstehen, die nach Abzug des durch die ortsüblichen Mieten verzinsten Teiles der Baukosten noch zu decken sind (sogenannte nicht rentierliche Baukosten). Zu Beiträgen für den Bau von Kleinwohnungen dürfen nur Arbeitgeber herangezogen werden, welche in der Gemeinde mehr als 20 Arbeitnehmer beschäftigen.

Die Arbeitgeber können zu Beitragsgemeinschaften vereinigt werden. Die Unterverteilung der Beiträge innerhalb

der Gemeinschaften ist durch Satzung zu regeln, die der Genehmigung der Minister des Innern und der Finanzen bedarf.

Beitragsgemeinschaften können, wenn sich das Bedürfnis auf mehrere Gemeinden oder Gutsbezirke erstreckt, auch von bestehenden oder zu begründenden Zweckverbänden oder von Gemeindeverbänden gebildet werden.

Streitigkeiten über die Heranziehung zu Beiträgen durch die Gemeinschaft werden im Verwaltungsstreitverfahren entschieden.

Arbeitgeber, die insbesondere nach dem 1. Januar 1919 bereits selbst zum Bauen von Wohnungen für ihre Arbeitnehmer aus eigenen Mitteln in angemessenem Verhältnis zur Zahl ihrer Arbeitnehmer beigetragen haben, sollen von diesen Beiträgen befreit werden.

1. § 9a ist eingefügt durch Gesetz vom 26. August 1921; vergl. Einleitung S. 44. Der Regierungsentwurf ist im Landtag erheblich geändert und erweitert worden.

Die Begründung zum Entwurf des Gesetzes (Drucksache des Preuß. Landtages 1921 Nr. 683 Sp. 15) sagt:

„Die herrschende Wohnungsnot verlangt die Ausnutzung aller Möglichkeiten, die zu einer gesteigerten Bautätigkeit führen können.

Es ist rechtlich zweifelhaft, ob bereits die jetzige Fassung des § 9 die Erhebung von Beiträgen der hier behandelten Art gestattet (vergl. Rheinische Zeitschrift für Kleinwohnungswesen, 14. Jahrgang, Heft 11/12 S. 192 ff.). Deshalb ist der hier gemachte Vorschlag erfolgt.

Selbstverständlich empfiehlt es sich nicht für alle Gemeinden, den Weg des Zwanges gegenüber den Arbeitgebern zu betreten. Vielmehr wird es in den meisten Fällen vorzuziehen sein, durch friedliche gemeinsame Arbeit von Industrie und Gemeinde den Wohnungsneubau zu fördern.

Daß die ortsüblichen Mietspreise der Wohnungsinhaber bei der Berechnung der zu deckenden Kosten mit in Rücksicht genommen werden müssen, erscheint selbstverständlich. Es liegt kein Grund vor, durch Festsetzung niedriger Mietszinse in den neuen Gemeindebauten zugunsten einiger weniger die Industrie unnötig hoch zu belasten."

Der Landtag hat insbesondere die Regierungsvorlage dahin erweitert, daß beitragspflichtig nicht nur solche Arbeitgeber sind, deren Arbeiter in solchen Bauten tatsächlich wohnen, sondern alle, deren Arbeiterschaft, wenn auch indirekt, eine Erleichterung der Wohnungsnot erfährt.

2. Vergl. auch die Abgabe zur Förderung des Wohnungsbaues, Reichsgesetz vom 26. Juni 1921 (RGBl. S. 773) und 6. März 1922 (RGBl. S. 235); Preuß. Verordn. vom 22. November 1921 (GS. S. 549). Vergl. § 17 Anm. 2.

3. Zur Ausführung des § 9a s. Obenkirchen Pr. VBl. Bd. XLIII S. 14 und AA. Art. 3 unten Abschn. IV 2.

§ 10. Die Vorschriften des Gesetzes, betr. die Anlegung und Veränderung von Straßen und Plätzen in Städten und ländlichen Ortschaften, vom 2. Juli 1875 (Gesetzsamml. S. 561) bleiben mit der Maßgabe in Kraft, daß die im § 15 daselbst vorgesehenen Beiträge nach einem anderen als dem dort angegebenen Maßstabe, insbesondere auch nach der bebauungsfähigen Fläche, bemessen werden dürfen.

R. § 7 Abs. 3. AH. Kom.

1. Das Gesetz vom 2. Juli 1875 ist geändert durch das Landesverwaltungsgesetz, das Zuständigkeitsgesetz sowie das Wohnungsgesetz vom 28. März 1918 (GS. S. 23) Art. 1. Zu den Kosten der Anlage oder Veränderung von Straßen und Plätzen sollen Beiträge auf Grund des § 9 von den angrenzenden Eigentümern nicht erhoben werden dürfen, vielmehr hinsichtlich dieser das Gesetz vom 2. Juli 1875 — mit einer übrigens bis jetzt nicht praktisch gewordenen Modifikation — maßgebend bleiben. (AK. KomBer. S. 11, 12.) Insoweit also neben diesem Gesetz vom 2. Juli 1875 bisher besondere Zwecksteuern — zur Unterhaltung von Trottoiren u. a. m. — rechtlich zulässig waren (OVG. **19** S. 70), steht § 10 auch fernerhin einer besonderen Heranziehung auf Grund des § 9 oder § 20 nicht entgegen.

2. Die Bedeutung des § 10 wurde bei der Beratung im Herrenhause verschieden aufgefaßt. Streitig war insbesondere, ob Beiträge und Vorausbelastungen auf Grund der §§ 9 und 20 1. für Bauten an vorhandenen, bebauten Straßen im Sinne des § 15 Gesetz von 1875, 2. im Fall der Verbreiterung bestehender Straßen und 3. bei Anlage von Plätzen — in welchen Fällen Beiträge auf Grund des Gesetzes von 1875 nicht erhoben werden können — zulässig sind. Zu 1 ist zu bemerken, daß dem § 15 Gesetz von 1875 nicht nur die historischen Straßen im engeren Sinne des § 12 daselbst entzogen sind, sondern auch die vorhandenen, bebauten Straßen — wenn die Bebauung auch nur in einem Gebäude besteht, OVG. PVBl. XXII S. 467, XXIV S. 409. Eine vorhandene Straße ist eine nach ausdrücklicher oder stillschweigender Bestimmung der städtischen Behörden für den öffentlichen, straßenmäßigen inneren Verkehr und den städtischen Anbau dienende Straße, auch wenn sie noch nicht in allen Einzelheiten fertiggestellt ist bezw. nicht alle Kriterien aufweist, welche nach den polizeilichen Bestimmungen — oder den ortsüblichen Anforderungen — zu einer fertigen Straße gehören, OVG. **27** S. 55 und **38** S. 147. Eine historische Straße ist eine solche, deren Entwicklung bezüglich des Ausbaues und straßenmäßigen Verkehrs im wesentlichen ihren Abschluß gefunden hat, so daß von einer Weiterentwicklung in den wesentlichen Beziehungen nicht mehr gesprochen werden kann. Vergl. KAG. S. 294 bis 305. Für die Zulässigkeit der Beiträge und Vorausbelastungen in den vorstehenden Fällen 1 bis 3 Noell A. 2 zu § 10; vergl. OVG. PVBl. XIX S. 188, XXII S. 133 und besonders Friedrichs, 5. Aufl. S. 226 bis 231. Übereinstimmend hiermit die Rechtsprechung des OVG. — Vergl. AN. Art. 7 Nr. 5. Die neuere Rechtsprechung des OVG. **46** S. 97, **50** S. 62, PVBl. XXIX S. 624 hat weitergehend auch

bei den unter § 15 Gesetz von 1875 fallenden Straßen die Heranziehung gemäß § 9 insoweit für zulässig erklärt, als es sich um Arbeiten handelt, die über den Rahmen der im § 15 festgesetzten ersten Einrichtung und fünfjährigen Unterhaltung hinausgehen. Dies ist der Fall:

1. nach Ablauf der in Rede stehenden fünf Jahre,
2. bei Arbeiten, die nach dem ursprünglichen Bauprogramm nicht zu der ersten Herstellung oder zu der gemeingewöhnlichen Unterhaltung gehören, sondern die „eine Umgestaltung der Straße, Ersetzung der vorhandenen Anlage durch eine andersgeartete" darstellen (OVG. **50** S. 65) (z. B. geräuschloses Pflaster, Erbreiterungen, Durchbrüche usw.). Über die rechtliche Begründung vergl. Mundt, PVBl. XXVI S. 840.

3. Die ortsstatutarische Verpflichtung, Anliegerbeiträge zu Straßenbaukosten zu entrichten, wird durch neue Bestimmungen über die Wegebaulast (z. B. Wegeordnung für die Provinz Sachsen vom 11. Juli 1891 §§ 19, 42) nicht berührt. OVG. **28** S. 77.

4. Unberührt von dem § 9 bleiben ferner die provinzialrechtlichen Bestimmungen über Vorausleistungen der Fabriken usw. für Wegebauten wegen besonders starker Abnutzung (Präzipialwegegesetze). Noell A. 1 zu § 9 und Germershausen, Das Wegerecht und die Wegeverwaltung in Preußen Bd. 1 § 35.

5. Die Rechtsgültigkeit eines auf Grund des Gesetzes von 1875 erlassenen Ortsstatuts ist nur nach diesem, nicht nach den Vorschriften des KAG. zu beurteilen. OVG. PVBl. XXII S. 444.

§ 11. § 2 Absatz 1 Satz 1 und 2 und Absatz 3 des Gesetzes, betreffend die Erhebung von Marktstandsgeld, vom 26. April 1872 (Gesetzsamml. S. 513) werden gestrichen.

Ebenso behält es bei den Bestimmungen der Gesetze über die Errichtung öffentlicher Schlachthäuser vom 18. März 1868

(Gesetzsamml. S. 277) und 9. März 1881 (Gesetzsamml. S. 273) sein Bewenden. Jedoch dürfen für die Schlachthausbenutzung Gebühren bis zu einer solchen Höhe erhoben werden, daß durch ihr jährliches Aufkommen die Kosten der Unterhaltung der Anlage und des Betriebes sowie ein wirtschaftlich angemessener Betrag zur Verzinsung und Tilgung des Anlagekapitals und der etwa gezahlten Entschädigungssumme sowie zur Erneuerung vorhandener Anlagen gedeckt werden. In denjenigen Städten, in denen Verbrauchssteuern auf Fleisch zur Erhebung kommen, dürfen die Benutzungsgebühren nur bis zu einer solchen Höhe erhoben werden, daß durch ihr jährliches Aufkommen außer den Unterhaltungs- und Betriebskosten ein Betrag von fünf Prozent des Anlagekapitals und der Entschädigungssumme gedeckt wird.

Die Gebühren für die Untersuchung des nicht in öffentlichen Schlachthäusern ausgeschlachteten Fleisches (Artikel 1 § 2 Nr. 2 und 3 des Gesetzes vom 9. März 1881) können in einer den Gebühren für die Schlachthausbenutzung entsprechenden Höhe bemessen werden.

R. § 8. AH. Kom. Pl. II und III.

1. Abs. 1 und 2 Satz 2 in der Fassung des Gesetzes vom 26. August 1921. Abs. 1 war bereits durch Gesetz vom 6. Mai 1920 Art. III zugunsten der Gemeinden erweitert worden. Die jetzige Fassung ist mit Rücksicht auf die finanzielle Not der Gemeinden und die Geldentwertung erfolgt. Die Gebührenfestsetzung bedarf nach § 1 des angezogenen Gesetzes und § 130 des Zuständigkeitsgesetzes der Genehmigung des Bezirksausschusses. „Ebenso" bezog sich auf die frühere Fassung des Abs. 1.

Nach der bisherigen Fassung durften 8 Prozent des Anlagekapitals und der etwa gezahlten Entschädigungssumme bei Bemessung der Schlachthausgebühren in Anrechnung gebracht werden. Die Abänderung soll ferner dem Umstand Rechnung tragen, daß die Unkosten für eine etwa erforderliche Neuanlage außerordentlich gestiegen sind. Es muß deshalb von Fall zu Fall geprüft werden, inwieweit eine Erhöhung der zu berücksichtigenden Tilgungssumme alljährlich bei Bemessung der Schlachthofgebühren erfolgen darf (Begründung zur Regierungsvorlage, Landtagsdrucksache Nr. 683). Die Gebührenerhebung darf nicht zu einer mittelbaren Einführung von Schlachtsteuern werden.

2. Der letzte Satz des zweiten Absatzes, welcher auf alle Gemeinden (nicht nur Städte) mit Fleischsteuern anzuwenden war (AA. Art. 5 Nr. 5), ist, nachdem § 13 des Zolltarifgesetzes vom 25. Dezember 1902 die kommunalen Verbrauchssteuern auf Fleisch allgemein beseitigt hat, vom 1. April 1910 ab gegenstandslos geworden (vergl. A. 1 a. E. zu § 14).

3. „Wegen der Gebühren für die Untersuchung des in öffentlichen Schlachthäusern ausgeschlachteten Fleisches hat § 11 es bei dem bisherigen Rechte bewenden lassen, wonach die Höhe der Tarifsätze so zu bemessen ist, daß die für die Untersuchung zu entrichtenden Gebühren die Kosten dieser Untersuchung nicht übersteigen dürfen. Dagegen können die Gebühren für die Untersuchung des nicht in öffentlichen Schlachthäusern ausgeschlachteten Fleisches über die Kosten der Untersuchung hinaus in einer den Gebühren für die Schlachthausbenutzung entsprechenden Höhe bemessen werden. Die Zulassung dieser Erhöhung ermöglicht einen angemessenen Ausgleich zwischen den auf die Benutzung eines öffentlichen Schlachthauses angewiesenen Schlächtern und denjenigen Gewerbetreibenden, für welche bei dem Verkaufe des von auswärts eingeführten ausgeschlachteten Fleisches der Zwang zu einer solchen Benutzung nicht besteht. Mit dieser Angabe der Absicht des Gesetzes sind die Voraussetzungen, unter welchen, und die Grenzen bezeichnet, innerhalb deren die Vorschrift des Gesetzes zur Ausführung zu bringen ist.“ AA. Art. 5 Ziff. 6. Nach ME. vom 11. Januar 1901 (MBl. S. 91, PVBl. XXII Beilage S. 133) folgt hieraus, daß die Untersuchungsgebühren für eingeführtes Fleisch nur insoweit die Selbstkosten übersteigen dürfen, als und insoweit dies auch bei den Benutzungsgebühren der Fall ist. Gebühren der letzteren Art dürfen aber nach §§ 5, 14 Abs. 1 Satz 1 und 2 und 21 Satz 2 Gesetz vom 28. Juni 1902

(GS. S. 229), betreffend Ausführung des Schlachtvieh- und Fleischbeschaugesetzes, in Verbindung mit ergänzendem Gesetz vom 23. September 1904 auch in Gemeinden mit Schlachthauszwang nur noch dann erhoben werden, wenn das Fleisch nicht bereits vorher von einem amtlich approbierten Tierarzt untersucht war.

4. „Die Notwendigkeit der Genehmigung von Gemeindebeschlüssen auf Grund des Abs. 3 des § 11 ergibt sich aus § 131 des Zust.-Ges. vom 1. August 1883 in Verbindung mit Art. 1 Abs. 2 des Gesetzes vom 9. März 1881 (GS. S. 273)." AA. Art. 5 Nr. 6.

5. Da die Grundlagen für Festsetzung der Gebühren für die Benutzung des Schlachthauses und für die Untersuchung des Fleisches verschieden sind, ist die Festsetzung einheitlicher Gebühren für beide Leistungen unzulässig. OVG. **34** S. 64, PVBl. XX S. 228.

§ 12. In Badeorten, klimatischen und sonstigen Kurorten können die Gemeinden für die Herstellung und Unterhaltung ihrer zu Kurzwecken getroffenen Veranstaltungen Vergütungen (Kurtaxen) erheben.

AH. Kom.

1. Kurtaxen können, wenn von der Aufsichtsbehörde genehmigt, im Verwaltungszwangsverfahren beigetrieben werden. § 90. Sie fallen nach OVG. **34** S. 196 nicht unter § 69 und sind demnach im Streitfall im Wege des Zivilprozesses zu entscheiden, obwohl sie öffentlich-rechtliche Forderungen sind. Dagegen Noell-Freund, A. 6 zu § 69.

2. „Zu Kurzwecken getroffene Veranstaltungen" sind Voraussetzung der Erhebung; z. B. Badeanstalten, Trinkhallen nebst Wandelbahnen, Molkenkuranstalten, Terrainkurwege, unter Umständen auch Waldanlagen. Das Aufkommen der Kurtaxe darf die Kosten solcher Veranstaltungen nicht übersteigen.

3. Unzulässig ist eine Kurtaxe, welche nur eine verschleierte, dem § 8 des Gesetzes über die Freizügigkeit vom 1. November 1867 widerstreitende Aufenthaltssteuer darstellt.

Dritter Titel.

Gemeindesteuern.

Erster Abschnitt.

Indirekte Gemeindesteuern.

§ 13. Die Gemeinden sind zur Erhebung indirekter Steuern innerhalb der durch die Reichsgesetze gezogenen Grenzen befugt.

Den Gemeinden sind Vereinbarungen mit den Beteiligten gestattet, wonach der Jahresbetrag der zu entrichtenden indirekten Steuern für mehrere Jahre im voraus fest bestimmt wird. Die Vereinbarungen bedürfen der Genehmigung.

Bei vor dem 1. Januar 1919 getroffenen Steuervereinbarungen haben die Gemeinden binnen drei Monaten nach Inkrafttreten dieses Gesetzes das Recht, eine Abänderung der bestehenden Abmachungen zu verlangen, wenn und insoweit infolge der geänderten wirtschaftlichen Verhältnisse das Anwachsen ihrer Zuschläge zu den Realsteuern und die Steigerung der durch die Arbeitnehmer des Beteiligten verursachten Kommunallasten, insbesondere für Volksschul-, Armen-, Wegeunterhaltungs- und Polizeilasten, so erheblich sind, daß billigerweise die Tragung der Mehrkosten der Allgemeinheit und den Gemeindeangehörigen nicht zugemutet werden kann. Falls sich im Wege von Verhandlungen eine Einigung über ein neues Abkommen nicht erzielen läßt, so entscheidet ein Schiedsgericht, das aus je einem von der Gemeinde und den Beteiligten zu bestimmenden Vertreter und einem von der Aufsichtsbehörde zu ernennenden Obmann besteht. Gegen die Entscheidung des Schiedsgerichts findet in Landgemeinden die Beschwerde an den Kreisausschuß, in Städten die Beschwerde an den Bezirksausschuß statt. Kreisausschuß und Bezirksausschuß entscheiden endgültig.

Die Gebühren für das Schiedsgericht werden bei Meinungsverschiedenheiten von den Ministern des Innern und der Finanzen festgesetzt.

R. § 9. AH. Pl. II. Abs. 3 und 4 eingefügt durch Gesetz vom 26. August 1921.

1. Vergl. Zollvereinsvertrag vom 8. Juli 1867 Art. 5 Ziff. I, II § 7 (BGBl. S. 81) und Reichsgesetz vom 27. Mai 1885 (RGBl. S. 109). Hiernach ist insbesondere eine Weinsteuer — vergl. oben S. 36 und AA. Art. 10 Ziff. 1d — nur in den eigentlichen Weinländern gestattet; hierzu gehören in Preußen nur die vormals bayerischen, großherzoglich hessischen und nassauischen Landesteile. Vergl. ferner das Reichsweinsteuergesetz vom 26. Juli 1918 §§ 49 und 50 (RGBl. S. 845). Biersteuer darf nur erhoben werden mit den Höchstsätzen von 65 Pf. für ein Hektoliter, bei Einfachbier bis zu 30 Pf. für ein Hektoliter; Biersteuergesetz vom 26. Juli 1918 § 63 (RGBl. S. 882). Von den alkoholfreien Biersorten können nach Beschluß des zuständigen Bundesratsausschusses (ME. vom 7. Dezember 1906, MBl. 1907 S. 33) nur die auch der staatlichen Besteuerung unterworfenen Sorten zur kommunalen Besteuerung herangezogen werden. Einführung neuer und Erhöhung bestehender Branntweinsteuern ist unzulässig. AA. Art. 10. Sämtliche vereinsländischen Erzeugnisse der betreffenden Art müssen gleichmäßig besteuert werden. Hiernach sind z. B. Befreiungen des im Bezirk der besteuerten Gemeinde gebrauten Bieres unzulässig; a. a. O. Muster für eine Biersteuer: MBl. 1910 S. 24; beachte jedoch die Veränderungen durch § 62 des obengenannten Biersteuergesetzes vom 26. Juli 1918.

Besteuerung des Ausschanks von Mineralwasser ist zulässig. ME. vom 25. Juli 1921. Anderer Meinung Markull, Pr. VBl. Bd. 43 S. 51.

2. Über die Abgabe vom Umsatz von Immobilien s. oben S. 35 und 38. Als „Umsatzsteuer" in zahlreichen Gemeinden selbständig ausgebildet, ist die Steuer jetzt durch das Grunderwerbsteuergesetz vom 12. September 1919 (RGBl. S. 1617) sowie die §§ 37 bis 40 des Landessteuergesetzes (RGBl. 1920 S. 410)

einheitlich geregelt. Die Gemeinden können von den Ländern Anteile erhalten (§ 37) und Zuschläge erheben (§ 40). Den Gemeinden, die vor dem 1. Januar 1918 solche Abgaben erhoben, sind Sonderzuweisungen bis zum 31. Mai 1923 gewährleistet (§ 39). Die bestehenden Gemeindesteuerordnungen sind außer Kraft getreten, neue dürfen nicht eingeführt werden (§ 37 Grunderwerbssteuergesetz).

In Ausführung des Grunderwerbssteuergesetzes sind ergangen:

a) Gesetz, betr. den preußischen Anteil an der Grunderwerbssteuer vom 7. Mai 1920 (GS. S. 277).

§ 1. Der gemäß § 32 des Grunderwerbssteuergesetzes vom 12. September 1919 (RGBl. S. 1617) und § 37 des Landessteuergesetzes vom 30. März 1920 (RGBl. S. 402) auf Preußen entfallende Teil am Steueraufkommen wird für die Staatskasse vereinnahmt.

§ 2. Mit der Ausführung dieses Gesetzes werden die Minister des Innern und der Finanzen beauftragt.

b) Gesetz, betr. die Erhebung von Zuschlägen zur Grunderwerbssteuer, vom 7. Mai 1920 (GS. S. 278).*)

§ 1. Der Preußische Staat erhebt zu der auf Grund des § 34 des Grunderwerbssteuergesetzes vom 12. September 1919 (RGBl. S. 1617) und des § 40 des Landessteuergesetzes vom 30. März 1920 (RGBl. S. 402) veranlagten Grunderwerbssteuer rückwirkend vom 1. Oktober 1919 ab einen Zuschlag von 1 vom Hundert zur Staatskasse.

§ 2. Zuschläge zur Grunderwerbssteuer auf Grund des § 34 des Grunderwerbssteuergesetzes vom 12. September 1919 (RGBl. S. 1617) und des § 40 des Landessteuergesetzes vom 30. März 1920 (RGBl. S. 402) dürfen ferner rückwirkend vom 1. Oktober 1919 ab erheben:

1. Stadtkreise bis zur Höhe von 1 vom Hundert,

*) Dem Landtage liegt der Entwurf eines Ergänzungsgesetzes vor (Drucksache 1921/22 Nr. 2064).

2. Landkreise (Oberamtsbezirke in den Hohenzollernschen Landen) bis zur Höhe von ½ vom Hundert,
3. kreisangehörige Gemeinden bis zur Höhe von ½ vom Hundert.

Solange eine kreisangehörige Gemeinde keine Zuschläge erhebt, sowie für selbständige Gutsbezirke darf der Kreis (Oberamtsbezirk) deren Anteil erheben.

§ 3. Die Zuschläge werden in den Gemeinden durch Gemeindebeschluß, in den Landkreisen durch Kreistagsbeschluß, in Oberamtsbezirken durch Beschluß der Amtsversammlung festgesetzt. Der § 18 des Kommunalabgabengesetzes und der § 6 des Kreis- und Provinzialabgabengesetzes finden keine Anwendung.

§ 4. Die gemäß § 2 beschlossenen Beschlüsse bedürfen keiner Genehmigung.

§ 5. Mit der Ausführung dieses Gesetzes werden die Minister des Innern und der Finanzen beauftragt.

Die frühere Umsatzsteuer gehörte nicht zu den dinglichen Lasten (RGEntsch. vom 8. Juli 1897 Bd. 40 S. 264). Gleiches dürfte für die Grunderwerbssteuer gelten. — Bedeutungsvolle Versuche, die Umsatzsteuer zu einer Steuer auf die Wertsteigerung von Immobilien auszubauen, sind zuerst in Frankfurt a. M., Köln, Gelsenkirchen gemacht worden. Vergl. Adickes in der Deutschen Juristen-Zeitung 1905 S. 261 und oben S. 38.

Diese erfolgreiche, durch das Kreisabgabengesetz auch zum wichtigen Bestandteil der Kreisbesteuerung gemachte Entwicklung ist jedoch durch das Reichszuwachssteuergesetz vom 14. Februar 1911 unterbrochen worden. Zuwachssteuern konnten vom 1. Januar 1911 ab grundsätzlich nur noch nach Maßgabe der reichsgesetzlichen Bestimmungen erhoben werden. Von ihrem Ertrage flossen 50 Prozent dem Reiche, 10 Prozent dem Staate und 40 Prozent den Gemeinden bezw. Kreisen zu. Letztere durften außerdem Zuschläge bis zur Verdoppelung ihrer Quote von 40 Prozent erheben und hierbei die Zulassung von Anrechnungen auf den Erwerbs- und Veräußerungspreis anders als im Reichsgesetz festsetzen. Nach dem Preuß. Ausführungsgesetz vom 14. Juli 1911 erfolgt die Veranlagung und Erhebung in den Stadtgemeinden durch den Gemeindevorstand, in den Landgemeinden und in den Gutsbezirken (vergl. jedoch Ausnahmen in § 1 Abs. 2 und 3 des Gesetzes) durch den Kreisausschuß, wofür Gemeinde bezw. Kreis die Hälfte der dem Staate zustehenden 10 Prozent erhalten (§ 3 AusfGes.). Die Anfechtung durch Rechtsmittel erfolgt im Verwaltungsstreitverfahren gemäß §§ 69, 70 und 75 KAG. und §§ 14 Abs. 2, 11 Abs. 4 und 5 Kreis- und Provinzialabgabengesetz, mit der Maßgabe jedoch, daß in erster Instanz stets der Bezirksausschuß zuständig ist (§ 2 AusfGes.). Durch Gesetz über die Änderung des Finanzwesens vom 3. Juli 1913 verzichtete das Reich auf die Erhebung seines Anteils. Durch ME. vom 24. März 1921 (MBl. S. 98) ist den Gemeinden auch die Besteuerung der Mehrerlöse bei Grundstücksverkäufen im Wege besonderer Gemeindesteuern wieder gestattet und eine Mustersteuerordnung bekanntgegeben, s. unten Abschn. V Ziff. 3 sowie Nottebohm, Zur Frage der autonomen Zuwachssteuer, PVBl. Bd. 42 S. 604, Falk, Deutsche Gemeindezeitung Bd. 60 S. 794, Pini, Komm. Praxis 1921 Nr. 38, Pape, Deutsche Steuerzeitung X S. 209, 439. Diese besonderen Steuerordnungen sollen vorläufig aber nur auf ein Jahr die Zustimmung erhalten. Als höchstzulässiger Steuersatz sollen 50 Prozent des Wertzuwachses gelten. ME. vom 5. Juni 1921, MBl. S. 175, und 17. Dezember 1921.

Die Vereinbarung über ein Entgelt für den Verzicht auf eine Schankwirtschaftserlaubnis neben der Vereinbarung des Preises für das Grundstück ist rechtlich möglich. Das Entgelt ist gemäß § 13 des Zuwachssteuergesetzes aus der Steuerberechnung auszuscheiden, falls an der Ernstlichkeit der Vereinbarung nicht zu zweifeln ist. OVG. PVBl. XLIII Nr. 13. Ebenso RG.Entsch. i. Z. Bd. 49 S. 321. Anders Reichsfinanzhof Bd. II S. 133, Bd. IV S. 158. Vergl. auch Amtl. Mitt. über die Zuwachssteuer 1914 S. 126, 189.

3. Für unzulässig sind durch ME. vom 16. November und 22. Dezember 1894, 9. März 1895, 29. April 1895 (MBl. 1895 S. 115 bis 119) erklärt: Steuern auf das Halten von Tauben, Gänsen, Enten und Katzen; die Katzensteuer ist aber später den

Gemeinden freigegeben worden; auf Feuerversicherungspolicen und Jagdscheine; auf Abhaltung von Auktionen; endlich auch auf das Halten von Klavieren, Fahrrädern, Equipagen, Pferden usw. Auch diese Steuern sind neuerdings den Gemeinden eingeräumt worden. ME. vom 25. Juli 1921 (MBl. S. 253). Die früher grundsätzlich von der Genehmigung ausgeschlossene Abgabe auf Erteilung von Konzessionen für Gast- und Schankwirtschaften ist durch das Kreisabgabengesetz den Kreisen ausdrücklich eingeräumt (§ 6) und dementsprechend, durch ME. vom 12. März 1907 (MBl. S. 119), unter Festsetzung von Höchstsätzen für die regelmäßig nach den einzelnen Gewerbesteuerklassen abzustufende Steuer gestattet worden. Siehe Mustersteuerordnung für Kreise in AA. zum Kreis- und Provinzialabgabengesetz vom 29. September 1906 (MBl. S. 277), die auch für Gemeinden sinngemäß anwendbar ist. Für die Höchstsätze gilt zurzeit der ME. vom 6. Februar 1922 (MBl. S. 157). Vergl. auch ME. vom 10. April 1920 (MBl. S. 162) und vom 25. Juli 1921 (MBl. S. 255). Um dem spekulativen Handel mit Schankwirtschaften zu steuern, ist durch ME. vom 15. Juli 1920 gestattet, daß bei kürzerer Konzessionsdauer des Vorgängers erhöhte Sätze festgesetzt werden. Bezüglich der Fahrzeugsteuer vergl. § 11 a des RG. zur Novelle zum Landessteuergesetz.

3 a. Über die gegenwärtigen Möglichkeiten auf dem Gebiete der indirekten Gemeindesteuern vergl. Lüsebrink in der Zeitschrift für Kommunalwirtschaft und Kommunalpolitik XI. Jahrg. S. 122, 281, 408, 766, 878 und Gerling, Steuerarchiv 1921 S. 376 sowie ME. vom 25. Juli 1921 — IV St. 9 Fin.Min. II 5084 — (MBl. S. 253). Hiernach kommen an neuen Steuern in Frage: Fremdenwohnsteuer (Mustersteuerordnung im ME. vom 22. Juni 1921), Wohnungsluxussteuern (vergl. auch KAG. § 16 a, ferner Reichsgesetz, betr. Erhebung einer Abgabe zur Förderung des Wohnungsbaues, vom 26. Juni 1921, RGBl. S. 773, § 6 Abs. 2), Ankündigungssteuer (vergl. Mustersteuerordnung im ME. vom 3. September 1921), Musikinstrumentensteuer (Mustersteuerordnung im ME. vom 17. Juni 1921, MBl. S. 195), Hausangestelltensteuer

(ME. vom 21. Juli 1921, MBl. S. 258), Personenfahrsteuern, Kutschwagen- und Luxuspferdesteuer (Mustersteuerordnungen s. unten Abschn. V). Vergl. hierzu Markull im PVBl. Bd. XLIII S. 49.

4. Wegen der Genehmigung vergl. § 77.

5. „Vereinbarungen (nach Abs. 2) dürfen nicht zu einer Schmälerung der Einnahmen der Gemeinden ... zum Vorteil der Pflichtigen führen. Die Gemeinden haben bei Nachsuchung der ... Genehmigung die hierauf bezüglichen Nachweise beizubringen.“ AA. Art. 9 Nr. 2. Die Vorteile solcher Vereinbarungen „bestehen einerseits in der Erzielung einer größeren Gleichmäßigkeit des Steueraufkommens, andererseits in der Vermeidung lästiger und kostspieliger Kontrollen“. A. a. O.

5a. Bezüglich der neuen, durch Gesetz vom 26. August 1921 eingefügten Abs. 3 und 4 sagt die Begründung zum Regierungsentwurf (Drucksache des Preuß. Landtags 1921 Nr. 683 Sp. 16):

„Steuervereinbarungen begründen wohlerworbene Rechte. Trotzdem müssen die veränderten Verhältnisse eine gewisse Berücksichtigung finden. Der vorstehende Vorschlag lehnt sich an die Verordnung des Reichswirtschaftsamtes vom 1. Februar 1919 (RGBl. S. 135), die das Gebiet der Lieferung der Elektrizitätsarbeit, Gas und Leitungswasser regelt, an. Es erscheint nämlich nicht wünschenswert, daß derartige Vereinbarungen, die häufig zu einer gedeihlichen gemeinsamen Arbeit von Industrie und Gemeinden erheblich beitragen, ganz aufgehoben werden, vielmehr ist es ratsamer, sie aus dem angeführten Grunde möglichst beizubehalten. (Vergl. auch Art. 1 § 8 des Gesetzes zur Abänderung einiger Vorschriften des Gemeindeabgabenrechts vom 6. Mai 1920, GS. S. 309).“ Vergl. auch AA. zum Gesetz vom 26. August 1921, unten Abschn. IV Ziff. 2 Art. 5.

6. Mehr- oder Minderbelastung ist auch bei indirekten Steuern, z. B. der Umsatzsteuer, möglich und zulässig. KAG. S. 272, 307, 315. Auch indirekte Zwecksteuern, z. B. für Ziegenbockhaltung, OVG. 47 S. 164, sind zulässig, dagegen nicht direkte.

§ 14. **Steuern auf den Verbrauch von Fleisch, Getreide, Mehl, Backwerk, Kartoffeln und Brennstoffen aller Art dürfen nicht neu eingeführt oder in ihren Sätzen erhöht werden.** Die Einführung einer Wildbret- und Geflügelsteuer ist jedoch auch in den früher nicht mahl- und schlachtsteuerpflichtigen Gemeinden zulässig. Die Steuersätze können abweichend von den Vorschriften des Erlasses vom 24. April 1848 (Gesetzsamml. S. 131) bemessen werden.

Wegen Forterhebung der Schlachtsteuer bewendet es bei den Bestimmungen des Gesetzes vom 25. Mai 1873 (Gesetzsamml. S. 222).

R. § 10. AH. Kom.

1. Eine Übersicht der bei Erlaß des KAG. bestehenden Verbrauchsabgaben ist in den Anl. II a bis c zur Begründung des Entwurfes eines Kommunalabgabengesetzes (Drucksachen des AH. B zu Nr. 7) enthalten. — Eine wesentliche Einschränkung hat § 14 zunächst durch den § 13 des Zolltarifgesetzes vom 25. Dezember 1902 erfahren, nach welchem vom 1. April 1910 ab für Rechnung von Kommunen oder Korporationen Abgaben auf Getreide, Hülsenfrüchte, Mehl und andere Mühlenfabrikate, desgleichen auf Backwaren, Vieh, Fleisch, Fleischwaren und Fett nicht mehr erhoben werden dürfen. Hiernach konnten seit 1. April 1910 als kommunale Verbrauchssteuern nur noch Abgaben auf die in Anm. 2 genannten Gegenstände erhoben werden sowie bestehende Steuern auf Kartoffeln und Brennstoffe forterhoben werden. Die fernere Zulässigkeit der Wildbret- und Geflügelsteuer wird in dem am 8. Juni 1911 für die Stadt Wiesbaden ergangenen Erkenntnis des OVG. VII C 65 11, gestützt auf Nr. 108 ff. des Tarifs zum Zolltarifgesetz, verneint (OVG. **59** S. 125); anderer Meinung Verfügung vom 19. November 1909 (MBl. 1909 S. 242), die aber durch ME. vom 1. September 1911 wieder aufgehoben ist, und Noell-Freund, A. 1 zu § 14 (vergl. auch OVG. **39** S. 99).

2. Von Beleuchtungssteuern ist die Steuer auf ausländisches Petroleum unzulässig, weil dies einem Zoll von 6 Mark für 100 kg unterliegt (§ 13 Abs. 1); Gassteuern sind zwar nach Lage der gesetzlichen Bestimmungen zulässig (a. M. Noell-Freund, A. 2 zu § 14), werden aber nach ständiger Anweisung durch die Ministerialinstanz als zur Genehmigung nicht geeignet bezeichnet; ebenso Steuer auf elektrisches Licht. Vergl. Studien S. 13, 14. ME. vom 27. Dezember 1921.

3. Einen gewissen Ersatz für die Schlachtsteuer, deren Neueinführung nach Abs. 1 untersagt ist, bieten die Bestimmungen über die Schlachthausgebühren in § 11.

4. Der gesamte § 14 dürfte nunmehr erheblich an Bedeutung verloren haben, nachdem den Gemeinden durch die Reichsumsatzsteuergesetzgebung die Besteuerung des Umsatzes von Lieferungen jeder Art untersagt ist, da diese Steuern wohl durchweg nur beim Absatz vom Lieferer zum Verbraucher erhoben werden können.

§ 15. Die Besteuerung von Lustbarkeiten, einschließlich musikalischer und deklamatorischer Vorträge, sowie von Schaustellungen umherziehender Künstler ist den Gemeinden gestattet.

R. § 11.

1. „Indem § 15 den Gemeinden die Besteuerung der Lustbarkeiten gestattet hat, ohne Einschränkungen anzugeben, welche bei dieser Besteuerung zu beobachten sind, ist es nicht beabsichtigt worden, die Besteuerung jeder Lustbarkeit von unzweifelhaft rein häuslichem Charakter zu ermöglichen oder die Besteuerung derjenigen Lustbarkeiten, bei welchen ein höheres wissenschaftliches oder Kunstinteresse obwaltet, ohne Ausnahme zu empfehlen.

Mit der Abstandnahme von der bisher, namentlich auch in dem Erlasse vom 23. Februar 1889, festgehaltenen grundsätzlichen Beschränkung der Besteuerung auf öffentliche Lustbarkeiten soll vielmehr einerseits den Umgehungsversuchen wirksamer begegnet, andererseits den Gemeinden die Möglichkeit eröffnet werden, die Besteuerung auf solche Lustbarkeiten auszudehnen, welche nach ihrer Zugänglichkeit und ihrem Umfange mehr oder minder von derselben Bedeutung wie die öffentlichen Lustbarkeiten sind, beispielsweise also die von großen geschlossenen Gesellschaften für ihre Mitglieder veranstalteten Lustbarkeiten.

Die Besteuerung solcher Lustbarkeiten, bei welchen ein höheres wissenschaftliches oder Kunstinteresse obwaltet, erscheint nur dann gerechtfertigt, wenn zugleich auf seiten des Unternehmers die Absicht einer Gewinnerzielung zum eigenen Vorteil — nicht etwa zugunsten wohltätiger Zwecke — besteht.

In welchem Umfange hiernach die Gemeinden von einer Besteuerung der Lustbarkeiten zweckmäßig Gebrauch zu machen haben, entzieht sich der allgemeinen Regelung, da hierbei die örtlichen Verhältnisse wesentlich mit in Betracht zu ziehen sind. Immerhin sind die Fälle, in welchen eine Besteuerung stattfinden soll, in den Steuerordnungen so genau zu bezeichnen, daß bei der Ausführung ein Überschreiten der Absicht des Gesetzes nicht zu befürchten steht." AA. Art. 11. Tanzveranstaltungen, die lediglich dem Unterricht dienen, sind steuerfrei. OVG. PVBl. XXVIII S. 654; vergl. auch Hönemann, PVBl. XXIX S. 613.

2. Durch die §§ 12 und 13 des Landessteuergesetzes vom 30. März 1920 sind die Gemeinden verpflichtet, eine „Vergnügungssteuer" zu erheben, falls nicht der Gemeindeverband oder das Land, denen die Gemeinde angehört, eine solche Steuer einführt, und zwar nach Maßgabe von durch den Reichsrat zu erlassenden Bestimmungen. Solche hat der Reichsrat unterm 9. Juni 1921 (RGBl. S. 856) erlassen. Innerhalb dieser Rahmenbestimmungen sind die Gemeinden in der Ausgestaltung ihrer Steuerordnungen frei. Die Steuersätze der reichsratlichen Bestimmungen sind als Mindestsätze anzusehen. Unterschreitungen dieser Sätze werden von den Genehmigungsbehörden als unzulässig beanstandet. Die Gemeinden müssen über ihre Lust-

barkeitssteuerordnungen neu beschließen und sie mit den Bestimmungen des Reichsrats in Einklang bringen. Beschließen sie keine neuen Steuerordnungen, so treten drei Monate nach Inkrafttreten der Bestimmungen des Reichsrats diese an die Stelle der seitherigen Ordnung. Die reichsrechtlichen Bestimmungen s. unten Abschn. V Ziff. 1. Vergl. ferner ME. vom 31. Juli 1921 (MBl. S. 258), vom 20. Dezember 1921 — IV St 570 IVa — sowie vom 7. Januar 1922 — IV St Köln 6 —, betr. Lichtspieltheater und Pferderennen. Letztere betr. ferner der ME. vom 12. Dezember 1921 (MBl. S. 390). Die Frist für das Inkrafttreten der neuen Gemeindevergnügungssteuerordnungen ist durch Notverordnung bis zum 31. März 1922 erstreckt. Eine Billettsteuer kann auch für andere, nicht unter den Begriff der Lustbarkeiten fallende Veranstaltungen erhoben und insoweit auf § 13 gestützt werden. Für Frankfurt a. M. und andere Städte ist vor einigen Jahren eine „Wettrenn- und Wettspielsteuer" genehmigt worden, nachdem das OVG. entschieden hatte, daß Wettrennen keine Lustbarkeiten seien. Neuerdings ist, um die nach den reichsratlichen Bestimmungen sehr eingeschränkte Besteuerung der sportlichen Veranstaltungen zu ermöglichen, der Vorschlag einer von dem Begriff der Lustbarkeit unabhängigen „Schaustellungssteuer" gemacht worden. Ob dieser die Genehmigung der Aufsichtsbehörden finden wird, steht dahin. Unzulässig sind Steuerbefreiungen nach dem Ermessen der Veranlagungsbehörde, Hönemann a. a. O. S. 614 Nr. 13; dagegen ist es gelegentlich für zulässig erklärt worden, in der Steuerordnung unter Festsetzung von Mindest- und Höchstbeträgen die im Einzelfall zu erhebende Steuer in das Ermessen der Veranlagungsbehörde zu stellen (OVG. Entsch. vom 11. November 1904 i. S. des Mag. Eisleben), jedoch sollen nach ME. vom 27. Februar 1890 (MBl. S. 43) weit auseinandergehende Mindest- und Höchstbeträge ohne Angabe eines angemessenen, praktisch brauchbaren Maßstabes von Fall zu Fall vermieden werden. In späteren Urteilen hat das OVG. die Festsetzung bestimmter Sätze verlangt. OVG. 68 S. 193; ME. vom 9. Februar 1915 (MBl. S. 33).

3. Nach ME. vom 27. Februar 1890 (s. oben), vom 17. August 1897 (MBl. S. 47), vom 31. Januar 1907 (MBl. S. 47) und 11. Dezember 1909 dürfen unverhältnismäßig hohe Steuersätze, die auf Unterdrückung oder auf eine Schädigung bestimmter Industriezweige hinauslaufen, nicht eingeführt werden, auch soll eine Bevorzugung einheimischer gegenüber auswärtigen Gewerbetreibenden nicht gestattet werden.

4. Befreiung einzelner Vereine als solcher, z. B. Kriegervereine, ist unzulässig; dagegen sind Befreiungen für bestimmte Lustbarkeiten, z. B. patriotische Feiern, an gewissen Tagen statthaft. ME. vom 22. Dezember 1894. Verlegung auf einen anderen Tag ist zulässig. ME. vom 15. April 1901 (MBl. S. 130).

5. Die Steuerpflicht kann durch die lokale Ordnung allen Beteiligten: dem Veranstalter, dem Lokalinhaber und den Teilnehmern, und zwar auch solidarisch, auferlegt werden. OVG. in Selbstverwaltung **35** S. 229.

6. Wegen Stempelpflichtigkeit der polizeilichen Genehmigung von Lustbarkeiten vergl. ME. vom 15. November 1896 (MBl. S. 239), vom 17. Dezember 1896 (MBl. 1897 S. 23), 30. November 1898 und 6. Mai 1899 (PVBl. XX S. 434).

Nach wiederholten Entscheidungen des Reichsfinanzhofs (Sammlung der Entsch. d. RFH. Bd. 1 S. 140, Reichssteuerblatt 11. Jahrg. S. 136 und 177) bilden gemeindliche Lustbarkeitssteuern, die vom Veranstalter oder Unternehmer mit dem Eintrittsgeld vom Besucher durch offene Abwälzung in der Form der Kartensteuer eingezogen und an die Gemeinde abgeführt werden, einen Teil des umsatzsteuerpflichtigen Gesamtentgelts (§ 8 des Umsatzsteuergesetzes) des Unternehmens.

§ 16. Die Gemeinden sind befugt, das Halten von Hunden zu besteuern (§ 93). Die in dieser Beziehung zurzeit bestehenden gesetzlichen Vorschriften werden aufgehoben.

1. Die bestehenden Schranken für die Höhe der Steuer (für die Gemeinden 20 Mark als Höchstbetrag nach dem Gesetz vom

1. März 1891, für die Kreise 5 Mark nach bisherigem § 93) sind nunmehr — für die Kreise nach § 6 Ziff. 3 Kreis- und Provinzialabgabengesetz — beseitigt.

2. Ein Muster zu einer Hundesteuerordnung in der AA. Abstufung der Steuer nach Hundezahl, Größe der Hunde (Schulterhöhe) usw. ist zulässig und vielfach eingeführt, nach Einkommen dagegen aus praktischen Gründen untunlich, unter Umständen auch gegen die Reichseinkommensteuergesetzgebung verstoßend. Vergl. § 4 A. 8.

3. Während früher allgemeine Steuerfreiheit der zur Bewachung oder zum Gewerbebetriebe unentbehrlichen Hunde verlangt war (AA. Art. 12), ist im ME. vom 12. September 1896 (MBl. S. 188) bei besonderen Verhältnissen Prüfung zugesagt, ob nicht auch in dieser Hinsicht größere Freiheit der Gemeinden zuzulassen sei. Nach der gegenwärtigen Praxis sind die Gemeinden in der Regelung der Steuerbefreiung nahezu vollständig frei. Vergl. auch ME. vom 17. März 1904 (MBl. S. 84) und vom 21. März 1921 und Aufsätze von F r e y t a g im PVBl. XIX S. 497, 505, XXI S. 581 ff. Entgegen der früheren Rechtsprechung des OVG. ist es nach Entsch. **44** S. 75 unzulässig, in der Steuerordnung für die Feststellung der Unentbehrlichkeit das Ermessen der Veranlagungsbehörde entscheidend sein zu lassen.

4. Die Befreiungen von Polizei- und Forstschutzhunden, von Hunden, die von Gesandten und Konsuln gehalten werden, finden nur statt, wenn sie ausdrücklich in der Steuerordnung vorgesehen sind.

5. Die bestehenden ö r t l i c h e n Vorschriften (Steuerordnungen usw.) bleiben unberührt. Vergl. § 18 A. 1.

6. Eine Kreishundesteuer schließt Gemeindehundesteuern nicht aus. § 6 letzter Absatz Kreis- und Provinzialabgabengesetz, AA. Art. 12.

§ 16 a. Die Gemeinden sind zur Förderung der Wohnungsbeschaffung und der Siedlung berechtigt, von Wohnungen, die im Verhältnis zur Zahl der Bewohner oder zur

Zweckbestimmung der Räume als übergroß anzusehen sind, eine besondere Abgabe zu erheben (Wohnungsluxussteuer).

Von der Steuer befreit sind die Räume für dienstliche, berufliche oder gewerbliche Zwecke oder solche, die zur Erledigung ehrenamtlicher öffentlicher Tätigkeit notwendig sind.

Die Steuer darf für das erste Zimmer den auf dieses entfallenden Teil der Miete oder des Mietwerts nicht übersteigen.

Zu dieser, durch Gesetz vom 26. August 1921 eingefügten, neuen Vorschrift sagt die Begründung zum Regierungsentwurf (Drucksache des Preuß. Landtages 1921 Nr. 683 Sp. 16):

„In neuester Zeit ist die sogenannte Wohnungsluxussteuer vielfach empfohlen worden. Bei der herrschenden Wohnungsnot ist ihr eine Berechtigung nicht abzusprechen, soweit sie den tatsächlichen Wohnungsluxus belastet. Allerdings liegt ein Wohnungsluxus noch nicht vor, wenn z. B. ein Steuerpflichtiger entsprechend seiner sonstigen Lebenshaltung ein gewisses Mehr an Zimmern über die Zahl seiner Haushaltungsangehörigen hinaus oder Räume innehat, die nach ihrer Zweckbestimmung in der von ihm vorgesehenen Weise benutzt werden sollen. (Vergl. § 6 des Entwurfs eines Gesetzes über die Erhebung einer Abgabe zur Förderung des Wohnungsbaues in der Fassung der zweiten Lesung des 13. Ausschusses des Reichstages — Drucksache Nr. 67 1. Wahlperiode 1920/21 —*).) Denn es darf nicht verkannt werden daß Wohnungskultur nicht ohne weiteres Wohnungsluxus ist."

Die nach § 6 des Reichsgesetzes vom 26. Juni 1921 von der Reichsregierung aufgestellten allgemeinen Grundsätze s. unten Abschn. IV Ziff. 2 Art. 6.

§ 17. **Die bestehenden Vorschriften über die Verwendung des Aufkommens indirekter Steuern für bestimmte Zwecke (Kosten der Armenpflege usw.) werden aufgehoben.**

---

*) Jetzt Reichsgesetz vom 26. Juni 1921.

1. Der R. hatte die geltenden Bestimmungen über die Verwendung der von Militärpersonen zu entrichtenden Hundesteuer (für Wohltätigkeitszwecke der Militärverwaltung) aufrechterhalten. Das AH. beseitigte diese Ausnahmebestimmung.

2. § 17 enthält im übrigen kein Verbot indirekter Zwecksteuern, solche können vielmehr eingeführt werden, soweit sonstige gesetzliche Bestimmungen nicht entgegenstehen. Eine direkte Zwecksteuer ist neuerdings die nach Reichsgesetz vom 26. Juni 1921 durch die Länder zu erhebende Abgabe zur Förderung des Wohnungsbaues und der Siedelung (Preuß. Verordnung vom 22. November 1921, GS. S. 549). Die Gemeinden müssen hierzu Zuschläge in Höhe der Landesabgabe erheben, die aber durch Gemeindebeschluß erhöht werden können. Das Reichsgesetz ist neuerdings abgeändert, eine entsprechende Änderung der preußischen Verordnung ist zu erwarten. Vergl. § 9 a Anm. 2.

§ 18. Die Einführung neuer und die Veränderung bestehender indirekter Gemeindesteuern kann nur durch Steuerordnungen erfolgen.

Die Steuerordnungen bedürfen der Genehmigung.

R. § 14. AH. Kom.

1. Die bestehenden indirekten Gemeindesteuern bleiben in Kraft, soweit sie nicht den Bestimmungen dieses Gesetzes zuwiderlaufen. In letzterem Fall sind sie entsprechend abzuändern. Vergl. §§ 78, 96.

2. Jede Veränderung bedarf einer Steuerordnung. Wegen ihrer Genehmigung vergl. § 77. Über das Einspruchsrecht des Reichsfinanzministers vergl. §§ 5 und 6 Landessteuergesetz sowie Gutachten des Reichsfinanzhofs hierzu im PVBl. XLIII S. 231. Vergl. auch oben S. 48. Die Aufhebung kann durch Gemeindebeschluß erfolgen und bedarf keiner Genehmigung. ME. vom 15. Mai 1897 (MBl. S. 96).

3. Über Unzulässigkeit rückwirkender Kraft der Steuerordnungen OVG. 38 S. 100, PVBl. XXI S. 285, XXIII S. 248 und 806, XXIV S. 361. Vergl. Noell zu § 18 Anm. 5 e.

4. AA. Art. 9 Nr. 4. „Die Steuerordnungen sind in ortsüblicher Weise bekanntzumachen. Die hierauf bezüglichen Nachweise sind aufzubewahren." Das Fehlen der Veröffentlichung hat die Ungültigkeit nicht zur Folge, falls nicht die Steuerordnung selbst ihre Geltung mit dem Tage der Bekanntmachung beginnen läßt. OVG. Entsch. vom 27. Juni 1905 in Sachen Stadtgemeinde Wiesbaden. OVG. 38 S. 100, PVBl. XXI S. 477, XXV S. 269. Anderer Meinung Jebens und Anschütz in PVBl. XXI S. 333, XXII S. 86. Bei Eingemeindungen gelten die Steuerordnungen ohne weiteres auch für die eingemeindeten Gebiete. OVG. PVBl. XXX S. 626. Vergl. § 1 A. 4.

5. Der § 13 Abs. 1 der hessen-nassauischen StO. vom 4. August 1897, wonach Entwürfe von Statuten vor dem endgültigen Beschlusse der Stadtverordnetenversammlung zur öffentlichen Kenntnis zu bringen sind, findet auf Steuerordnungen keine Anwendung. OVG. bei Noell, A. 7 zu § 18.

§ 19. Wegen der Befreiung der Militärspeiseeinrichtungen und ähnlicher Militäranstalten von den Verbrauchssteuern bewendet es bei den bestehenden Bestimmungen.

1. Vergl. AA. Art. 10 Ziff. 4, StO. vom 30. Mai 1853 § 4 Abs. 4, Verordnung vom 23. September 1867 (GS. S. 1648) und Verordnung vom 22. Dezember 1868 (BGBl. S. 571). Die Bestimmungen sind nicht mehr von praktischer Bedeutung.

Zweiter Abschnitt.

Direkte Gemeindesteuern.

I. Allgemeine Bestimmungen.

§ 20. Die direkten Gemeindesteuern sind auf alle der Besteuerung unterworfenen Pflichtigen nach festen und gleichmäßigen Grundsätzen zu verteilen.

Handelt es sich um Veranstaltungen, welche in besonders hervorragendem oder geringem Maße einem Teile des Gemeindebezirks oder einer Klasse von Gemeindeangehörigen zustatten kommen, und werden Beiträge nach §§ 9 und 10

nicht erhoben, so kann die Gemeinde eine entsprechende Mehr- oder Minderbelastung dieses Teiles des Gemeindebezirks oder dieser Klasse von Gemeindeangehörigen beschließen. Bei der Abmessung der Mehr- oder Minderbelastung ist namentlich der zur Herstellung und Unterhaltung der Veranstaltungen erforderliche Bedarf nach Abzug des etwaigen Ertrages in Betracht zu ziehen. Der Beschluß bedarf der Genehmigung.

R. § 16. AH. Kom. HH.

1. Steuerbefreiungen oder Erleichterungen, Ausdehnung der gesetzlichen Steuerbefreiungen sowie alle privaten Vereinbarungen zwischen Gemeinden und Pflichtigen sind ungültig. OVG. **34** S. 35, PVBl. XX S. 377. Wohl aber ist die Nichterhebung der veranlagten Abgabe im Einzelfalle als Akt billiger Rücksichtnahme auf die Belassung des notwendigen Unterhalts sowie als Maßnahme der öffentlichen Wohltätigkeit und sozialpolitischen Fürsorge (Vereinssubventionen in Form von Steuererlaß) statthaft. OVG. **42** S. 44, **44** S. 110, PVBl. XXV S. 435.

Direkte Zwecksteuern sind, im Gegensatz zum alten Recht, nach preußischem Landesrecht unzulässig (OVG. **46** S. 93, **64** S. 257), z. B. Einquartierungssteuer (OVG. PVBl. XXVIII S. 992), jedoch kann die Quartierlast nach dem Einkommen verteilt und die hiernach den einzelnen treffende Naturallast von der Gemeinde gegen Kostenerstattung durch den Pflichtigen übernommen werden. (Vergl. Ortsstatut Frankfurt a. M. vom 27. Oktober 1874/29. Oktober 1881.) Reichsrechtlich sind dagegen Zwecksteuern neuerdings eingeführt durch die Wohnungsabgabe. Vergl. § 17 A. 2. Im übrigen sollte durch das oben (S. 39 und 40) erwähnte Gesetz zur Deklaration des KAG. erreicht werden, daß a b g e s t u f t e S t e u e r s ä t z e und v e r s c h i e d e n e B e h a n d l u n g e i n z e l n e r G r u n d s t ü c k s a r t e n und B e s i t z g r u p p e n n i c h t als gesetzlich u n z u l ä s s i g behandelt werden. Vergl. § 27 Abs. 1. Anders jedoch OVG. **47** S. 78 ff.

2. „Veranstaltungen" vergl. § 4. Über Doppelbesteuerung siehe unten S. 121.

3. Diese Mehr- oder Minderbelastung war den Städten vor Erlaß des KAG. fremd, während sie für die westfälischen, östlichen und schleswig-holsteinischen Landgemeinden, ebenso wie für die Kreise und Provinzen, schon früher Rechtens war; vergl. OVG. PVBl. XXIII S. 646.

4. Die Art der Mehr- oder Minderbelastung kann von der Gemeinde nach Lage der Sache beliebig — vorbehaltlich der Genehmigung — geregelt werden. — Die Bildung von Interessentenklassen — je nach dem größeren und geringeren Interesse — und die Zuweisung an dieselben ist im Verwaltungsstreitverfahren nicht angreifbar. OVG. 5 S. 56. Wohl aber liegt dem Verwaltungsrichter die Prüfung der Gesetzmäßigkeit ob. Die Feststellung des Maßstabes für die Verteilung ist unerläßlich. OVG. PVBl. XX S. 440.

5. Die Kommunalsteuerbefreiungen (§§ 24, 28 usw.) finden auch auf diese Mehrbelastung Anwendung — im Gegensatz zu den Beiträgen (§ 9).

6. Mehrbelastung schließt Beiträge aus, nicht aber Gebühren.

7. Des Erlasses einer Steuerordnung bedarf es bei Mehr- oder Minderbelastung nicht. HH. KomBer. S. 407; KAG. S. 327. Falls jedoch eine Gemeinderealsteuer allgemein auf Grund einer besonderen Steuerordnung erhoben wird, soll eine verschiedene Belastung einzelner Gruppen oder Klassen von Steuerpflichtigen nur durch eine Bestimmung der Steuerordnung, nicht durch einen alljährlich besonders zu fassenden Steuerbeschluß außerhalb der Steuerordnung erfolgen dürfen. OVG. PVBl. XLII S. 214. Dagegen Falk daselbst S. 531.

8. Vereinbarungen mit Steuerpflichtigen über feste Jahresbeträge für längere Zeiträume, wie sie durch § 13 Abs. 2 für indirekte Steuern allgemein zugelassen sind, sind für direkte Steuern nur in der Beschränkung des § 43 gestattet, also nur für Gewerbesteuern fabrikmäßiger Betriebe und Bergwerke.

§ 21. Die auf besonderem Rechtstitel beruhenden Befreiungen einzelner Grundstücke von Gemeindesteuern bleiben

in ihrem bisherigen Umfange fortbestehen. Die Gemeinden sind jedoch berechtigt, diese Befreiungen durch Zahlung des zwanzigfachen Jahreswertes derselben nach dem Durchschnitt der letzten drei Jahre vor dem 1. April desjenigen Rechnungsjahres, in welchem die Ablösung beschlossen wird, abzulösen. Steht ein anderer Entschädigungsmaßstab fest, so hat es hierbei sein Bewenden.

R. § 17.

1. AA. Art. 14. „Die besonderen Rechtstitel können privatrechtlicher (Vertrag, besondere Verleihung oder befreiende Verjährung) oder öffentlich-rechtlicher (von den Auseinandersetzungsbehörden bestätigte Rezesse, Abgabenverteilungspläne, Auseinandersetzungen bei Kommunalbezirksveränderungen usw.) Natur sein." Rechtsgültige Begründung der Befreiung ist in allen Fällen Voraussetzung. Über einzelne Fälle Noell zu § 21.

2. Vergl. hierzu Gesetz über die Aufhebung der Standesvorrechte des Adels und die Auflösung der Hausvermögen vom 23. Juni 1920 (GS. S. 367, insbesondere § 41 Ziff. 75) sowie Verordnung, betr. Aufhebung von Abgabebefreiungen, vom 13. Dezember 1918 (GS. S. 198).

§ 22. Vorschriften, welche eine Befreiung von Gewerbesteuer in sich schließen, finden auf Gewerbe, welche nach Verkündigung dieses Gesetzes in Betrieb gesetzt werden, keine Anwendung.

Die Gemeinden sind berechtigt, die bestehenden Befreiungen durch Zahlung des 13⅓fachen Jahreswertes derselben nach dem Durchschnitt der letzten drei Jahre vor dem 1. April desjenigen Rechnungsjahres, in welchem die Ablösung beschlossen wird, abzulösen. Steht ein anderer Entschädigungsmaßstab fest, so hat es hierbei sein Bewenden.

AH. Kom. § 17 a.

1. Diese von der Kom. des AH. hinzugefügten Bestimmungen beziehen sich lediglich auf die den Standesherren im vormaligen

Kurfürstentum Hessen nach der Rechtsprechung des OVG. bislang zustehende Freiheit von kommunalen Gewerbesteuern. KomBer. S. 54. Die Vorschrift kann als aufgehoben gelten (vergl. A. 2 zu § 21). Sie ist aber durch die Novelle vom 26. August 1921 nicht als aufgehoben erwähnt.

2. Die Verkündigung des KAG. ist am 28. Juli 1893 erfolgt.

§ 23. Die direkten Gemeindesteuern können vom Grundbesitz und Gewerbebetrieb (Realsteuern) der Steuerpflichtigen erhoben werden.

Aufwandssteuern dürfen grundsätzlich die geringeren Einkommen nicht verhältnismäßig höher als die größeren belasten.

Miet- und Wohnungssteuern dürfen unbeschadet der Vorschrift im § 16 a nicht neu eingeführt werden.

Die bestehenden Miets- und Wohnungssteuern sind auf ihre Übereinstimmung mit den vorstehenden Besteuerungsgrundsätzen und den sonstigen Bestimmungen dieses Gesetzes zu prüfen. Sie bedürfen erneuter, an die Zustimmung der Minister des Innern und der Finanzen gebundener Genehmigung und treten außer Kraft, wenn die Genehmigung nicht bis zum 1. April 1898 erfolgt ist.

Die Einführung neuer und die Veränderung bestehender direkter Gemeindesteuern, welche nicht in Prozenten der vom Staate veranlagten Steuern erhoben werden, kann nur durch Steuerordnungen erfolgen.

Die Steuerordnungen bedürfen der Genehmigung.

R. § 18. AH. Kom. Pl. II und III.

Abgeändert durch Gesetz vom 26. August 1921 (GS. S. 497). Abs. 4 ist als reine Übergangsvorschrift nicht mehr von Bedeutung.

1. Die Grund- und Gebäudesteuer sowie die Gewerbesteuer sind durch § 8 des Landessteuergesetzes den Ländern überwiesen. Nach Abs. 3 dieses Paragraphen ist die weitere Überweisung dieser Steuern an die Gemeinden und Gemeindeverbände zugelassen. Diese Überweisung hat als durch die §§ 24 ff. des KAG.

und §§ 7 und 25 des Kreis- und Provinzialabgabengesetzes ausgesprochen zu gelten. Hieran ist durch das Landessteuergesetz nichts geändert. Erl. d. Min. d. Innern u. d. Fin. vom 8. Juli 1920 — IV St 325, FM. K V 938 —. Ebenso OVG. VIII. Senat vom 27. September 1921 im PVBl. XLIII S. 129: „§ 8 Abs. 3 Landessteuergesetz verlangt nicht eine neue ausdrückliche Überweisung der Ertragssteuern durch die Landesgesetzgebung. Unter Ertragssteuern sind hier Realsteuern ohne Beschränkung zu verstehen." Bezüglich Genehmigung usw. vergl. § 18 A. 2.

2. Bezüglich der Doppelbesteuerung sind zu beachten Landessteuergesetz §§ 10 und 11, KAG. § 32, s. dort A. 3.

3. Zu den „Aufwandsteuern" gehören nicht die sogenannten Luxussteuern, wie Pferdesteuern, Steuern von Wappen usw., sondern nur solche Aufwandsteuern, bei denen die Absicht besteht, das Einkommen zu treffen, bei denen diese Absicht aber nicht unmittelbar erreicht wird, sondern mittelbar dadurch, daß eine Schätzung des Einkommens nach einem besonderen Maßstab, nämlich nach dem Aufwand für bestimmte Bedürfnisse, vorgenommen wird. HH. KomBer. S. 17. — Es ist freilich unklar, welche Steuern — außer Mietssteuern — unter diesen Begriff fallen.

4. Die Frage der Mietssteuer hat im AH. zu eingehenden Verhandlungen geführt. Der R. hatte auch die Neueinführung von Mietssteuern für zulässig erklärt. Vergl. Einleitung S. 32 und KAG. S. 175, 332. § 16 a KAG. betrifft die Wohnungsluxussteuer.

5. Über Heranziehung des Fiskus und juristischer Personen zur Wohnungssteuer für Räumlichkeiten, die sie zur Erfüllung ihrer öffentlichen und gemeinnützigen Zwecke verwenden, vergl. OVG. PVBl. XX S. 533.

6. Für die Veranlagung eines Steuerobjektes zu einer kommunalen Realsteuer ist der Tag des Beginns des Veranlagungszeitraums maßgebend. Danach kann bei Annahme des Maßstabs der in dem Betriebe tätigen Personen nur die Zahl der am 1. April des Veranlagungszeitraums beschäftigten Personen zugrunde gelegt werden. Die Bestimmungen einer Steuerordnung, durch

die der Gemeindebehörde die Befugnis gegeben wird, den nach Prozenten der staatlichen Gewerbesteuer festgesetzten Steuerbetrag für die einzelnen Gewerbesteuerstufen und in den Steuersätzen verschieden abzustufen, ist gesetzwidrig. OVG. VIII. Senat vom 28. September 1920, PVBl. XLII S. 214.

Ob die aus dieser Entscheidung sich ergebenden weitgehenden Folgerungen praktisch durchzuführen sind, erscheint fraglich. Sie dürften zur Ungültigkeit vieler, zum Teil seit langer Zeit in Kraft befindlicher Steuerordnungen führen. Vergl. Falk im PVBl. XLII S. 531. Demgemäß auch einschränkend Urteil des OVG. vom 3. Mai 1921 in Sachen Harpener Bergbau A.G. gegen Magistrat Buer i. W. Zulässig ist nach früheren Entscheidungen die Ermittelung der Arbeitnehmerzahl bei einer Kopfsteuer nach einem vergangenen Zeitabschnitt, sofern dieser nicht allzuweit zurückliegt. OVG. **52** S. 150, **62** S. 356.

II. Besondere Bestimmungen.

1. Realsteuern.

a) Vom Grundbesitz.

§ 24. Den Steuern vom Grundbesitz sind die in der Gemeinde belegenen bebauten und unbebauten Grundstücke unterworfen, mit Ausnahme

a) der königlichen Schlösser, einschließlich der zugehörigen Nebengebäude, Hofräume und Gärten;

b) der einem fremden Staate gehörigen Grundstücke, auf denen Botschafts- oder Gesandtschaftsgebäude errichtet sind, einschließlich der auf ihnen errichteten Gebäude, sofern von dem fremden Staate Gegenseitigkeit gewährt wird;

c) der dem Staate, den Provinzen, den Kreisen, den Gemeinden oder sonstigen kommunalen Verbänden gehörigen Grundstücke und Gebäude, sofern sie zu einem öffentlichen Dienste oder Gebrauche bestimmt sind;

d) der Brücken, Kunststraßen, Schienenwege der Eisen-

bahnen, sowie der schiffbaren Kanäle, welche mit Genehmigung des Staates zum öffentlichen Gebrauche angelegt sind;

e) der Deichanlagen der Deichverbände und der im öffentlichen Interesse staatlich unter Schau gestellten Privatdeiche sowie der im öffentlichen Interesse unterhaltenen Anlagen der Ent- und Bewässerungsverbände;

f) der Universitäts- und anderen zum öffentlichen Unterrichte bestimmten Gebäude;

g) der Kirchen, Kapellen und anderen dem öffentlichen Gottesdienste gewidmeten Gebäude sowie der gottesdienstlichen Gebäude der mit Korporationsrechten versehenen Religionsgesellschaften;

h) der Armen-, Waisen- und öffentlichen Krankenhäuser, der Gefängnis-, Besserungs-, Bewahr- und derjenigen Wohltätigkeitsanstalten, welche die Bewahrung vor Schutzlosigkeit oder sittlicher Gefahr bezwecken (Mägdehäuser und dergleichen), sowie der Gebäude, welche milden Stiftungen angehören und für deren Zwecke unmittelbar benutzt werden; durch Gemeindebeschluß können auch anderweitige Gebäude solcher milden Stiftungen, welche nicht bloß zugunsten bestimmter Personen und Familien bestehen, freigelassen werden;

i) der Grundstücke der unter f, g, h aufgeführten Anstalten und Körperschaften, soweit die Grundstücke für deren Zwecke unmittelbar benutzt werden;

k) der Dienstgrundstücke und Dienstwohnungen der Geistlichen, Kirchendiener und Volksschullehrer, soweit ihnen bisher Steuerfreiheit zugestanden hat.

Alle sonstigen, nicht auf einem besonderen Rechtstitel beruhenden Befreiungen (§ 21), insbesondere auch diejenigen der Dienstgrundstücke und Dienstwohnungen der Beamten, sind aufgehoben.

Ist ein Grundstück oder Gebäude nur teilweise zu einem öffentlichen Dienste oder Gebrauche bestimmt, so bezieht sich die Befreiung nur auf diesen Teil.

Die Bestimmungen der Kabinettsorder vom 8. Juni 1834 (Gesetzsamml. S. 87) bleiben in Geltung und werden auf diejenigen Gemeinden ausgedehnt, in welchen dieselben noch nicht in Geltung sind.

R. § 19. AH. Kom. Bl. III. HH. red. AA. Art. 16.

Zu a vergl. Verordnung vom 13. Dezember 1918 (GS. S. 198).

1. Die Steuerpflicht betrifft die Grundstücke; unerheblich ist, wer Eigentümer ist. Die Grundstücke von Vereinen und Gesellschaften aller Art, einerlei, ob letztere einkommensteuerpflichtig sind, unterliegen daher derselben Steuerpflicht. KAG. S. 333. Nur der jeweilige Eigentümer kann zur Zahlung der Steuer vom Grundbesitz von der Gemeinde verpflichtet werden, nicht aber Pächter und Mieter, ebensowenig der Nießbraucher und Erbbauberechtigte. OVG. **41** S. 88, **47** S. 153; PVBl. XXII S. 10, XXIII S. 694, XXVI S. 522.

2. Grundstücke und Gebäude des Reiches sind in gleicher Weise steuerpflichtig bezw. befreit wie die im Eigentum des einzelnen Staates befindlichen gleichartigen Gegenstände. Reichsbesteuerungsgesetz vom 15. April 1911 §§ 3 und 12. AA. Art. 16 ist insofern veraltet, doch ist eine sachliche Änderung hierdurch gegenüber dem früheren Zustande nicht eingetreten.

3. Die Befreiungen entsprechen im wesentlichen dem in den alten Provinzen und für die Kreise geltenden Recht, während in der Provinz Hannover bislang Befreiungen der Provinz, der milden Stiftungen, der Krankenhäuser usw. nicht bestanden.

4. Zu c. „Die Bestimmung zu einem öffentlichen Dienste oder Gebrauche ... muß eine unmittelbare sein. OVG. **48** S. 79. Grundstücke und Gebäude, welche nur mittelbar dem öffentlichen Dienste und Gebrauche oder welche zu Erwerbszwecken dienen, namentlich die Dienstgrundstücke und Dienstwohnungen der Beamten, genießen die Befreiung

n i c h t." AA. Art. 16. Ebensowenig Grundstücke, welche bloß für einen öffentlichen Dienst oder Gebrauch in Aussicht genommen sind. OVG. PVBl. XXIV S. 214. — Die Gebäude der Rhein. Prov.-Feuersozietät, der landschaftlichen Kreditverbände, der Invaliditäts- und Altersversicherungsanstalten gehören nicht den Provinzen und sind n i c h t befreit, ebenso nicht die Wassergenossenschaften (Wassergesetz vom 7. April 1913), Landwirtschaftskammern (OVG. **64** S. 257; OVG. PVBl. XVIII S. 107, XX S. 214; OVG. **33** S. 46). Auch sogenannte Privatstraßen fallen unter c, solange sie, wenn auch nur widerruflich, dem öffentlichen Verkehr freigegeben sind. OVG. PVBl. XXXI S. 227.

5. Zu d. Bahnhofsgebäude, Güterschuppen, Aufenthaltsräume der Bahnbediensteten und sonstige dem Gewerbebetriebe dienende Gebäude der Eisenbahnverwaltung sind nicht befreit (OVG. **2** S. 129, **4** S. 11), wohl aber die nicht unmittelbar dem Transportgewerbe dienenden Diensträume der leitenden und beaufsichtigenden Eisenbahnbehörden, wie Amtszimmer der Eisenbahndirektionen und Inspektionen (OVG. PVBl. XIX S. 390, OVG. **48** S. 79, 88; PVBl. XXVIII S. 550, XXIX S. 871). Die Tätigkeit der Reichspost ist dagegen in allen ihren Teilen ein öffentlicher Dienst (OVG. PVBl. XXXII S. 26). — Auch die Schienenwege von K l e i n b a h n e n fallen unter diese Befreiung. N o e l l - F r e u n d, A. 16 zu § 24. Anderer Meinung die früheren Auflagen dieser Textausgabe unter Bezugnahme auf den ehemaligen § 46 Abs. 2 KAG. und die Verh. im AH. Vergl. auch A d i c k e s, KAG. S. 365, 366.

6. Zu g. Als dem öffentlichen Gottesdienst gewidmet sind nur die gottesdienstlichen Gebäude der evangelischen und der römisch-katholischen Kirche zu verstehen. OVG. **19** S. 97. — Korporationsrechte haben (nach N o e l l, A. 22 zu § 24) zurzeit: die Lutheraner und die reformierte niederländische Konfession, die Herrenhuter und Böhmischen Brüder, die Synagogengemeinden, die Mennoniten und die Baptistengemeinden.

7. Zu h. Diese Gesetzesstelle bezieht sich lediglich auf Gebäude, nicht auf Liegenschaften (vergl. lit. i). Die in Rede stehenden

Armen-, Waisen- und öffentlichen Krankenhäuser, Gefängnis-, Besserungs-, Bewahr- und diejenigen Wohltätigkeitsanstalten, welche die Bewahrung vor Schutzlosigkeit oder sittlicher Gefahr bezwecken, sind wegen ihres gemeinnützigen Zweckes steuerfrei, ohne daß zwischen unmittelbarer oder mittelbarer Benutzung der Gebäude für die Zwecke der Anstalt unterschieden würde.

Die nicht öffentlichen Krankenhäuser unterliegen stets der Steuerpflicht. Die Forderung eines Entgeltes für Aufnahme und Verpflegung schließt im allgemeinen den Charakter der Öffentlichkeit aus. Wenn aber ein Krankenhaus in überwiegendem Maße für die unentgeltliche Aufnahme Unbemittelter bestimmt ist, so wird ihm durch die Forderung einer Vergütung gegenüber bemittelten Personen der Charakter der Öffentlichkeit nicht benommen. OVG. **44** S. 169.

Die unter h ferner aufgeführten Gebäude milder Stiftungen (mit selbständiger Rechtspersönlichkeit) genießen, falls die Gemeinden nicht etwa gemäß der Schlußbestimmung eine weitere Ausdehnung beschließen, nur insoweit Steuerbefreiung, als sie für die Zwecke der Stiftung unmittelbar benutzt werden. Es scheiden somit diejenigen Gebäude aus, deren Ertrag zwar zur Förderung der Zwecke der Stiftung bestimmt ist, die jedoch dem Stiftungszwecke nicht unmittelbar dienen, sondern beispielsweise zu gewerblichen Zwecken verwandt oder vermietet werden usw. Dagegen findet die Befreiung, wenn nur im übrigen die Voraussetzung des Gesetzes zutrifft, auf die Gebäude der Stiftung ohne Unterschied der Art ihrer Benutzung Anwendung, beispielsweise auch auf Ökonomiegebäude. AA. Art. 16 Nr. 1 b. Über den Begriff „milde Stiftung" vergl. OVG. **32** S. 165, **34** S. 110, **43** S. 71, **40** S. 195, **51** S. 112.

8. Die Grundstücke des hannoverschen Klosterfonds genießen keine Steuerfreiheit, soweit sie ohne Zusammenhang mit einer der unter f, g, h gedachten Anstalten lediglich dem Klosterfonds als solchem Einnahmen gewähren (Domänen, Forsten usw.), HH. KomBer. S. 18; ebensowenig verpachtete Kirchengrundstücke, OVG. PVBl. XVIII S. 133.

9. Zu i. Der Ausdruck „Grundstück" umfaßt auch Gebäude. OVG. **30** S. 61.

10. Zu k. Befreiung gilt nicht für Lehrer an Lehrerbildungsanstalten. OVG. **30** S. 53.

11. Die den Beamten für Repräsentationszwecke überwiesenen Räume (Säle und Zubehör) sind steuerfrei. ME. vom 13. Juni 1895. PVBl. XVI S. 471. OVG. **30** S. 81. Gärten nicht. Desgleichen sind Dienstwohnungen von Beamten befreit, wenn sie unmittelbar für die Zwecke der unter f, g, h aufgeführten Anstalten und Körperschaften benutzt werden. OVG. **48** S. 84, **55** S. 17; PVBl. XXXII S. 104. OVG. PVBl. XXI S. 388. Vergl. im übrigen über Dienstwohnungen OVG. **30** S. 81, **36** S. 79, **59** S. 36, **68** S. 207; PVBl. XX S. 480; speziell der Militärpersonen OVG. **30** S. 81, **36** S. 79; PVBl. XVIII S. 134, XXVIII S. 768, 786; ferner Gesetz, betr. die Besteuerung der Dienstwohnungen der Reichsbeamten, vom 31. Mai 1881 (RGBl. S. 99); Entwurf eines Abänderungsgesetzes hierzu liegt dem Reichstag vor (Reichstagsaktenstück 1920/22 Nr. 3337).

12. Diese Befreiungen greifen auch in den Fällen einer Vorausbelastung in Gemäßheit von § 20 Abs. 2 Platz, nicht aber bei Gebühren und Beiträgen (§§ 4, 9, 10). HH. KomBer. S. 18.

13. Die KabO. vom 8. Juni 1834 bestimmt, daß „bei neuen Erwerbungen zu öffentlichen oder gemeinnützigen Zwecken die Realverpflichtungen, die vermöge des Kommunalverbandes vor der Erwerbung geleistet worden sind, ferner davon geleistet werden (sollen) ..... auch sollen die Verpflichtungen des Fiskus oder der betreffenden Anstalt auf die Erwerbung von Gebäuden beschränkt und nicht auf Grundstücke bezogen werden, welche nicht mit Gebäuden besetzt sind, wie beispielsweise bei der Anlage von Festungswerken, Chausseen usw." Vergl. AA. unten S. 206 ff.

§ 25. Den Gemeinden ist die Einführung besonderer Steuern vom Grundbesitz gestattet.

Die Umlegung kann insbesondere erfolgen nach dem Reinertrage bezw. Nutzungswerte eines oder mehrerer Jahre, nach dem Pacht- bezw. Mietswerte oder dem gemeinen Werte der Grundstücke und Gebäude, nach den in der Gemeinde stattfindenden Abstufungen des Grundbesitzes oder nach einer Verbindung mehrerer dieser Maßstäbe.

R. § 20. AH. Kom.

1. Ausführliche Erörterungen über besondere Grundbesitzsteuern in Adickes, Studien S. 44 bis 109, 113 bis 119.

2. „Nach der bestehenden Grundsteuerverfassung (Grundsteuergesetz und Gebäudesteuergesetz, beide vom 21. Mai 1861) bildet nicht der wirkliche Ertrag, sondern die nach rein objektiven Rücksichten festgestellte Ertragsfähigkeit der Liegenschaften die Grundlage und den Maßstab der Steuerbemessung. Die hiernach umgelegten Grundsteuerbeträge sind unveränderlich. Die Gebäudesteuer wird nach dem jährlichen Nutzungswerte bemessen. Der Nutzungswert bestimmt sich vorwiegend nach dem unter Zugrundelegung eines rückwärts liegenden zehnjährigen Zeitraumes gefundenen mittleren jährlichen Mietswerte. Die Veranlagung der Gebäudesteuer wird alle 15 Jahre einer Revision unterzogen. Die Grundlage und den Maßstab der Besteuerung bildet also regelmäßig der Mietswert, welcher nach den durchschnittlichen Ergebnissen eines rückwärts liegenden Zeitraums von 10 bis 25 Jahren ermittelt ist. Aus dem Vorstehenden ergeben sich die Bedenken, welche einer Benutzung der staatlich veranlagten Grund- und Gebäudesteuer für die Zwecke der kommunalen Besteuerung durch Erhebung von Zuschlägen zwar nicht unbedingt entgegenstehen, indessen gleichwohl geeignet sind, den Wert einer solchen Verwendung unter Umständen mehr oder minder zu beeinträchtigen.

Das Gesetz hat den Gemeinden deshalb die Einführung besonderer Steuern vom Grundbesitz gestattet, und es geht, wie schon die äußere Anordnung des Stoffes in den §§ 25 und 26 erkennen läßt, davon aus, daß die kommunale Besteuerung des

Grundbesitzes in erster Linie mittels der Einführung besonderer Steuern zu erfolgen habe." AA. Art. 17. Vergl. § 26 A. 2.

3. Ein Muster zu einer Grundsteuerordnung auf Grundlage des Nutzungswertes in AA. — Durch ME. vom 2. Oktober 1899 (MBl. S. 160, PVBl. XXI S. 47) ist ein neues Muster eingeführt für eine Grundsteuer nach dem gemeinen Wert auf Grund von sozialpolitischen Erwägungen. Vergl. ME. vom 6. April 1901 (MBl. S. 129) PVBl. XXII Beilage S. 149. Die im § 3 dieser Mustersteuerordnung vorgesehene Steuerermäßigung für gewisse Gebäude mit Rücksicht auf deren gemeinnützigen Zweck ist jedoch vom OVG. für rechtsungültig erklärt. OVG. **47** S. 78, 80. Jetzt gilt das Deklarationsgesetz vom 24. Juli 1906; vergl. Begründung hierzu (Drucksache d. HH. 1905/06 Nr. 84. StB. S. 319 ff.). Grundsteuern lediglich nach dem gemeinen Wert sind zuerst in Charlottenburg (PVBl. XVI S. 176) und im Laufe der Zeit in vielen anderen Orten eingeführt. Vergl. hierüber ME. vom 21. Mai 1904 nebst Denkschrift, Statistik usw. (MBl. S. 149). — In Frankfurt a. M. werden Gebäude nach dem Ertrage des letzten Jahres, unbebaute Grundstücke nach dem gemeinen Wert besteuert (Haus- und Landsteuer). Vergl. OVG. **33** S. 205, **47** S. 78, 81. — Über die Zulässigkeit abgestufter Steuersätze und einer verschiedenen Behandlung einzelner Grundstücksarten und Besitzgruppen vergl. A. 1 zu § 20 und A. 1 zu § 27; OVG. in PVBl. LXIII S. 298.

4. Zu besteuern ist nur der Grundbesitz selbst, nicht damit verbundene Rechte (wie Apothekerprivilegien) oder Einrichtungen (Triebwerke, Maschinen usw.), auch nicht das Bergwerkseigentum. Vergl. OVG. **18** S. 16, **34** S. 49; PVBl. XIX S. 469, XXVII S. 627. Bezüglich der Konzessionen abweichend Reichsfinanzhof Entsch. Bd. II S. 133, Bd. IV S. 158.

5. Der gemeine Wert ist der allgemeine, objektive Wert, den ein Grundstück beim Verkaufe hat, nicht der Ertragswert. Vergl. OVG. 32 S. 156; PVBl. XX S. 190, 430, XXI S. 301, 600, XXII S. 265, 336, 345, 623, XXIII S. 610, XXIV S. 98, 210, XXX S. 405. Nach OVG. vom 5. November 1909, PVBl. XXX S. 829, ist das gesamte Verfahren der Veranlagung rechtsungültig, und es kann deshalb jede Einzelveranlagung angefochten werden, wenn bei einer einheitlichen Grundwertsteuer für bebaute und unbebaute Grundstücke erstere nach dem Ertrags-, letztere nach dem gemeinen Wert eingeschätzt werden. — Einen gemeinen Wert kann nur das Grundstück oder Gebäude als Ganzes haben, nicht einzelne Räume eines Gebäudes; OVG. PVBl. XXVII S. 505.

§ 26. Sind besondere Steuern vom Grundbesitz nicht eingeführt, so erfolgt die Besteuerung in Prozenten der vom Staate veranlagten Grund- und Gebäudesteuern.

Die auf Grund der Einlegung von Rechtsmitteln erfolgte Erhöhung oder Ermäßigung der veranlagten Steuer zieht die entsprechende Abänderung der Veranlagung zur Gemeindesteuer nach sich.

Die Veranlagung hat sich auf sämtliche Grundstücke und Gebäude zu erstrecken, welche der Gemeindebesteuerung unterliegen (§§ 3, 4 des Gesetzes wegen Aufhebung direkter Staatssteuern).

Die Besteuerung neuerbauter oder vom Grunde aus wieder aufgebauter Gebäude sowie die Steuererhöhung infolge von Verbesserungen der Gebäude beginnt mit dem Ablaufe des Rechnungsjahres, in welchem die Bewohnbarkeit oder Nutzbarkeit eingetreten oder die Verbesserung vollendet ist.

R. § 21. AH. Kom.

1. Eine besondere Steuer vom Grundbesitz kann auch etwa nur für bestimmte Teile (Kategorien) des Grundbesitzes in der Gemeinde eingeführt werden, während im übrigen Zuschläge zu den staatlich veranlagten Sätzen zur Erhebung gelangen. Vergl. Noell-Freund, A. 2 zu § 26 und unten A. 2 zu § 29.

2. Die staatliche Veranlagung erfolgt nach den Gesetzen vom 21. Mai 1861 (GS. S. 253 und 317) sowie den hierzu ergangenen ergänzenden und abändernden Gesetzen in Verbindung mit dem Gesetz wegen Aufhebung direkter Staatssteuern vom 14. Juli 1893 (GS. S. 119), insbesondere §§ 3 und 4.

§§ 3 und 4 des Gesetzes wegen Aufhebung direkter Staatssteuern vom 14. Juli 1893 lauten:

„§ 3. ... Die Veranlagung und Verwaltung von Grund-, Gebäude- und Gewerbesteuer wird, soweit nicht in dem gegenwärtigen Gesetze Abweichendes bestimmt ist, unter Aufrechterhaltung der dieserhalb bestehenden gesetzlichen Einrichtungen vom Staate für die Zwecke der kommunalen Besteuerung ausgeführt. ...

§ 4. Die Veranlagung ist auf diejenigen Liegenschaften, Gebäude und Gewerbebetriebe auszudehnen, welche von der entsprechenden Staatssteuer freigeblieben, aber gemäß den Bestimmungen des Kommunalabgabengesetzes der Kommunalsteuerpflicht unterworfen sind. Für die Veranlagung gelten, soweit nicht in dem gegenwärtigen Gesetze und in dem Kommunalabgabengesetze Abweichendes bestimmt ist, die allgemeinen gesetzlichen Vorschriften, welche bei der Heranziehung zu den entsprechenden Staatssteuern anzuwenden gewesen sein würden. Insbesondere sind gegen die Veranlagung dieselben Rechtsmittel zulässig, mit denen die Veranlagung der entsprechenden Staatssteuer hätte angefochten werden können."

3. Die nach dem Gesetz vom 21. Mai 1861 (§ 19 Nr. 1 und 2) den neuerbauten usw. Häusern gewährte zweijährige Steuerfreiheit ist durch Abs. 4 aufgehoben. Vergl. OVG. PVBl. XXIX S. 202, XXX S. 424.

§ 27. Die Steuern vom Grundbesitz sind nach gleichen Normen und Sätzen zu verteilen.

Liegenschaften, welche durch die Festsetzung von Baufluchtlinien in ihrem Werte erhöht worden sind (Bauplätze), können nach Maßgabe dieses höheren Wertes zu einer höheren

Steuer als die übrigen Liegenschaften herangezogen werden. Diese Besteuerung muß durch Steuerordnung geregelt werden.

R. § 22. AH. Kom.

1. „Der Maßstab der Veranlagung muß somit für alle Grundstücke derselbe sein, und unter im übrigen gleichen Voraussetzungen ist von jedem Grundstücke derselbe Steuersatz zu erheben." AA. Art. 18. Hiernach sollen nur individuelle Verschiedenheiten der Besteuerung, nicht auch solche, die auf allgemein anwendbaren Merkmalen beruhen, ausgeschlossen werden. Diese früher vom OVG. nicht anerkannte Auslegung des Abs. 1 ist durch das Deklarationsgesetz vom 24. Juli 1906 sichergestellt worden. Vergl. oben S. 37 und 39 sowie die Begründung des letzteren Gesetzes (Drucks. des HH. 1905/06 Nr. 84). Durch das Deklarationsgesetz haben auch alle früheren Steuerordnungen mit verschiedenen Normen oder Sätzen für einzelne Grundstücksarten oder Besitzgruppen Rechtsgültigkeit erlangt. Das OVG. hatte indes durch Entsch. vom 17. Januar 1908 II 108, PVBl. XXXI S. 10, die Frankfurter Haussteuerordnung für ungültig erklärt, weil die damalige Fassung „Geschäftsräume, deren Inhaber nicht der Gewerbesteuer unterliegen", wie Wohnungen behandelte. In der neuen, dem Sinne nach gleichen Fassung, nach welcher „Geschäftsräume wie Wohnungen behandelt werden, wenn sie nicht ausschließlich für gewerbesteuerpflichtige Betriebe benutzt werden", ist die Ordnung durch Entsch. vom 16. Februar 1909, Bd. 47 S. 78, und zwei Entsch. vom 8. November 1910 VIII C 77 und 78/10 für gültig erklärt worden. Unter Grundstücksart und Besitzgruppe im Sinne des Deklarationsgesetzes ist nach eben zit. Entsch. C 78 zu verstehen „ein nach objektiven Merkmalen bestimmter Teil der im Gemeindebezirk belegenen Grundstücke". Daher soll eine Abstufung der Steuersätze nach anderen Merkmalen der Grundstücke, insbesondere nach solchen, die der Person des Grundstückseigentümers oder Besitzers entnommen sind, unzulässig sein. Hiermit ist ein wesentlicher gesetzgeberischer Zweck der Novelle, der offenbar

durch den Ausdruck „Besitzgruppe" verfolgt werden sollte — z. B. Privilegierung gemeinnütziger Baugesellschaften —, wieder vereitelt worden. Vergl. A. 1 zu § 20.

2. „Von der Durchführung dieser Grundsätze darf nur in einem Falle abgesehen werden. Das Gesetz gestattet, Liegenschaften, welche durch die Festsetzung von Baufluchtlinien in ihrem Werte erhöht worden sind (Bauplätze), nach Maßgabe dieses höheren Wertes zu einer höheren Steuer als die übrigen Liegenschaften heranzuziehen.

1. Die Ausnahmebestimmung betrifft nur Liegenschaften, d. h. unbebaute Grundstücke oder Grundstücksteile.
2. Sie hat die Festsetzung von Baufluchtlinien, und zwar regelmäßig nach Maßgabe des Gesetzes vom 2. Juli 1875 (GS. S. 561), zur Voraussetzung. Dagegen erstreckt sie sich nicht auf die an den älteren, sogenannten historischen Straßen belegenen Grundstücke.
3. Es ist nicht unbedingt erforderlich, daß die Straßen oder Straßenteile, für welche die Baufluchtlinien festgesetzt sind, gemäß den baupolizeilichen Bestimmungen des Orts für den öffentlichen Verkehr und den Anbau bereits fertiggestellt sind. Indessen wird die Erhebung einer Bauplatzsteuer nur dann in Betracht zu ziehen sein, wenn eine Abänderung der Baufluchtlinien voraussichtlich nicht weiter zu erwarten steht.
4. Die Bauplatzbesteuerung beschränkt sich nicht auf solche Grundstücke, welche unmittelbar an eine Baufluchtlinie angrenzen; es genügt, daß durch die Festsetzung von Baufluchtlinien eine Werterhöhung stattgefunden hat. Hiernach wird durch sogenannte Masken und sonstige zwischenliegende Grundstücke die Zulässigkeit der Besteuerung nicht ausgeschlossen.

Sofern die Werterhöhung nicht eine Folge der Festsetzung von Baufluchtlinien, sondern ein Ergebnis anderer Ursachen ist, erscheint die Besteuerung nicht statthaft." AA. Art. 18. Nur die nach Maßgabe des Gesetzes vom 2. Juli 1875 festgestellten Baufluchtlinien kommen in Betracht. OVG. **30** S. 67, **38** S. 109, **43** S. 44.

3. Die Bauplatzsteuer hat sich in der hier gegebenen Gestaltung als kaum durchführbar erwiesen. Vergl. oben S. 29 und 37 und Studien S. 75 bis 88. — In Berlin hat sie, wie auch in anderen Gemeinden, wieder aufgehoben werden müssen. PVBl. XVIII S. 289, XXI S. 47, XXVII S. 603 ff., XXXII S. 434.

b) Vom Gewerbebetrieb.

§ 28. Den Gewerbesteuern unterliegen in den Gemeinden, in denen der Betrieb stattfindet,

1. die nach dem Gewerbesteuergesetz vom 24. Juni 1891 (Gesetzsammlung S. 205) zu veranlagenden stehenden Gewerbe;
2. die landwirtschaftlichen Branntweinbrennereien;
3. der Bergbau;
4. die gewerbsmäßige Gewinnung von Bernstein, Ausbeutung von Torfstichen, von Sand-, Kies-, Lehm-, Mergel-, Ton- und dergleichen Gruben, von Stein-, Schiefer-, Kalk-, Kreide- und dergleichen Brüchen;
5. die Gewerbebetriebe kommunaler und anderer öffentlicher Verbände;
6. die Gewerbebetriebe des Staates und der Reichsbank.

Diejenigen zu Nr. 2 bis 6 bezeichneten Betriebe, bei denen weder der jährliche Ertrag 1500 Mark noch das Anlage- und Betriebskapital 3000 Mark erreicht, ingleichen die nach § 3 Nr. 4 des Gewerbesteuergesetzes vom 24. Juni 1891 steuerfreien Gewerbebetriebe der Kommunalverbände bleiben von der Gewerbesteuer befreit. Auf die Betriebssteuer findet diese Bestimmung keine Anwendung.

Der Betrieb der Staatseisenbahnen und der der Eisenbahnabgabe unterliegenden Privateisenbahnen ist gewerbesteuerfrei.

Der Gewerbebetrieb im Umherziehen ist der Gewerbesteuer in den Gemeinden nicht unterworfen.

R. § 23. AH. Kom. Bl.

1. Die unter Ziff. 2 bis 6 aufgeführten Gewerbebetriebe waren zur staatlichen Gewerbesteuer bisher nicht herangezogen; die Reichsbank ist durch § 21 des Reichsbankgesetzes vom 14. März 1875 von staatlichen Gewerbesteuern befreit.

2. Nach § 3 Nr. 4 des GStG. vom 24. Juni 1891 sind insbesondere befreit: Sparkassen, Landeskreditkassen, Landeskulturrentenbanken, Hilfs- und Darlehnskassen, Kanalisations- und Wasserwerke, letztere jedoch nur, soweit sich der Betrieb auf den Bezirk der unternehmenden Gemeinde beschränkt, Schlachthäuser und Viehhöfe, Markthallen, Volksbäder, Pfandhäuser. Die Steuerfreiheit anderer Geld- und Kreditanstalten der Kommunalverbände hängt davon ab, ob die Anstalt in erster Linie auf Beförderung der öffentlichen Wohlfahrt gerichtet ist und die Erzielung von Gewinn nur als Nebenzweck erfolgt. — Der Finanzminister kann auch anderen im öffentlichen Interesse unternommenen Betrieben Steuerfreiheit von den Prozenten der staatlich veranlagten Gewerbesteuer gewähren, einerlei, ob sie von Kommunalverbänden oder von Vereinen, Korporationen oder Privaten erfolgt (Volksküchen, Bibliotheken usw.). AA. Art. 19, 2. Nach § 5 a. a. O. sind auch befreit: Vereine, eingetragene Genossenschaften usw., wenn sie satzungsgemäß und tatsächlich ihren Verkehr auf ihre Mitglieder beschränken und keinen Gewinn unter die Mitglieder verteilen (OVG. 49 S. 61), steuerpflichtig dagegen Konsumvereine mit offenem Laden sowie Konsumanstalten, die von gewerblichen Unternehmern im Nebenbetrieb unterhalten werden. Vergl. auch AusfAnw. z. GStG. vom 4. November 1895 Art. 4 bis 10.

3. Die Gewerbebetriebe des Reiches können nach Lage der Reichsgesetzgebung, welche kommunale Gewerbesteuern noch nicht für zulässig erklärt hat, nicht besteuert werden (Mot.). Auch das Reichsbesteuerungsgesetz vom 15. April 1911 (RGBl. S. 187) gewährt den Gemeinden ein solches Besteuerungsrecht nicht. Gemeinden, die durch fabrikmäßige oder fabrikähnliche Reichsbetriebe besonders belastet werden, können jedoch Zu-

schüsse verlangen, ähnlich denen des § 53 KAG. (§ 6 des Reichsgesetzes).

4. Zu § 28 Abs. 1 Nr. 5 und Abs. 2 Satz 1. Nach der Begründung zu § 3 Nr. 3 ff. des GStG. sollen die kommunalen Unternehmungen besteuert werden, welche vorzugsweise die Erzielung eines Erwerbs bezwecken, wenn sie daneben auch öffentlichen oder gemeinnützigen Zwecken dienen, z. B. Gasanstalten, Elektrizitätswerke, Kleinbahnen. Dagegen sollen befreit bleiben Veranstaltungen, welche an erster Stelle auf die Beförderung der öffentlichen Wohlfahrt oder des gemeinen Nutzens gerichtet sind und die Erzielung eines Erwerbs nur als Nebenzweck verfolgen. Letztere sind in Nr. 3 und Nr. 4 des § 3 GStG. aufgeführt. Da aber von diesen beiden Gesetzesstellen nur Nr. 4 durch § 28 Abs. 2 in Bezug genommen wird, so ist bestritten, ob die Betriebe der Nr. 3 a. a. O., nämlich landschaftliche Kreditverbände und öffentliche Versicherungsanstalten, steuerfrei sind. Bejaht wird die Frage von Noell-Freund, A. 7 zu § 28, und von Strutz, Komm. zu S. 87 A. 8, verneint dagegen von Schoen, Recht der Kommunalverbände in Preußen S. 280.

5. Zum Betrieb der Eisenbahnen gehören auch die Werkstätten. AH. KomBer. Nachdem die Staatseisenbahnen auf das Reich übergegangen sind, findet auf sie das Reichsbesteuerungsgesetz vom 15. April 1911 Anwendung. Sie bleiben hiernach steuerfrei. Soweit Eisenbahnen von Privatunternehmern betrieben werden, unterliegen sie der Eisenbahnabgabe nach den Gesetzen vom 30. Mai 1853 und 16. März 1867.

6. Dagegen sind Kleinbahnen, welche dem Gesetz über die Eisenbahnunternehmungen vom 3. November 1838 nicht unterworfen sind, nach § 40 des Gesetzes über Kleinbahnen und Privatanschlußbahnen vom 28. Juli 1892 gewerbesteuerpflichtig; auch kommunale, soweit ihnen nicht gemäß § 3 Abs. 2 GStG. Steuerfreiheit zuerkannt ist.

7. Für die Anwendbarkeit des Abs. 2 Satz 1 ist der gesamte in Preußen (nicht bloß der in der Gemeinde) erzielte Ertrag bezw. das dort angelegte Kapital entscheidend. OVG. 41 S. 95.

§ 29. Den Gemeinden ist die Einführung besonderer Gewerbesteuern gestattet.

Die Gewerbesteuern können namentlich bemessen werden nach dem Ertrage des letzten Jahres oder einer Reihe von Jahren, nach dem Werte des Anlagekapitals oder des Anlage- und Betriebskapitals, nach sonstigen Merkmalen für den Umfang des Betriebes oder nach einer Verbindung mehrerer dieser Maßstäbe.

R. § 24. AH. Kom.

1. Für die subjektive Steuerpflicht ist auch bei besonderen Gewerbesteuern der § 28 entscheidend. Steuerfrei sind also insbesondere Land- und Forstwirtschaft, Jagd, die Ausübung eines amtlichen Berufes, der Kunst, des Berufes als Arzt, Rechtsanwalt usw. Vergl. GStG. vom 24. Juni 1891. Andererseits muß sich die Besteuerung auch auf alle hiernach gemeindegewerbesteuerpflichtigen Betriebe erstrecken. Weitergehende Befreiungen, insbesondere Heraufsetzung der Freigrenze für Betriebe mit geringem Ertrag oder Anlage- und Betriebskapital, sind unzulässig und machen die Steuerordnung ungültig. OVG. Entsch. vom 28. Januar 1919 — VIII C 116/18 — gegen Stadt Bochum sowie PVBl. XLII S. 153.

2. Ein Gewerbebetrieb darf nicht zugleich nach einer besonderen Gewerbesteuerordnung und mit Prozenten der staatlich veranlagten Gewerbesteuer betroffen werden. Wohl aber kann sachlich dasselbe erreicht werden, wenn die besondere kommunale Ordnung den Maßstab der staatlichen Veranlagung mit einem anderen Maßstab (z. B. mit dem Mietwert der Gewerbelokale) kombiniert, wobei auch gleichzeitig die staatliche Veranlagung (z. B. durch Abstufung der Prozente in den verschiedenen Klassen, Abzug des Mietwertes eigener Lokale vom Ertrag usw.) modifiziert werden kann. Ebenso kann ein Teil der Gewerbebetriebe (z. B. Klasse I und II) einer besonderen Gewerbesteuer, der andere aber der staatlich veranlagten Gewerbesteuer unterworfen werden. AA. Art. 20, 1, OVG. 34

S. 53, **39** S. 71, 144, **49** S. 68. Vergl. A. 1 zu § 26. Durch § 8 Landessteuergesetz ist die Verbindung mehrerer Maßstäbe bei der Regelung der Gemeindegewerbesteuer nicht untersagt. OVG. vom 27. September 1921 in PVBl. XLIII S. 129.

3. Ein Muster zu einer Gewerbesteuerordnung im ME. vom 27. November 1894 (PVBl. XVI S. 157). — Zwei neue Muster, in denen die Beschäftigung einer größeren Zahl von Arbeitern und ein besonders hoher Mietwert der gewerblich benutzten Räume für die Bemessung der Steuer mitverwertet ist, sind durch ME. vom 21. Juni 1897 (MBl. S. 150 ff.) mitgeteilt. Vergl. PVBl. XVI S. 157, XVII S. 181, 348. Die neueren Grundsätze sind im ME. vom 22. November 1905 (MBl. S. 203) aufgestellt; vergl. hierzu PVBl. XXVII S. 243 ff.

4. Sogenannte Filialsteuern, d. h. stärkere Besteuerungen von Verkaufsstellen, deren Inhaber auswärts ihren Wohnsitz und ihre Hauptniederlassung haben, sind, da in den ersten Steuerordnungen dieser Art die Differenzierung nicht nach objektiven, sondern persönlichen Merkmalen erfolgte, durch OVG. **52** S. 149, PVBl. XXIX S. 562 für unzulässig erklärt worden; nach ME. vom 6. Juli 1908 (MBl. S. 159) sollten sie allgemein ausgeschlossen bleiben, auch wenn ein nicht persönlicher Maßstab der Differenzierung gewählt werde. Später wurden sie jedoch durch die Ministerialinstanz wieder zugelassen unter Festlegung bestimmter Erfordernisse und Höchstgrenzen. Zurzeit ist maßgebend der ME. vom 3. September 1921 — IV St 644 FinMin. II A 2. 1233 — (s. unten Abschn. V Ziff. 5). Vergl. auch Falk im PVBl. XXIX S. 968, XXX S. 27.

5. Anlage- und Betriebskapital sind bei Aktiengesellschaften auch die noch nicht eingezahlten Kapitaleinlagen der Aktionäre, bei Gesellschaften m. b. H. der volle Geschäftsanteil, bei eingetragenen Genossenschaften das Geschäftsguthaben der Genossen (OVG. **66** S. 187), ferner Reservefonds, Gewinnvorträge und dergl. (OVG. **62** S. 352). In den Steuerordnungen kann der Begriff des Anlage- und Betriebskapitals abweichend von dem des Gewerbesteuergesetzes bestimmt werden.

6. Sonstige Merkmale können sein: Zahl der Arbeiter, der Angestellten, der gezahlten Gehälter und Löhne, der Rentabilität (d. h. des Ertrags im Verhältnis zum Anlage- und Betriebskapital), der Motoren. Nicht dagegen der „gemeine Wert der für den Betrieb benutzten Räume". OVG. PVBl. XXVII S. 505.

7. Bei Bemessung der besonderen Gewerbesteuer nach der Zahl der im Betrieb tätigen Personen soll nach OVG. PVBl. XLII S. 214 die Zahl der bei Beginn des Veranlagungszeitraums tätigen Personen zugrunde gelegt werden müssen. Vergl. § 23 A. 6.

§ 30. Sind besondere Gewerbesteuern nicht eingeführt, so erfolgt die Besteuerung in Prozenten der vom Staate veranlagten Gewerbesteuer.

Die auf Grund der Einlegung von Rechtsmitteln erfolgte Erhöhung oder Ermäßigung der veranlagten Gewerbesteuer zieht die entsprechende Abänderung der Veranlagung zur Gemeindesteuer nach sich.

Die Veranlagung hat sich auf sämtliche Gewerbebetriebe, einschließlich des Bergbaues, zu erstrecken, welche der Gemeindebesteuerung unterliegen (§§ 3, 4 des Gesetzes wegen Aufhebung direkter Staatssteuern).

R. § 24. AH. Kom.

1. Die staatliche Veranlagung erfolgt nach Maßgabe des Gesetzes vom 24. Juni 1891 (GS. S. 205) in Verbindung mit dem Gesetze wegen Aufhebung direkter Staatssteuern vom 14. Juli 1893 (GS. S. 119), insbesondere §§ 3 und 4; s. diese bei A. 2 zu § 26. Abänderung des Gewerbesteuergesetzes ist beabsichtigt, aber einstweilen zurückgestellt (Verfügung des FM. vom 6. Januar 1922, FMBl. 1922 S. 60).

2. Die Gewerbebetriebe, welche der Gemeindebesteuerung unterliegen, sind in § 28 aufgezählt.

§ 31. Eine verschiedene Abstufung der Gewerbesteuersätze und Prozente ist zulässig:

1. wenn die einzelnen Gewerbearten in verschiedenem Maße von den Veranstaltungen der Gemeinde Vorteil

ziehen oder der Gemeinde Kosten verursachen, und soweit die Ausgleichung nicht nach §§ 4, 9, 10 oder 20 erfolgt;

2. wenn die gewerblichen Gebäude in stärkerem Verhältnis zur Gebäudesteuer herangezogen werden, als es auf Grundlage der staatlichen Gebäudesteuer der Fall sein würde, oder wenn die gewerblich benutzten Räume einer Mietssteuer unterliegen.

Die verschiedene Abstufung bedarf der Genehmigung.

R. § 25. AH. Kom. HH.

1. Eine solche Abstufung ist keine besondere Gewerbesteuer. Vergl. OVG. 34 S. 63, 37 S. 128 (Umfang der verwaltungsgerichtlichen Nachprüfung). Eine verschiedene Heranziehung der einzelnen Gewerbesteuerklassen ist zulässig, sofern diese in verschiedenem Maße der Gemeinde Lasten verursachen oder von den Gemeindeeinrichtungen Vorteil haben.

2. Die §§ 4, 9, 10, 20 handeln von Gebühren, Beiträgen, Anliegerbeiträgen und Mehr- oder Minderbelastung. Vergl. § 56.

§ 32. Erstreckt sich ein Gewerbebetrieb über mehrere Gemeindebezirke, so hat für den Fall der Erhebung von Prozenten der veranlagten Gewerbesteuer der zuständige Steuerausschuß auch für die im § 28 Nr. 2 bis 6 bezeichneten Betriebe die Zerlegung des Gesamtsteuersatzes in die auf die einzelnen Gemeinden entfallenden Teilbeträge zu bewirken (§ 38 des Gewerbesteuergesetzes vom 24. Juni 1891).

Werden besondere Gewerbesteuern umgelegt, so hat die Veranlagung nur nach Maßgabe des in der Gemeinde belegenen Teiles des Gewerbebetriebes zu erfolgen, bei besonderen Gewerbesteuern nach dem Ertrage unter sinngemäßer Anwendung der in den §§ 47, 48 dieses Gesetzes getroffenen Bestimmungen.

R. § 26.

1. Wegen der Rechtsmittel vergl. § 76.

2. Die Bestimmungen des Paragraphen sind nunmehr abweichend von dem früheren Recht (OVG. 35 S. 15) gemäß §§ 7 und 13 Kreis- und Provinzialabgabengesetz vom 23. April 1906 auch anwendbar auf die Kreissteuer.

3. Zum 2. Abs. vergl. OVG. 36 S. 30, 38 S. 87, PVBl. XIX S. 324, XXII S. 251, XXXII S. 248. Die §§ 47 und 48 des KAG. sind — ebenso wie der hier sinngemäß anzuwendende § 48 a (OVG. 38 S. 87, 58 S. 165) — durch Gesetz vom 26. August 1921 aufgehoben, während die vorliegende Bestimmung nicht entsprechend geändert ist. Es ist also wohl anzunehmen, daß sie insofern noch Geltung haben sollen, insbesondere da die Streichung offenbar nur in Rücksicht darauf erfolgt ist, daß die Gemeinden keine Einkommensteuer mehr erheben können, auf welche sich diese Vorschriften zunächst bezogen. (Vergl. auch § 68 A. 1.) Bezüglich § 48 a vergl. ferner Landessteuergesetz §§ 10 und 11, s. unten S. 121. Es werden daher die §§ 47, 48 und 48 a des KAG. nachstehend abgedruckt, soweit sie noch in Frage kommen:

§ 47. Die Verteilung des gemeindesteuerpflichtigen Einkommens aus dem Besitze oder Betriebe einer sich über mehrere preußische Gemeinden erstreckenden Gewerbe- oder Bergbauunternehmung erfolgt, sofern nicht zwischen den beteiligten Gemeinden und den Steuerpflichtigen ein anderweiter Maßstab vereinbart ist, in der Weise, daß

a) bei Versicherungs-, Bank- und Kreditgeschäften derjenigen Gemeinde, in welcher die Leitung des Gesamtbetriebes stattfindet, der zehnte Teil des Gesamteinkommens vorab überwiesen, dagegen der Überrest nach Verhältnis der in den einzelnen Gemeinden erzielten Bruttoeinnahme verteilt,

b) in den übrigen Fällen das Verhältnis der in den einzelnen Gemeinden erwachsenen Ausgaben an Gehältern und Löhnen, einschließlich der Tantiemen des Verwaltungs- und Betriebspersonals, zugrunde gelegt wird. Bei Eisenbahnen kommen jedoch die Gehälter, Tantiemen und Löhne desjenigen Personals, welches in der allgemeinen Verwaltung beschäftigt ist, nur mit der Hälfte, des in der Werkstättenverwaltung und im Fahrdienst beschäftigten Personals nur mit zwei Dritteilen ihrer Beträge zum Ansatz.

Erstreckt sich eine Betriebsstätte, Station usw., innerhalb deren Ausgaben an Gehältern und Löhnen erwachsen, über den Bezirk mehrerer Gemeinden, so hat die Verteilung nach Lage der örtlichen Verhältnisse unter Berücksichtigung des Flächenverhältnisses und der den beteiligten Gemeinden durch das Vorhandensein der Betriebsstätte, Station usw. erwachsenen Kommunallasten zu erfolgen.

(Abs. 2 ist als Übergangsvorschrift nicht mehr von Bedeutung.)

§ 48. Die Ermittelung der Bruttoeinnahmen der Versicherungs-, Bank- und Kreditgeschäfte sowie der Ausgaben an Löhnen und Gehältern (§ 47) erfolgt im dreijährigen Durchschnitt nach Einsicht eines den steuerberechtigten Gemeinden von dem Unternehmer beziehungsweise Gesellschaftsvorstande jährlich mitzuteilenden Verteilungsplanes. (Satz 2 ist nicht mehr von Bedeutung.)

§ 48 a. Erstreckt sich ein Handels- oder Gewerbeunternehmen, einschließlich eines Bergbauunternehmens, über preußische und nichtpreußische Gemeinden, so finden behufs Ermittelung des dem Steuerpflichtigen in den verschiedenen Gemeinden zufließenden Einkommens die Vorschriften des § 47 sinngemäße Anwendung.

Die §§ 10 und 11 des Landessteuergesetzes vom 30. März 1920 (RGBl. S. 404) lauten:

§ 10. Steuern vom Grundvermögen und Gewerbebetriebe dürfen nur in dem Lande erhoben werden, in dessen Gebiete der Grund- und Gebäudebesitz liegt oder eine Betriebsstätte zur Ausübung des stehenden Gewerbes unterhalten wird.

Betriebsstätte im Sinne dieses Gesetzes ist jede feste örtliche Anlage oder Einrichtung, die der Ausübung des Betriebs eines stehenden Gewerbes dient. Außer dem Hauptsitz eines Betriebes gelten hiernach als Betriebsstätten: Zweigniederlassungen, Fabrikationsstätten, Ein- und Verkaufsstellen, Kontore und sonstige zur Ausübung des Gewerbes durch den Unternehmer selbst, dessen Geschäftsteilhaber, Prokuristen oder andere ständige Vertreter unterhaltenen Geschäftseinrichtungen. Als Betriebsstätten gelten auch Bauausführungen, die die Dauer von zwölf Monaten überschreiten.

Befinden sich Betriebsstätten desselben gewerblichen Unternehmens in mehreren Ländern, so darf die Heranziehung in jedem Lande nur anteilig erfolgen.

Der Gewerbebetrieb im Umherziehen einschließlich des Wanderlagerbetriebes darf nur in den Ländern besteuert werden, in deren Gebiete der Betrieb stattfindet oder stattfinden soll.

§ 11. Wird ein Steuerpflichtiger in mehreren Ländern zu gleichartigen Landes- oder Gemeindesteuern von demselben Steuerobjekte herangezogen, so steht ihm der Antrag auf Verteilung des Steuerobjektes zu. Der Antrag ist innerhalb eines Monats nach Eintritt der Rechtskraft der zweiten oder einer weiteren Veranlagung bei einer der veranlagenden Behörden zu stellen. Über den Antrag entscheidet das Landesfinanzamt, zu dessen Bereiche die veranlagenden Behörden gehören. Wenn die Veranlagungsbehörden zum Bereiche verschiedener Landesfinanzämter gehören, so bestimmt der Reichsminister der Finanzen das zuständige Landesfinanzamt. In dem Bescheide des Landesfinanzamtes ist ein Verteilungsplan aufzustellen, wenn die Heranziehung des Steuerobjektes in mehreren Ländern begründet ist. Gegen den Beschluß des Landesfinanzamtes steht den Beteiligten binnen einer Frist von zwei Wochen die Beschwerde an den Reichsfinanzhof zu, der im Beschlußverfahren unter entsprechender Anwendung der Vorschriften der Reichsabgabenordnung entscheidet. Durch die Entscheidungen des Landesfinanzamts und des Reichsfinanzhofs können auch die bereits rechtskräftig gewordenen Veranlagungen und früheren Verteilungspläne aufgehoben werden.

4. Die Zerlegung hat nach dem, sofern erforderlich, zu schätzenden Ertrag in den einzelnen Gemeinden zu erfolgen oder nach geeigneten Hilfsmerkmalen: Löhnen, Betriebskosten, Schienenlänge der Straßenbahnen usw. OVG. Ergänzungsband 4 S. 293, 411, Ergänzungsband 6 S. 423, 10 S. 447.

5. Für die Begründung der Gewerbesteuerpflicht in einer Gemeinde ist Voraussetzung das Vorhandensein eines „Betriebsortes" im Sinne der §§ 38 des GStG. und 28 und 32 des KAG., während bisher die Einkommensteuerpflicht gemäß § 35 KAG. eine „Betriebsstätte" erforderte. Das Landessteuergesetz gewährt jedoch nunmehr das Recht der gewerblichen Besteuerung nur, wenn im Gebiete des betreffenden Landes sich eine „Betriebsstätte" nach Maßgabe der in dessen § 10 gegebenen besonderen Begriffsbestimmung befindet. „Als ‚Betriebsort' ist schon jeder Ort anzusehen, an welchem nach dem allgemeinen Gewerbebegriff und den besonderen Verhältnissen des Einzelfalls das Gewerbe betrieben wird, wobei nur das Vorhandensein dauernder Anlagen oder Einrichtungen vorausgesetzt wird." „Das Wort ‚dauernd' ist hierbei nur im Gegensatz von vorübergehend zu verstehen." OVG. vom 26. April 1910, PVBl. XXXII S. 532.

6. Versicherungsagenten sind in der Regel selbständige Gewerbetreibende; sind sie aber Beamte der Gesellschaft, so ist der Ort ihres Sitzes Betriebsort der Gesellschaft (OVG. PVBl. IV S. 342, X S. 391, XV S. 465). Betriebsort eines Gas- und Wasserwerks ist jede Gemeinde, die von dem Werk dauernd mit Gas und Wasser versorgt wird. Betriebsort ist für ein Bergbauunternehmen auch eine Gemeinde, in der nur Arbeitersiedelungen, wenn sie im Eigentum des Werkes stehen, oder nur Kläranlagen, Anschlußgleise und dergl. sich befinden, desgleichen nur unterirdische Anlagen; für eine Straßenbahn, wenn nur Gleise durch die Gemeinde führen.

Die §§ 33 bis 42 sind durch Gesetz vom 26. August 1921 gestrichen worden.

§ 43. Den Gemeinden sind Vereinbarungen mit Steuerpflichtigen gestattet, wonach von fabrikmäßigen Betrieben und von Bergwerken an Stelle der Gemeindesteuer vom Gewerbebetriebe ein für mehrere Jahre im voraus zu bestimmender fester jährlicher Steuerbeitrag zu entrichten ist. Die Vereinbarung bedarf der Genehmigung.

Bei vor dem 1. Januar 1919 getroffenen Steuervereinbarungen haben die Gemeinden binnen drei Monaten nach Inkrafttreten dieses Gesetzes das Recht, eine Abänderung der bestehenden wirtschaftlichen Abmachungen zu verlangen, wenn und insoweit infolge der geänderten Verhältnisse das Anwachsen ihrer Zuschläge zu den Realsteuern und die Steigerung der durch die Arbeitnehmer des Beteiligten verursachten Kommunallasten, insbesondere für Volksschul-, Armen-, Wegeunterhaltungs- und Polizeilasten, so erheblich sind, daß billigerweise die Tragung der Mehrkosten der Allgemeinheit und den Gemeindeangehörigen nicht zugemutet werden kann. Falls sich im Wege von Verhandlungen eine Einigung über ein neues Abkommen nicht erzielen läßt, so entscheidet ein Schiedsgericht, das aus je einem von der Gemeinde und den Beteiligten zu bestimmenden Vertreter und einem von der Aufsichtsbehörde zu ernennenden Obmanne besteht. Gegen die Entscheidung des Schiedsgerichts findet in Landgemeinden die Beschwerde an den Kreisausschuß, in Städten die Beschwerde an den Bezirksausschuß statt. Kreisausschuß und Bezirksausschuß entscheiden endgültig.

Die Gebühren für das Schiedsgericht werden bei Meinungsverschiedenheiten von den Ministern des Innern und der Finanzen festgesetzt.

R. § 36. Die Abs. 2 und 3 sind durch Gesetz vom 26. August 1921 eingefügt, Abs. 1 geändert.

1. Derartige zur Beseitigung unliebsamer Schwankungen in den Steuereingängen bestimmte und zweckmäßige Verein-

barungen waren bisher rechtlich unwirksam. OVG. 12 S. 120. In Betracht kommen nur „fabrikmäßige" Betriebe und Bergwerke. Der Begriff „Fabrik" ist gesetzlich nicht bestimmt; vergl. jedoch RVO. § 538 und die Literatur zu den §§ 100 und 100f der RGO.

2. „Fester", d. h. sich im wesentlichen gleichbleibender jährlicher Steuerbeitrag. AA. Art. 31 Abs. 1. (Es) „soll den Steuerpflichtigen ein finanzieller Vorteil nicht erwachsen. Vielmehr sind die Jahresbeiträge nach Möglichkeit so zu bemessen, daß ihr Gesamtbetrag die Summe der Steuern erreicht, welche der Steuerpflichtige nach einer die bisherigen Erfahrungen und sonstige wesentliche Umstände berücksichtigenden Wahrscheinlichkeitsberechnung ohne die Vereinbarung während des von derselben betroffenen Zeitraums zu zahlen haben würde. Vereinbarungen, welche dieser Voraussetzung nicht entsprechen, insbesondere Vereinbarungen für einen Zeitraum, bezüglich dessen eine Wahrscheinlichkeitsberechnung von einiger Zuverlässigkeit ausgeschlossen ist, würde die Genehmigung zu versagen sein."

3. Bezüglich der neuen, durch Gesetz vom 26. August 1921 eingefügten Abs. 2 und 3 vergl. § 13 A. 5a.

Die §§ 44 bis 52 sind durch Gesetz vom 26. August 1921 gestrichen worden. Die §§ 47, 48 und 48 a sind jedoch oben bei § 32 A. 3 abgedruckt.

3. Verpflichtung der Betriebsgemeinden zur Leistung von Zuschüssen.

§ 53. Wenn in einer Gemeinde durch Personen, die in einer anderen Gemeinde im Betriebe von Berg-, Hütten- oder Salzwerken, Steinbrüchen, Ziegeleien, Fabriken oder Eisenbahnen beschäftigt werden und dieser Beschäftigung wegen in der ersteren zugezogen oder verblieben sind, nachweisbar Mehrausgaben für Zwecke des öffentlichen Volksschulwesens oder der öffentlichen Armenpflege oder für polizeiliche Zwecke erwachsen, welche im Verhältnisse zu

den ohne diese Personen für die erwähnten Zwecke notwendigen Gemeindeausgaben einen erheblichen Umfang erreichen und eine unbillige Mehrbelastung der Steuerpflichtigen herbeiführen, so ist eine solche Gemeinde berechtigt, von der Betriebsgemeinde einen angemessenen Zuschuß zu verlangen. Bei Bemessung desselben sind neben der Höhe der Mehrausgaben auch die nachweisbar der Gemeinde erwachsenden Vorteile, soweit sie in der Steuerkraft zum Ausdrucke kommen, zu berücksichtigen. Die Zuschüsse der Betriebsgemeinde dürfen in keinem Falle mehr als die Hälfte der gesamten in der Betriebsgemeinde von den betreffenden Betrieben zu erhebenden direkten Gemeindesteuern betragen.

Liegt der Betrieb in einem Gutsbezirke, so richtet sich der Anspruch gegen die Gewerbetreibenden. Die Zuschüsse dürfen alsdann den doppelten Satz der staatlich veranlagten Gewerbesteuer nicht übersteigen.

Die Bestimmungen des ersten und zweiten Absatzes finden auf den Anspruch eines Gutsbezirkes auf Zuschuß gleichmäßige Anwendung.

Wenn von mehreren Gemeinden oder Gutsbezirken Ansprüche auf Zuschüsse erhoben werden, welche zusammengerechnet die in den Absätzen 1 und 2 vorgesehenen Höchstgrenzen übersteigen, so findet eine verhältnismäßige Kürzung der einzelnen Ansprüche bis zu der zulässigen Höchstgrenze statt.

Über streitige Ansprüche aus Absatz 1 bis 3 sowie über Streitigkeiten, die sich aus der Anwendung des Absatz 4 ergeben, beschließt der Kreisausschuß und, sofern die Stadt Berlin oder eine andere Stadtgemeinde beteiligt ist, der Bezirksausschuß. Gegen den Beschluß findet innerhalb zwei Wochen der Antrag auf mündliche Verhandlung im Verwaltungsstreitverfahren statt. Der Anspruch erlischt,

wenn er nicht vor Ablauf des Rechnungsjahres, für welches er erhoben wird, durch schriftlichen Antrag bei der Betriebsgemeinde geltend gemacht wird und wenn der hiernach rechtzeitig angebrachte Anspruch nicht innerhalb eines Zeitraums von drei Monaten seit Zustellung des ablehnenden schriftlichen Bescheids der in Anspruch genommenen Betriebsgemeinde durch Stellung des Antrags beim Kreisausschusse bezw. Bezirksausschuß aufrechterhalten wird.

Zutreffendenfalls kommen die Bestimmungen des § 58 des Gesetzes über die allgemeine Landesverwaltung vom 30. Juli 1883 (Gesetzsamml. S. 195) dahin zur Anwendung, daß auch in den Fällen, in welchen die Stadt Berlin beteiligt ist, der Minister des Innern den Bezirksausschuß bestimmt, welcher zu beschließen hat.

[Vorstehende Bestimmungen finden auf die bei den Beschlußbehörden anhängigen Angelegenheiten keine Anwendung.]

AH. Kom. § 44 a. HH.

1. „Die Frage der Beteiligung der Gemeinden, welchen infolge des in einer anderen Gemeinde stattfindenden Betriebes von industriellen Werken usw. Ausgaben erwachsen, an den von dem betreffenden Werke zu zahlenden Einkommens- und Realsteuern kam ... anläßlich verschiedener Petitionen zur Sprache." AH. KomBer. S. 75. Die in diesem Paragraphen der Frage gegebene Lösung ist im wesentlichen das Werk einer Subkommission der Kom. des AH., deren Bericht auf S. 149 bis 163 (Anl. B) des KomBer. des AH. wiedergegeben ist. Durch das Gesetz vom 24. Juli 1906 (GS. S. 377) ist dem § 53 eine neue, in mehreren Punkten veränderte Fassung gegeben. Beseitigt ist die frühere Voraussetzung für die Gewährung von Zuschüssen an eine Gemeinde, daß in derselben ein die Steuerpflicht nach dem (inzwischen aufgehobenen) § 35 begründender Betrieb nicht besteht; ferner ist die Voraussetzung, daß durch die eingangs erwähnten Betriebe erhebliche Mehr-

ausgaben für Schul- und Armenwesen und zugleich eine Überbürdung herbeigeführt werden, dahin verändert, daß auch Mehrausgaben für polizeiliche Zwecke zu Forderungen berechtigen und nicht mehr eine Überbürdung, sondern nur eine unbillige Mehrbelastung erfordert wird. Diese Änderung beruht auf Initiativantrag des AH. und ist von diesem gegenüber dem Widerstande des HH. durchgesetzt worden; vergl. hierzu OVG. **56** S. 208 und 209. Der letzte Absatz des § 53 bezieht sich auf die Abänderungen durch die Novelle vom 24. Juli 1906 und will lediglich besagen, daß die neuen Bestimmungen auf die am Tage des Inkrafttretens der Novelle (1. April 1907) bei den Beschlußbehörden anhängigen Angelegenheiten nicht anzuwenden sind. Gesetzestechnisch hätte er in die Einführungsbestimmung (Art. II der Novelle) und nicht in den Text des alten Gesetzes gehört. Über die Notwendigkeit des ursächlichen Zusammenhanges zwischen Betrieb und Belastung vergl. OVG. **32** S. 131, **33** S. 175, 186, **34** S. 124, **35** S. 123, **46** S. 128, **49** S. 162, 167 und 171; PVBl. XIX S. 308, XX S. 501, XXI S. 454, XXV S. 197, XXVI S. 907. Die in diesen Entscheidungen aufgestellten Grundsätze sind zum wesentlichen Teil in die Neufassung des Gesetzes von 1906 ausdrücklich aufgenommen worden. Vergl. ferner Einleitung oben S. 32 und 47 sowie unten A. 9 und 11.

2. Die andere Gemeinde (Betriebsgemeinde) braucht nicht notwendig eine benachbarte, unmittelbar angrenzende zu sein. (AH. Kom. C. S. 162.)

3. Zu den Eisenbahnen gehören auch Kleinbahnen.

4. Die Beweislast trifft die Zuschuß fordernde Gemeinde (OVG. PVBl. XXIII S. 775); ihre genaue Durchführung kann indes nicht für Einzelheiten verlangt werden; OVG. **35** S. 121, **41** S. 67, **43** S. 132, **49** S. 162.

5. Schematische Berechnung der Schulkosten auf den Kopf des Schulkindes reicht zur Begründung nicht aus, vielmehr ist der Nachweis erforderlich, daß gerade durch Hinzukommen der betreffenden Arbeiterkinder neue Lehrkräfte bezw. neue Schulklassen notwendig geworden sind; OVG. **33** S. 175, **35** S. 123. Dies gilt analog für die Polizeikosten.

6. Nur politische Gemeinden sind berechtigt, nicht Schul- und Kirchengemeinden. Vergl. OVG. **24** S. 135, **33** S. 175, **34** S. 119.

7. Die Zuschüsse können nur für die Zwecke des öffentlichen Volksschulwesens, des Armenwesens und für polizeiliche Zwecke in Anspruch genommen werden, jedoch nicht für bereits abgelaufene Rechnungsjahre. AA. Art. 38, 3. — Der Anspruch muß innerhalb des Rechnungsjahres erhoben sein. OVG. **37** S. 141, **38** S. 124. Inwieweit auch eine fristgemäße Begründung notwendig ist, vergl. Falk PVBl. XXXVI S. 83.

8. Daß unter den der Gemeinde erwachsenden „Vorteilen" auch die den Gemeindeangehörigen erwachsenden Vorteile zu verstehen sind, z. B. Steigerung des Grundwertes u. a. m., meint HH. KomBer. S. 31. A. M. Noell zu § 53 A. 19. Vergl. OVG. **33** S. 175, **34** S. 124, **35** S. 123; PVBl. XVIII S. 464, XIX S. 308, XX S. 501, XXI S. 454. Nach dem Gesetz vom 24. Juli 1906 sind die der Gemeinde erwachsenen Vorteile zu berücksichtigen, soweit sie in der Steuerkraft zum Ausdruck kommen. Der Nachweis der Vorteile liegt der Betriebsgemeinde ob. Als solche Vorteile sind nach OVG. Entsch. vom 1. Mai 1911 — VII B 20. 10 —, Gemeinde Griesheim gegen Frankfurt a. M., anzusehen:

a) Steuern der Betriebsarbeiter, auch solcher, die nicht Kinder in die Schule schicken, aber unter Ausschluß der Grundsteuer;

b) die von den Betrieben selbst seitens der Wohnsitzgemeinde erhobenen Steuern;

c) eine etwaige Erhöhung der Steuerkraft der nicht zu den Betriebsarbeitern gehörigen Bevölkerung, sofern diese Erhöhung nachweisbar sein sollte; indes nur derjenige Bruchteil hiervon, der sich ergibt, wenn man die Schul-, Armen- und Polizeiausgaben mit den gesamten Ausgaben der Gemeinde vergleicht.

Als Vorteil hat auch die Entlastung zu gelten, welche der Wohnsitzgemeinde dadurch zuteil wird, daß umgekehrt Arbeiter in der Betriebsgemeinde wohnen und in Betrieben der Wohnsitzgemeinde Beschäftigung finden. OVG. **49** S. 162.

9. Abs. 2 Satz 2 ist durch Gesetz vom 26. August 1921 abgeändert. Die Begründung zum Entwurf des Gesetzes (Drucksache des Preußischen Landtages 1921 Nr. 683 Sp. 16) sagt hierüber:

„Die Berücksichtigung der der Kreisbesteuerung eines derartigen Betriebes zugrunde liegenden Einkommensteuer ist nach dem Inkrafttreten des Reichseinkommensteuergesetzes nicht mehr möglich, andererseits wäre es aber bedenklich, wollte man einen Gewerbetreibenden nach Maßgabe des § 53 des Kommunalabgabengesetzes voll haftbar machen oder nur, wie ursprünglich vorgeschrieben, allein in Höhe der staatlichen Veranlagung zur Gewerbesteuer. Es wird deshalb ein vermittelnder Vorschlag gemacht."

10. Bezüglich der Reichsbetriebe vergl. Reichsbesteuerungsgesetz vom 15. April 1911 §§ 6 und 10.

11. Die völlige Aufhebung des § 53 wurde vom Staatsrat anläßlich der Beratung der Novelle vom 26. August 1921 in der 2. Lesung beschlossen; infolge des Widerstandes der Regierung wurde aber in der 3. Lesung ein Antrag angenommen, welcher das Staatsministerium ersucht, die zeitgemäße Änderung des § 53 herbeizuführen.

4. Verteilung des Steuerbedarfs auf die verschiedenen Steuerarten.

§ 54. Die Erhebung von Zuschlägen über 500 vom Hundert der staatlich veranlagten Realsteuern bedarf der Genehmigung.

Sofern in einer Gemeinde die Realsteuern nach besonderen Steuerordnungen mit veränderlichen Steuersätzen erhoben werden, bedürfen die Beschlüsse, durch welche die Steuersätze für das Haushaltsjahr festgesetzt werden, der Genehmigung.

Die Vertretungen der hiervon betroffenen Steuerpflichtigen sind vor Fassung des Umlagebeschlusses zu hören.

R. § 45. AH. Kom.

1. Die jetzige Fassung des § 54 beruht auf dem Gesetze vom 26. August 1921. Die Begründung zum Entwurf des Gesetzes (Drucksache des Preußischen Landtages 1921 Nr. 683 Sp. 17) sagt hierüber:

„Durch den Fortfall einer selbständigen Festsetzung von Zuschlägen zur Einkommensteuer ist die Durchführung der bisherigen Anordnung des § 54 gegenstandslos geworden.

Zunächst liegt der Gedanke nahe, daß das Aufkommen an Realsteuern nach wie vor in eine gewisse Beziehung zu den Einnahmen aus Einkommensteuer zu setzen ist. Dies kann in einer Weise geschehen, daß für jedes Steuerjahr die Zuweisungen des vorhergegangenen Jahres aus der Reichseinkommensteuer zugrunde gelegt werden und für das Rechnungsjahr 1921 das für den gewährleisteten Mindestbetrag von 1919 zugrunde gelegte Einkommensteuersoll. Möglichste Vereinfachung und Vermeidung überflüssiger Rechnerei lassen es jedoch bei der Ungeklärtheit der gegenwärtigen Verhältnisse für die nächste Zukunft wünschenswert erscheinen, der Selbstverwaltung in möglichst hohem Maße freie Hand in der Festsetzung von Zuschlägen zu den Realsteuern zu lassen und nur in besonderen Verhältnissen durch eine Nachprüfung seitens der Aufsichtsbehörden auf die Gemeinden einzuwirken.

Mit dieser Regelung soll in keiner Weise der künftigen Neuordnung der direkten Steuern im Lande Preußen, insbesondere einem Inkrafttreten eines neuen staatlichen Grundsteuergesetzes, vorgegriffen werden; denn mit der Zubilligung der hier eingeräumten Rechte sollen durchaus nicht dauernde Ansprüche anerkannt werden."

Die Abs. 2 und 3 der jetzigen Fassung standen nicht in der Regierungsvorlage, sondern sind erst durch die Beschlüsse des Landtags eingefügt, Abs. 3 auf Drängen der Handelskammern.

2. Was unter „Vertretungen der hiervon betroffenen Steuerpflichtigen" zu verstehen ist, ist leider recht unklar. Man wird zunächst an die Handelskammern, Handwerkskammern, Landwirtschaftskammern zu denken haben. Daß auch privatrechtliche Vereinigungen (Haus- und Grundbesitzervereine, Mietervereine, kaufmännische Vereine u. a.) hier in Frage kommen, dürfte zu weit gehen, da dann eine Grenze überhaupt nicht gefunden werden kann.

Das Wort „hiervon" hat man wohl auf die beiden vorhergehenden Absätze zu beziehen, nicht etwa auf „Umlagebeschluß". Die Vertretungen sind danach nur zu hören, wenn mehr als 500 Prozent Realsteuern erhoben oder wenn bei besonderen Steuerordnungen die alljährlich veränderlichen Sätze beschlossen werden sollen. Dies ist von Bedeutung wegen der etwa eintretenden Rechtsfolgen der Unterlassung (s. A. 4). Vergl. ferner AA.

3. Die Vertretungen sind nur „zu hören". Eine Zustimmung derselben ist nicht erforderlich. Auch wird eine wiederholte Anhörung nicht gefordert werden können, falls die Gemeindevertretung bei endgültiger Beschlußfassung etwa über die Vorschläge des Gemeindevorstandes, zu denen die Vertretungen gehört worden sind, hinausgehen zu müssen glaubt. Die Anhörung wird durch den Gemeindevorstand oder den oder die von ihm bestellten Vertreter zu erfolgen haben.

4. Bezüglich der Rechtsfolgen, die die Unterlassung der Anhörung oder die Nichtanhörung einzelner Vertretungen der Betroffenen hat, muß wohl aus der positiven Fassung geschlossen werden, daß die Anhörung Voraussetzung der Rechtsgültigkeit des Beschlusses ist. Bei der unbestimmten Fassung der Vorschrift, die zu einer Reihe von Zweifeln Veranlassung gibt, entsteht hier bedauerlicherweise eine neue Unsicherheit für die Finanzgebarung der Gemeinden.

§ 55 ist durch Gesetz vom 26. August 1921 gestrichen.

§ 56. Zur Deckung des durch Realsteuern aufzubringenden Steuerbedarfs sind die veranlagten Grund-, Gebäude-

und Gewerbesteuern in der Regel mit dem gleichen Prozentsatze heranzuziehen.

Genießen jedoch die Grund- (Haus-) Besitzer oder Gewerbetreibenden von Veranstaltungen der Gemeinde besondere Vorteile oder verursachen sie der Gemeinde besondere Kosten, so ist, sofern die Ausgleichung nicht nach §§ 4, 9, 10 oder 20 erfolgt, der durch die Realsteuern aufzubringende Steuerbedarf (§§ 54, 55) auf die Steuern vom Grund- (Haus-) Besitz und Gewerbebetrieb, in Prozenten der veranlagten Realsteuern berechnet, anderweitig entsprechend unterzuverteilen, jedoch mit der Maßgabe, daß Grund- und Gebäudesteuer höchstens doppelt so stark herangezogen werden, wie die Gewerbesteuer und umgekehrt.

Ausnahmen können aus besonderen Gründen von den Ministern des Innern und der Finanzen zugelassen werden. Den Ministern ist gestattet, die Zulassung von Ausnahmen auf die ihnen untergeordneten Aufsichtsbehörden höherer Instanz zu übertragen.*)

Vorstehende Bestimmungen finden sinngemäße Anwendung auf die Heranziehung der Grundsteuer im Verhältnis zur Gebäudesteuer.

Die Unterverteilung (Absatz 2 und 4) bedarf der Genehmigung.

R. § 47. AH. Kom. HH. Der hier zitierte § 55 ist durch Gesetz vom 26. August 1921 gestrichen.

1. Über „Veranstaltungen" vergl. § 4.

2. Über die verschiedene Abstufung der Gewerbesteuersätze vergl. § 31.

3. Der im Herrenhause hinzugefügte Abs. 3 Satz 1 ist für die Entwicklung besonderer Realsteuern von ganz besonderer Bedeutung. Vergl. A. 3 zu § 57. Er bezieht sich nicht nur auf

---

*) Abs. 3 Satz 2 ist vorläufig hinzugefügt durch Kriegsgesetz vom 13. Mai 1918 (vergl. Einleitung S. 42).

Abs. 2, sondern auch auf Abs. 1, so daß Abweichungen von der normalen Verteilung auch in anderen Fällen als in denen des Abs. 2 zugelassen werden können.

Die Zulassung muß auch erwirkt werden, wenn die besonderen Gemeindesteuerordnungen, deren Ausführung Abweichungen von Abs. 1 und 2 zur Folge hat, bereits die Genehmigung und Zustimmung erfahren haben. Vergl. OVG. PVBl. **27** S. 819, OVG. **51** S. 127, ME. vom 14. April 1906, MBl. S. 154. Die Zulassung muß bestimmte von der Gemeinde beschlossene Prozente zum Gegenstand haben, sie darf nicht in der Festsetzung einer Maximalgrenze bestehen. OVG. vom 17. Januar und 19. Februar 1908 — II C 161 und 225/07 — in Sachen Stadtgemeinde Frankfurt a. M. Die Berechnung bietet bei besonderen Gemeindesteuerordnungen, da sie ja vor durchgeführter Veranlagung vorgenommen werden muß, allerdings erhebliche Schwierigkeiten und kann vielfach nur nach geschätzten Unterlagen erfolgen.

4. Abs. 5 nimmt nur Abs. 2 und 4, nicht auch Abs. 1 in Bezug; hiernach bedürfen die nicht auf Abs. 2 beruhenden Abweichungen von der Regel des Abs. 1 (vergl. vorhergehende Anmerkung) nicht der Genehmigung (§ 77), sondern nur der Zulassung. In der Praxis pflegt indes auch bei diesen Abweichungen nicht von der Erwirkung und Erteilung der Genehmigung abgesehen zu werden, da es sich um eine materiell nicht beabsichtigte Lücke des Gesetzes handelt, die lediglich auf den Mangel an Einheitlichkeit bei dem Zustandekommen des Paragraphen zurückzuführen ist. Vergl. Noell-Freund, A. 4 zu § 56.

§ 57. Bei der Verteilung des Steuerbedarfs (§§ 54, 55, 56) ist das Aufkommen besonderer Gemeindesteuern (§ 23 Absatz 2, §§ 25, 29, 37) je nach ihrer Einrichtung und Beschaffenheit auf denjenigen Teil des Steuerbedarfs zu verrechnen, welcher durch Prozente der entsprechenden, vom Staate veranlagten Steuer aufzubringen ist.

Mietssteuern von gewerblich benutzten Räumen sind auf die Gewerbesteuer zu verrechnen.

R. § 48. AH. Kom. Die hier in Bezug genommenen §§ 35 und 37 sind durch Gesetz vom 27. August 1921 aufgehoben; die Unterlassung der Streichung an dieser Stelle dürfte auf einem Versehen beruhen.

1. Der § 23 Abs. 2 handelt von Aufwandssteuern, § 25 von besonderen Steuern auf Grundbesitz, § 29 von besonderen Gewerbesteuern und der ehemalige § 37 von besonderen Gemeindeeinkommensteuern.

2. „Der aus steuerlicher Vor- oder Mehrbelastung (§ 20) sich ergebende Betrag ist stets auf den Bedarf derjenigen Steuerart anzurechnen, auf welche sich die Vor- oder Mehrbelastung bezieht." AA. Art. 39, III 5.

3. Die §§ 54 und 56 sind auch auf die besonderen Gemeindesteuern mit Ausnahme der Betriebs- und Bauplatzsteuer anzuwenden, so wenig diese Verteilungsvorschriften auch auf die besonderen Steuern passen. Die dadurch entstehenden Schwierigkeiten können aber durch die der Ministerialinstanz eingeräumte Gewährung von Ausnahmen beseitigt werden. Studien S. 113 bis 119. Vergl. hierzu OVG. **33** S. 205, **38** S. 166; PVBl. XXI S. 302, XXII S. 22. Vergl. A. 3 zu § 56.

4. Zu Abs 2. Es ist nicht erforderlich, daß die Räume ausschließlich gewerblich benutzt sind. (AH. StB. und KomBer.)

§ 58. Die Bestimmungen der §§ 54, 56 und 57 finden auf die Betriebssteuer und auf die Steuern von Bauplätzen (§ 27 Absatz 2) keine Anwendung. Die Betriebssteuer soll jedoch in der Regel zu den gleichen Hundertsätzen herangezogen werden wie die Gewerbesteuer. Zuschläge zu der Betriebssteuer, die 500 vom Hundert übersteigen, sowie Abweichungen von dem Hundertsatze der Zuschläge zu der Gewerbesteuer bedürfen der Genehmigung.

Der § 54 Absatz 2 findet entsprechende Anwendung.

R. § 47. AH. Kom. Bl. III. Abgeändert durch Gesetz vom 26. August 1921.

1. Die Betriebssteuer wird nach Gesetz vom 24. Juni 1891 (GS. S. 205) vom Staat veranlagt. Sie muß mindestens in der Höhe der staatlichen Veranlagung erhoben und in den Landkreisen an die Kreiskassen zur Bestreitung der Kreisabgaben abgeführt werden. Vergl. § 12 des Gesetzes wegen Aufhebung direkter Staatssteuern vom 14. Juli 1893 (GS. S. 119).

Die Begründung zum Entwurf des Gesetzes vom 26. August 1921 (Drucksache des Preußischen Landtages 1921 Nr. 683 Sp. 17) sagt über die Abänderung:

„Die Anordnung einer schärferen Erfassung der Betriebssteuer ist notwendig geworden, weil die Gemeinden erfahrungsgemäß diese Abgabenart nicht in dem gleichen Umfange heranzuziehen pflegen wie die Gewerbesteuer. Bei der herrschenden Geldnot muß deshalb auch hier die Möglichkeit einer Erhebung von Zuschlägen vorgesehen werden."

2. Bei den Zuschlägen zur Betriebssteuer im Sinne des § 58 handelt es sich nur um diejenigen Zuschläge, welche außer dem nach der staatlichen Veranlagung sich ergebenden und — soweit die Gemeinden nicht Stadtkreise sind — an die Kreise abzuführenden Ertrage dieser Steuer zugunsten der Gemeinden erhoben werden sollen. ME. vom 31. Januar 1895 (MBl. S. 36).

3. Auch die Betriebssteuer kann nach besonderer Gemeindesteuerordnung erhoben werden. Einbeziehung der Betriebssteuer in eine besondere Gewerbesteuerordnung ist zulässig (so Frankfurt a. M. seit 1919).

§ 59. Über die Höhe der Zuschläge zu den Realsteuern sowie über die Höhe der Steuersätze, welche nach besonderen Steuerordnungen erhoben werden sollen, hat die Gemeinde bis zum Ablaufe der ersten drei Monate des Rechnungsjahrs Beschluß zu fassen. Kommt bis zu diesem Zeitpunkt ein gültiger Beschluß nicht zustande, so ist die Aufsichtsbehörde mit Zustimmung der Beschlußbehörde befugt, behufs Deckung des Steuerbedarfs das Verhältnis der Zuschläge zu den einzelnen Realsteuern untereinander oder, soweit besondere

Steuerordnungen bestehen, die nach diesen Steuerordnungen zu erhebenden Steuersätze festzusetzen.

Bis zur endgültigen Beschlußfassung durch die Gemeinde oder Festsetzung durch die Aufsichtsbehörde werden die Zuschläge oder die Steuersätze des Vorjahrs forterhoben. Hiernach geleistete Zahlungen sind auf die endgültigen Zuschläge des Rechnungsjahrs zu verrechnen.

1. Neue Fassung gemäß Gesetz vom 26. August 1921. Die Begründung zum Entwurf des Gesetzes (Drucksache des Preußischen Landtages 1921 Nr. 683 Sp. 17) sagt hierüber:

„Auch hier liegt die Notwendigkeit vor, jede Bezugnahme auf die Einkommensteuer zu vermeiden und die gesetzliche Maßnahme lediglich auf die Zuschläge zu den Realsteuern zu beschränken. Die Abänderung des Abs. 2 erklärt sich aus der Notwendigkeit, die Sicherheit des Eingangs von Einnahmen auch nach Ablauf des Rechnungsjahres zu gewährleisten, wenn aus irgendwelchen Gründen noch keine endgültige Festsetzung der Zuschläge für das neue Rechnungsjahr erfolgt ist."

Einer besonderen Beschlußfassung oder Genehmigung bedarf es zur vorläufigen Forterhebung der Steuern nach Maßgabe der vorjährigen Zuschläge oder Steuersätze ebensowenig wie einer erneuten Bekanntmachung der maßgebenden Steuervorschriften.

Vergl. ferner § 66a.

1a. „Die Beschlußfassung erstreckt sich auf die für die Gemeinde maßgebende Rechnungsperiode (§ 95); sie kann jedoch, wenn die für die Verteilung des Steuerbedarfs maßgebenden Voraussetzungen erheblichen Schwankungen nicht unterworfen sind, für mehrere Rechnungsperioden oder auch dauernd bis auf anderweitige Bestimmung erfolgen." AA. Art. 40.

2. Gegen die Angemessenheit des Verteilungsbeschlusses kann der Verwaltungsrichter nicht angerufen werden. OVG. PVBl. XVIII S. 255.

3. Der Auflage im ersten Satze des § 59 ist genügt, wenn die Gemeinde innerhalb der ersten drei Monate einen materiell und formell gegen kein Gesetz verstoßenden Beschluß gefaßt hat;

wenn demnächst die Genehmigung versagt wird, so ist von neuem zu beschließen. ME. vom 28. November 1896 im MBl. 1897 S. 4; vergl. OVG. PVBl. XXXI S. 374.

4. Die im Laufe des Rechnungsjahres beschlossenen direkten Steuern können für das volle Rechnungsjahr (also jeweils vom 1. April ab) erhoben werden, auch wenn die Beschlußfassung erst nach Ablauf der ersten drei Monate erfolgt. Hieran wird auch durch die Vorschrift des § 59 KAG. nichts geändert, die überdies lediglich für das Verhältnis der Gemeinden zur Aufsichtsbehörde Bedeutung hat und aus der die Steuerpflichtigen Rechte nicht herleiten können. ME. vom 7. Oktober 1921 in Sachen Bochum gegen Haus- und Grundbesitzerverein daselbst.

5. Zeitliche Begrenzung der Steuerpflicht.

§ 60. Soweit sich die Gemeindesteuern den Staatssteuern anschließen und etwas anderes nicht bestimmt ist, gelten für den Zeitpunkt des Beginnes und des Erlöschens der Steuerpflicht die für die entsprechende Staatssteuer bestehenden Vorschriften.

Im übrigen gelten hinsichtlich der Dauer der Steuerpflicht folgende Bestimmungen:

1. Die Steuerpflicht beginnt:

a) **soweit sie von der Begründung eines Wohnsitzes oder Sitzes in einer Gemeinde abhängt, mit dem ersten Tage des auf die Begründung des Wohnsitzes oder Sitzes folgenden Monats;**

b) soweit sie von dem Aufenthalte in einer Gemeinde abhängt, mit dem ersten Tage des nach dem Ablaufe der maßgebenden Aufenthaltsfrist (§ 33 Absatz 4) beginnenden Monats;

c) **soweit sie durch Grundvermögen, Betrieb von Handel oder Gewerbe, einschließlich des Bergbaues, bedingt ist (§ 33 Nr. 2, § 35), mit dem ersten Tage des auf den Erwerb des Grundvermögens oder den Beginn des Betriebes folgenden Monats.**

Ist in dem zu b bezeichneten Falle die Steuerpflicht infolge des Ablaufs der Aufenthaltsfrist oder der früheren Begründung eines Wohnsitzes eingetreten, so muß die Steuer seit dem ersten Tage des nach erfolgter Aufenthaltsnahme begonnenen Monats nachentrichtet werden.

2. Die Steuerpflicht erlischt:

a) durch den Tod des Steuerpflichtigen mit dem Ablaufe des Monats, in welchem der Tod erfolgt ist;

b) durch das Aufgeben des Wohnsitzes, Sitzes oder **Aufenthalts mit dem Ablaufe des Monats, in welchem der Wohnsitz, Sitz** oder **Aufenthalt tatsächlich aufgegeben worden ist, sofern jedoch bis zu diesem Zeitpunkte der Gemeindebehörde hiervon keine Anzeige erstattet ist, erst mit dem Ablaufe des folgenden Monats;**

c) durch die Veräußerung des Grundvermögens bezw. die Einstellung des die Steuerpflicht bedingenden Betriebes von Handel oder Gewerbe, einschließlich des Bergbaues (§ 33 Nr. 2, § 35), **mit dem Ablaufe des Monats, in welchem die Veräußerung bezw. die Einstellung des Betriebes erfolgt ist.**

R. § 50. Die hier in Bezug genommenen §§ 33 und 35 sind durch Gesetz vom 26. August 1921 aufgehoben, die Bezugnahme ist aber nicht gestrichen worden.

1. Die Vorschriften beziehen sich, da sie im Abschnitt „Direkte Steuern" stehen, zunächst nur auf diese. Zu Abs. 1 „sich . . . anschließen" OVG. **32** S. 21.

2. „Soweit ... etwas anderes nicht bestimmt ist." — Diese Worte in Abs. 1 beziehen sich auf die sofortige Heranziehung neuerbauter usw. Häuser. Vergl. § 26 A. 2.

3. Zu Abs. 2 Ziff. 1 b und 2 b: Der Aufenthalt ist nach Wegfall der Einkommensteuer künftig nicht mehr von Bedeutung.

4. Über Beginn der Steuerpflicht vergl. OVG. **35** S. 56 (Grundbesitzsteuern), PVBl. XIX S. 177 (Gewerbesteuern),

XXVIII S. 948; über Aufgabe des Wohnsitzes PVBl. XXIX S. 706, OVG. **49** S. 36.

5. Gegen OVG. **32** S. 37 vergl. Noell A. 10 zu § 60 und unten A. 6 zu § 84; jetzt gilt hierfür KAG. § 1 a.

6. Veranlagung und Erhebung.

§ 61. Die Veranlagung erfolgt, wenn durch die Gemeindevertretung kein besonderer Steuerausschuß eingesetzt ist, durch den Gemeindevorstand.

Über die Zusammensetzung und die Geschäftsordnung der Ausschüsse treffen die Minister des Innern und der Finanzen die erforderlichen Bestimmungen.

Der Gemeindevorstand kann die Veranlagung einem seiner Organe oder bestimmten Beamten übertragen.

1. Fassung nach Gesetz vom 26. August 1921 gemäß den von der Regierungsvorlage abweichenden Beschlüssen des Landtages. „Wird ein Steuerausschuß nicht gebildet, so beruht die Veranlagung kraft Gesetzes beim Gemeindevorstande." (Mot.) Eine etwaige Beschlußfassung der Gemeindevertretung ist ohne Rechtswirkung für den Gemeindevorstand und für den Pflichtigen. OVG. PVBl. XXIX S. 151. Die Vorschrift steht zwar im Abschnitt „Direkte Gemeindesteuern", ist aber auf indirekte analog anwendbar; s. § 63 A. 3.

2. „Die Pflicht zur Übernahme des Amtes als Mitglied des Steuerausschusses sowie die Befugnis zur Niederlegung des Amtes regeln sich nach den entsprechenden Bestimmungen der Gemeindeverfassungsgesetze." AA. Art. 42.

3. Bestimmungen gemäß Abs. 2 sind bisher nicht ergangen.

4. Durch Abs. 3 wird den praktischen Notwendigkeiten, insbesondere der großen Städte, Rechnung getragen.

§ 62. Dem Gemeindevorstande (Steuerausschuß) sind von den zuständigen Staatsbehörden diejenigen bei der Veranlagung oder Festsetzung der Staatssteuern bekanntgewordenen Besteuerungsmerkmale, deren er für die Veranlagung bedarf, auf Ersuchen mitzuteilen.

Zu dem gleichen Zwecke haben die Behörden anderer Gemeinden hinsichtlich der ihnen bekannten Besteuerungsmerkmale dem Gemeindevorstande (Steuerausschuß) auf Erfordern Auskunft zu erteilen.

R. § 52. AH. Kom. red.

1. Bezüglich der Auskunfterteilung der Reichssteuerbehörden vergl. Erlaß des Reichsfinanzministers vom 28. Dezember 1921 — III R 37747 —. Hiernach sind den Gemeinden durch die Behörden der Reichsfinanzverwaltung Auskünfte zu erteilen sowie die Steuerakten offenzulegen. Vergl. § 61 A. 1 letzter Satz und § 63 A. 3.

§ 63. Durch die Steuerordnung können die Rechte des Gemeindevorstandes (Steuerausschusses) und die Obliegenheiten der Steuerpflichtigen nach Maßgabe folgender Bestimmungen geregelt werden.

Der Gemeindevorstand (Steuerausschuß) kann, soweit er nicht auf anderem Wege (§ 62) zur Kenntnis der für die Veranlagung maßgebenden Besteuerungsmerkmale gelangt ist, ermächtigt werden, von den Steuerpflichtigen hierüber binnen einer angemessenen Frist Auskunft zu erfordern. Die Aufforderung muß in jedem einzelnen Falle durch eine besondere, dem Steuerpflichtigen zuzustellende Zuschrift erfolgen.

Die Verpflichtung zur Auskunftserteilung erstreckt sich nur auf die Beantwortung der bei der Aufforderung gestellten Fragen über bestimmte Tatsachen. Soweit es sich um Schätzungen handelt, ist der Steuerpflichtige eine Erklärung abzugeben berechtigt, aber nicht verpflichtet.

Wird die Auskunftserteilung beanstandet, so sind dem Steuerpflichtigen vor der Veranlagung die Gründe der Beanstandung mit dem Anheimstellen mitzuteilen, hierüber binnen einer angemessenen Frist eine weitere Erklärung abzugeben.

Die im vorstehenden wegen der Steuerpflichtigen getroffenen Bestimmungen finden auf Bevollmächtigte und gesetzliche Vertreter der Steuerpflichtigen sinngemäße Anwendung.

R. § 53. AH. Kom. red.

1. Die Befugnisse der Veranlagungsbehörde können nur durch eine Steuerordnung begründet werden, durch die zugleich eine materielle Regelung der Steuer (besondere Gemeindesteuer) erfolgt. Eine Steuerordnung lediglich zu den Zwecken des § 63 zu erlassen, liegt nicht im Sinne des Gesetzes. Vergl. auch AA. Art. 42 Nr. 3.

2. Die in Abs. 2 vorgesehene Ermächtigung ist in der Steuerordnung selbst zu erteilen. AH. KomBer.

3. Obwohl sich § 63 formell nur auf direkte Steuern bezieht, können seine Grundsätze auch in Steuerordnungen für indirekte Steuern aufgenommen werden. Entsch. des Kammergerichts vom 9. März 1908, PVBl. XXIX S. 1033.

Es hätte wohl erwartet werden dürfen, daß gelegentlich der Novelle vom 26. August 1921 dieser nicht unbestrittenen Rechtsprechung auch durch entsprechende Gesetzesänderung die gesetzliche Grundlage gegeben worden wäre. Entsprechend der Ausdehnung der Strafbestimmung auf alle Abgabenordnungen (§ 82) hätten auch die Vorschriften des § 63 auf alle Abgabenordnungen ausgedehnt werden sollen. Nunmehr muß aber angenommen werden, daß auch durch Ordnungen für indirekte Steuern, Gebühren und Beiträge den Abgabepflichtigen entsprechende Verpflichtungen auferlegt werden können, da anderenfalls der § 82 in seiner neuen Fassung eine lex imperfecta bliebe.

§ 64. Durch Steuerordnung kann bestimmt werden, daß die Veranlagung besonderer Realsteuern für mehrere aufeinanderfolgende Rechnungsjahre zu erfolgen hat. Soweit eine Bestimmung nicht getroffen ist, geschieht die Veranlagung für je ein Rechnungsjahr.

R. § 54. AH. Kom. red.

1. Zu Satz 1 zu vergl. OVG. **43** S. 56, **50** S. 107, **52** S. 146, PVBl. XXVII S. 819, XXX S. 405.

§ 65. Im Falle der Erhebung von Prozenten der vom Staate veranlagten Realsteuern erfolgt die Bekanntmachung der Steuern durch den Gemeindevorstand für diejenigen

Steuerpflichtigen, bezüglich deren die staatlich veranlagte Steuer die unveränderte Grundlage der Prozente oder Zuschläge bildet, durch eine in ortsüblicher Weise zu bewirkende Veröffentlichung der zu erhebenden Prozentsätze, für andere Steuerpflichtige durch besondere Mitteilung.

Bei Erhebung besonderer Gemeindesteuern geschieht die Bekanntmachung durch den Gemeindevorstand für die im Gemeindebezirke wohnenden steuerpflichtigen physischen Personen mittels Auslegung der Hebeliste während eines zweiwöchigen Zeitraumes in einem oder mehreren in ortsüblicher Weise zur öffentlichen Kenntnis zu bringenden Räumen des Gemeindebezirks, für die übrigen Steuerpflichtigen durch besondere Mitteilung.

Bei Zugängen im Laufe des Jahres bedarf es stets besonderer Mitteilung.

Durch Gemeindebeschluß kann an Stelle der Bekanntmachung durch Auslegung eine besondere Mitteilung an jeden einzelnen Pflichtigen angeordnet werden.

R. § 55. AH. Kom. In Abs. 1 sind die auf die Einkommensteuer bezüglichen Worte durch Gesetz vom 26. August 1921 gestrichen.

1. Nach OVG. PVBl. XX S. 239 kann die Heranziehung von Forensen zu Kommunalabgaben in keinem Falle durch Auslegung einer Hebeliste geschehen. A. M. Noell-Freund A. 6 zu § 65.

2. „Hat eine besondere Mitteilung zu erfolgen, so ist die Zustellung dieser Mitteilung innerhalb Preußens durch einen öffentlichen Beamten unter Bescheinigung der Behändigung auszuführen. Die Post kann um die Bewirkung der Zustellung ersucht werden. Für die Zustellung gelten die in den §§ 6 bis 16 der Verordnung vom 7. September 1879 (GS. S. 591) gegebenen Vorschriften mit der Maßgabe, daß an die Stelle der Vollstreckungsbehörde der Gemeindevorstand tritt, welcher die Zustellung anordnet, und daß es nicht der Aufnahme einer förmlichen Zustellungsurkunde bedarf: es genügt eine Bescheinigung des öffent-

lichen Beamten, welche Ort und Zeit der Zustellung, die Bezeichnung des zugestellten Schriftstückes, die Person, an welche dasselbe übergeben ist, sowie die Unterschrift der Beamten enthalten muß. (OVG. PVBl. XXIV S. 321.) Diese Bescheinigungen können für eine Mehrzahl von Zustellungen tabellarisch zusammengefaßt werden.

Die Zustellungen außerhalb Preußens sind in der Regel mittels eingeschriebenen Briefes gegen einen zu den Akten zurückgelangenden Empfangschein zu bewirken. — Sind Wohnsitz und Aufenthalt eines Steuerpflichtigen unbekannt, so kann die Zustellung an denselben durch Anheften des zuzustellenden Schriftstücks an der zu Aushängen bestimmten Stelle der veranlagenden Gemeinde erfolgen. Die Zustellung gilt für vollzogen, wenn seit der Anheftung zwei Wochen verstrichen sind." AA. Art. 43, 1.

3. ME. vom 18. April 1898 (MBl. S. 89) empfiehlt, die Benachrichtigungen über Veranlagung tunlichst verschlossen erfolgen zu lassen.

4. Mit der Mitteilung braucht keine Belehrung über die zulässigen Rechtsmittel verbunden zu werden. Wird aber eine Belehrung zugefügt, muß sie vollständig sein. Vergl. ME. vom 2. Juni 1897 (MBl. S. 5). Unrichtige Rechtsmittelbelehrung gibt keinen Anspruch auf Wiedereinsetzung in den vorigen Stand.

§ 66. Nach erfolgter Bekanntmachung (§ 65) ist die Steuer in den ersten acht Tagen eines jeden Monats zu entrichten. An Stelle des Monats kann durch Gemeindebeschluß eine zwei- oder dreimonatliche Hebeperiode eingeführt werden. Auch können durch Gemeindebeschluß bestimmte Hebungstage festgesetzt werden.

Wenn die zu erhebenden Prozentsätze der vom Staate veranlagten Realsteuern 50 vom Hundert nicht übersteigen, so kann durch Gemeindebeschluß unter Festsetzung der Hebetermine die Hebung der Steuer in halbjährigen Beträgen oder auch im Betrage des ganzen Jahres angeordnet werden.

Dem Pflichtigen ist stets die Vorausbezahlung mehrerer Raten bis zum ganzen Jahresbetrage gestattet.

R. § 56. AH. Kom. red. In Abs. 2 sind die auf die Einkommensteuer bezüglichen Worte der ursprünglichen Fassung durch Gesetz vom 26. August 1921 gestrichen.

1. Im Anschluß an die Erhebung der früheren Staatseinkommensteuer, welche in vierteljährlichen Beträgen in der ersten Hälfte des zweiten Monats eines jeden Vierteljahres erfolgte (§ 62 des Einkommensteuergesetzes vom 24. Juni 1891), ist in den meisten Gemeinden eine dreimonatliche Hebeperiode auch für die Gemeindesteuer zu diesen Terminen eingeführt. Vergl. AA. Art. 43 Ziff. 2.

2. Nach den Bestimmungen des KAG. ist eine Bekanntmachung der Gemeindebeschlüsse über Steuern und andere Abgaben oder der besonderen Steuerordnungen oder Gebührenordnungen nicht Voraussetzung für deren Rechtsgültigkeit und Inkrafttreten, soweit Abgabenordnungen nicht etwa selbst ihr Inkrafttreten von dem Tage der Bekanntmachung datieren. Die Vorschriften der AA. Art. 4 Ziff. 3 Abs. 2 und Art. 9 Ziff. 4 Abs. 2 haben nur die Bedeutung von Dienstanweisungen; so auch Noell, A. 6 zu Art. 9. A. M. Kammergericht vom 15. April 1901 (Goltdammer Archiv 48 S. 313, PVBl. XXIII S. 406). Besondere Vorschriften bestehen für Beiträge, KAG. § 9.

3. Dagegen bewirkte die Bekanntmachung der zu zahlenden Prozentsätze der staatlich veranlagten Steuern durch ortsübliche Veröffentlichung bisher die Entstehung der Zahlungsverpflichtung in allen Fällen, in denen die staatlich veranlagte Steuer die unveränderte Grundlage der Prozente oder Zuschläge bildete. Im übrigen entstand bisher die Zahlungsverpflichtung durch Auslegung der Hebeliste bei besonderen Gemeindesteuern für die im Gemeindebezirk wohnenden physischen Personen, im übrigen durch besondere Mitteilung. „Jedoch wird die Zahlungsverpflichtung schon durch die ortsübliche Bekanntmachung der zu zahlenden Prozentsätze, nicht erst durch eine nachfolgende besondere Mitteilung festgestellt. Es genügt daher, daß diese ortsübliche Bekanntmachung innerhalb des Steuerjahres erfolgt. Es ist dagegen nicht erforderlich, daß auch die besondere

Mitteilung innerhalb desselben erfolgen muß." Urteil des Bezirksausschusses Arnsberg vom 23. November 1921 in Sachen B. gegen Magistrat Altena.

Es war dies von Bedeutung, da nach ständiger Rechtsprechung des OVG. **47** S. 5, **54** S. 126, **64** S. 250 eine Heranziehung zu Gemeindeabgaben nach Ablauf des Rechnungsjahres nicht mehr sollte erfolgen dürfen. Dadurch kamen viele Gemeinden, die in den letzten Jahren zur Erhebung von Nachtragsumlagen gegen Ende des Rechnungsjahres gezwungen waren, arg ins Gedränge, da oft infolge der durch Vorbereitung der Anträge, Beschlußfassung durch die Gemeindekörperschaften, Einholung von Genehmigung und Zustimmung, Verhandlung mit dem Landesfinanzamt, Veranlagung, Bekanntmachung, Auslegung der Hebelisten oder Ausfertigung und Zustellung der Steuerzettel benötigten Zeit diese Voraussetzungen der Rechtsgültigkeit nicht mehr vor dem Beginn des neuen Rechnungsjahres bewältigt werden konnten.

Hierin dürfte durch § 1 a KAG. in Verbindung mit der Bestimmung des § 77 Abs. 5 ein Wandel eingetreten sein. Nach § 1 a entsteht die Abgabenschuld, sobald der Tatbestand verwirklicht ist, an den das Gesetz den Anspruch des Abgabegläubigers knüpft, auch wenn die Abgabenschuld (ihr Betrag) durch eine Veranlagung festgestellt werden muß. Mit der Schuld entsteht selbstverständlich auch die Verpflichtung zur Zahlung.

Es dürfte also künftig genügen, daß durch entsprechende Beschlußfassung der Gemeindekörperschaften die Bestimmungen über die Erhebung der betreffenden Abgaben festgestellt werden. Die Abgabenforderung entsteht damit gegenüber allen Pflichtigen, auf die der vorgesehene Tatbestand zutrifft.

Genehmigung und Zustimmung können nach Ablauf des Rechnungsjahres eingeholt werden, da sie nach dem neuen Abs. 5 des § 77 KAG. in der Regel rückwirkende Kraft vom Tage des Gemeindebeschlusses haben. Vergl. auch Falk, Kommunale Rundschau, 15. Jahrgang S. 87.

§ 66a. Für die Rechnungsjahre 1922 und 1923 können die Gemeinden durch Gemeindebeschluß bestimmen, daß bis

zur endgültigen Veranlagung der Realsteuern die im Vorjahr erhobenen Steuerbeträge vorläufig weiter zu zahlen sind, jedoch höchstens während des ersten Halbjahrs des Rechnungsjahrs. Der Gemeindebeschluß ist in ortsüblicher Weise zu veröffentlichen. Der Zustellung einer besonderen Mitteilung an die Steuerpflichtigen bedarf es nicht.

Die vorläufig gezahlten Steuerbeträge sind auf die endgültig veranlagten Steuern zu verrechnen. Bleibt die endgültige Veranlagung hinter der Veranlagung des Vorjahrs zurück, so sind die überzahlten Beträge den Steuerpflichtigen zu erstatten.

Eingefügt durch Gesetz vom 11. April 1922 (GS. S. 80).

§ 67 ist durch Gesetz vom 26. August 1921 gestrichen.

Vierter Titel.

Naturaldienste.

§ 68. Die Steuerpflichtigen können durch Gemeindebeschluß zu Naturaldiensten (Hand- und Spanndiensten) herangezogen werden.

Spanndienste sind von den Grundbesitzern nach dem Verhältnis der Anzahl der Zugtiere, welche die Bewirtschaftung ihres im Gemeindebezirk belegenen Grundbesitzes erfordert, Handdienste von sämtlichen Steuerpflichtigen gleichheitlich zu leisten. Ob und inwieweit hierbei den gespannhaltenden Grundbesitzern die ihnen obliegenden Spanndienste auf das Maß der auf sie entfallenden Handdienste anzurechnen sind, bestimmt sich nach den hierüber getroffenen vertragsmäßigen oder statutarischen Festsetzungen oder dem Herkommen. Im Zweifelsfalle wird vermutet, daß die gespannhaltenden Grundbesitzer nur bei solchen Arbeiten, bei welchen zugleich Spanndienste vorkommen, von den Handdiensten befreit sind. Abweichungen von diesen

Bestimmungen, insbesondere die Heranziehung von anderen gespannhaltenden Steuerpflichtigen zu Spanndiensten, bedürfen der Genehmigung.

Die Dienste können mit Ausnahme von Notfällen durch taugliche Stellvertreter abgeleistet werden.

Die Gemeinde kann gestatten, daß an Stelle des Naturaldienstes ein angemessener Geldbeitrag geleistet wird.

Die gemäß § 38 dieses Gesetzes von den Gemeindeabgaben ganz oder teilweise freigelassenen Steuerpflichtigen können nach Maßgabe der Bestimmung des Absatzes 2 zu Naturaldiensten herangezogen werden.

Die in §§ 40, 41, 42 aufgeführten Personen sind von Naturaldiensten, soweit diese nicht auf den ihnen gehörigen Grundstücken lasten, befreit, untere Kirchendiener insoweit, als ihnen diese Befreiung seither rechtsgültig zustand.

R. § 57. AH. Kom. Bl. II und III.

1. Der Paragraph bezieht sich auf alle irgendwie Gemeindesteuerpflichtigen. Die §§ 38, 40, 41 und 42 sind durch das Gesetz vom 26. August 1921 aufgehoben, ohne daß die Bezugnahme in diesem Paragraphen entsprechend berichtigt wurde. Durch die Aufhebung ergibt sich die gleiche Anomalie, wie sie zu § 32 festgestellt wurde. Nach den eingetretenen Änderungen können nach Maßgabe der früheren Bestimmungen der §§ 40 bis 42 als von Naturaldiensten befreit gelten:

a) die beglaubigten Vertreter fremder Mächte und die Bevollmächtigten anderer deutscher Länder bei der Reichsregierung, die ihnen zugewiesenen Beamten sowie die in ihren und ihrer Beamten Diensten stehenden Personen, soweit sie Ausländer sind;

b) diejenigen Personen, denen sonst nach völkerrechtlichen Grundsätzen oder nach besonderen, mit anderen Staaten getroffenen Vereinbarungen ein Anspruch auf Befreiung zukommt;

c) die unmittelbaren und mittelbaren Staatsbeamten, die Geistlichen, Kirchendiener und Elementarschullehrer sowie die Witwen und Waisen dieser Beamten;

d) die Militärpersonen einschließlich der Mitglieder der Landjägerei.

Im übrigen vergl. A. 2 zu § 21.

§ 38 betrifft Steuerpflichtige mit einem Einkommen von nicht mehr als 900 Mark. Nach Wegfall der Gemeindeeinkommensteuer dürfte es zahlreiche Personen geben, die nunmehr Gemeindesteuern nicht mehr zu zahlen haben, wenn sie nämlich weder Grundbesitz noch Gewerbebetrieb haben und auch nicht unter eine indirekte Steuer fallen. Es dürfte aber kaum im Sinne des Gesetzes liegen, daß diese Personen künftig deshalb auch von der Leistung von Naturaldiensten befreit sein sollen.

2. Wenn die Gemeinde beschließt, die Dienste in Geld zu schätzen und leisten zu lassen, steht nicht mehr die Leistung von Naturaldiensten, sondern lediglich von Gemeindesteuern in Frage. AA. Art. 44.

3. Naturaldienste umfassen nicht Naturallieferungen oder sonstige Leistungen, wie Herstellung von Bürgersteigen. OVG. PVBl. XIX S. 501, XXI S. 26, **34** S. 174, **36** S. 170. Die Naturaldienste sind an sich u n e n t g e l t l i c h zu leisten. Die Gemeinde kann aber eine Vergütung bewilligen. OVG. PVBl. XXIV S. 216.

4. „Handdienste" umfassen alle Dienste, welche nicht mit Zugtieren zu leisten sind, also z. B. auch Botendienste und Nachtwachen. Mot., AH. KomBer. und AA. Art. 44.

5. Die analoge Anwendung des § 20 Abs. 2 (Mehr- oder Minderbelastung) ist zulässig. HH. KomBer.

F ü n f t e r T i t e l.

Rechtsmittel.

§ 69. Dem Abgabepflichtigen steht gegen die Heranziehung (Veranlagung) zu Gebühren, Beiträgen, Steuern und Naturaldiensten der Einspruch zu. Der Einspruch ist binnen einer Frist von vier Wochen bei derjenigen Stelle

einzulegen, welche die Heranziehung (Veranlagung) vorgenommen hat. Ist die Heranziehung von einer anderen Stelle als dem Gemeindevorstande vorgenommen, so hat diese den Einspruch, falls sie ihm nicht stattgibt, dem Gemeindevorstande zur Entscheidung vorzulegen. Wird der Einspruch rechtzeitig unmittelbar beim Gemeindevorstande eingelegt, so gilt die Frist als gewahrt.

Der Lauf der Frist beginnt:

1. **soweit die Bekanntmachung durch Auslegung der Hebelisten erfolgt ist, mit dem ersten Tage nach Ablauf der Auslegungsfrist;**
2. **soweit eine besondere Mitteilung vorgeschrieben ist, mit dem ersten Tage nach erfolgter Mitteilung;**
3. **in allen übrigen Fällen mit dem ersten Tage nach der Aufforderung zur Zahlung bezw. Leistung.**

Einsprüche, welche sich gegen den der Veranlagung zugrunde liegenden Staatssteuersatz (§§ 26, 30, 36, 38) **und** bei besonderen Gemeindeeinkommensteuern (§ 37) gegen die Höhe des zur Staatseinkommensteuer veranlagten Einkommens **richten, sind unzulässig.**

Vorstehende Bestimmungen finden sinngemäße Anwendung auf Einsprüche wegen Heranziehung oder Veranlagung von Grundbesitzern, Gewerbetreibenden und Einwohnern eines Gutsbezirkes zu den öffentlichen Lasten desselben.

R. § 58. Ab. Kom.

1. Fassung des Abs. 1 nach Gesetz vom 26. August 1921. Durch dieses Gesetz sind auch die §§ 36, 37 und 38 gestrichen, so daß auch hier die Bezugnahme zu streichen gewesen wäre, desgleichen hätten gestrichen werden müssen in Abs. 3 die Worte: „und bei besonderen Gemeindeeinkommensteuern (§ 37) gegen die Höhe des zur Staatssteuer veranlagten Einkommens".

1 a. § 69 bezieht sich auch auf die Anliegerbeiträge nach dem Gesetz vom 2. Juli 1875 (AA. Art. 45) und das Schulgeld an höheren Unterrichtsanstalten (Gebühr), OVG. **49** S. 201.

2. „Die Verkürzung der Einspruchsfrist, welche nach § 1 des Gesetzes vom 18. Juni 1840 und nach § 37 der Landgemeindeordnung vom 3. Juli 1891 drei Monate beträgt, auf vier Wochen schließt sich der Vorschrift in § 40 des Einkommensteuergesetzes vom 24. Juni 1891 an und liegt im Interesse der Ordnung in der Finanzverwaltung der Gemeinden." (Mot.)

3. In Ziffer 3 ist insbesondere auch der Fall einer Bekanntmachung der zu entrichtenden Steuer mittels ortsüblicher Verkündigung der zu erhebenden Prozentsätze getroffen. AA. Art. 45. Vergl. hierzu N o e l l , A. 28 zu § 69. Die Einspruchsfrist beginnt erst, wenn dem Steuerpflichtigen die Höhe des von ihm geforderten Steuerbetrags bekanntgemacht ist. Eine in ortsüblicher Weise bewirkte Veröffentlichung (Bekanntmachung der Steuern (§ 65 Abs. 1), aus der nichts weiter ersichtlich ist, als daß Prozente der vom Staate veranlagten Realsteuern in bestimmter Höhe erhoben werden, eröffnet die Frist nicht. OVG. PVBl. XVIII S. 90.

4. Die Veranlagungsbehörde kann eine auf Grund ungültigen Ortsrechts vorgenommene Heranziehung zurücknehmen und vor Ablauf des Steuerjahres durch eine neue, auf geändertes Ortsrecht gestützte ersetzen, jedoch darf sie hierbei im Hinblick auf § 84 keinen höheren Steuerbetrag fordern. OVG. vom 8. November 1910 — VIII C 78. 10 — in Sachen Stadtgemeinde Frankfurt a. M.

5. Über die Rechtsmittel gegen den zugrunde liegenden Steuersatz usw. (Abs. 2) vergl. § 4 des Gesetzes wegen Aufhebung direkter Staatssteuern. OVG. **30** S. 53, PVBl. XVIII S. 330, XXVIII S. 768.

6. Die Rechtsmittel stehen nur dem Abgabepflichtigen zu, nicht dritten Personen, auch wenn sie an der Einlegung interessiert sind, wie unter Umständen Hypothekengläubiger, Nießbraucher. Vollmacht zur Einlegung kann nach Ablauf der Einspruchsfrist nicht mehr nachgebracht werden. OVG. PVBl. XXXIII S. 790.

7. Der Einspruch braucht nicht mit diesem Worte bezeichnet zu werden. OVG. **35** S. 136. Die Eingabe muß aber bestimmt angeben, worauf sich der Angriff richtet. OVG. PVBl. XXII S. 615 („zu hoch veranlagt" ungenügende Angabe). Vergl. jedoch OVG. **30** S. 149. Bedingter Einspruch unzulässig. OVG. PVBl. XXIV S. 436.

8. Der Einspruch muß am letzten Tage der Frist der Behörde übergeben oder in ihren Briefkasten gelegt sein; vergl. auch A. 2 zu § 70 und A. 4 zu § 94. OVG. **34** S. 446, **36** S. 451; PVBl. XVII S. 286, XIX S. 312.

Wiedereinsetzung in den vorigen Stand ist auch stillschweigend möglich, jedoch nur anzunehmen, wenn der entsprechende Wille der Veranlagungsbehörde erkennbar geworden ist. OVG. **35** S. 136; PVBl. XVII S. 74, XXIX S. 49, XXX S. 338.

9. Die an keine Frist gebundene Beschwerde gemäß §§ 18 und 34 ZustGes. geht nebenher, sie setzt aber die Veranlagung als ursprünglich richtig voraus und kann nur auf nachträglich im Laufe des Steuerjahres eingetretene Umstände gestützt werden

§ 70. Ueber den Einspruch beschließt der Gemeindevorstand und, wenn der Gemeindevorstand ein Kollegium ist, sein Vorsitzender oder ein von diesem bezeichnetes Mitglied.*)

Gegen den Beschluß steht dem Pflichtigen binnen einer mit dem ersten Tage nach erfolgter Zustellung beginnenden Frist von zwei Wochen die Klage im Verwaltungsstreitverfahren offen. Zuständig in erster Instanz ist für Landgemeinden (Gutsbezirke) der Kreisausschuß, für Stadtgemeinden der Bezirksausschuß. Der Gemeindevorstand kann zur Wahrnehmung der Rechte der Gemeinde einen besonderen Ver-

---

*) Abs. 1 hat durch Kriegsgesetz vom 13. Mai 1918 Art. 5 Ziff. 7 vorübergehend (vergl. Einleitung S. 43) obige Fassung erhalten; er lautete bisher:

„Über den Einspruch beschließt der Gemeindevorstand."

treter bestellen. Gegen die Entscheidung des Bezirksausschusses bei Stadtgemeinden ist nur das Rechtsmittel der Revision zulässig.

Der Entscheidung im Verwaltungsstreitverfahren unterliegen desgleichen Streitigkeiten zwischen Beteiligten über ihre in dem öffentlichen Rechte begründete Verpflichtung zu den im § 69 Absatz 1 bezeichneten Lasten.

R. § 59.

1. Der Gemeindevorstand beschließt auch dann, wenn die Veranlagung durch den Steuerausschuß, ein Organ des Gemeindevorstandes oder besonders hierzu bestimmte Beamte (§ 61) erfolgt war. Nach der Neufassung des § 69 Abs. 1 Satz 3 kann jedoch die „andere Stelle" dem Einspruch stattgeben. Der Einspruchsbeschluß ist schriftlich abzufassen. AA. Art. 45. Rechtsmittelbelehrung ist nicht erforderlich; vergl. § 65 A. 4. An Stelle des Gemeindevorstandes kann eine Verwaltungsdeputation treten. OVG. **34** S. 85. Vergl. im übrigen zu Abs. 1 OVG. **35** S. 136, PVBl. XX S. 472, XXI S. 242, 600, XXII S. 335, 550, XXIII S. 25. Für die Geltungsdauer des Kriegsgesetzes vom 13. Mai 1920 entscheidet über den Einspruch der Vorsitzende des kollegialen Gemeindevorstandes, der diese Tätigkeit einem Mitglied des Gemeindevorstandes übertragen kann.

2. Über die Klagefrist vergl. OVG. **9** S. 84, **27** S. 41, **29** S. 108. Für die Fälle der Abholung der Postsendungen durch die Behörde vergl. PVBl. XVI S. 389.

3. Feststellungsklagen sind unzulässig, nur Klagen über einzelne bereits erforderte Gemeindeabgaben gestattet. OVG. **29** S. 50; PVBl. XVII S. 200, 390, 406, XXI S. 305, XXII S. 10, 133, 547.

4. Die Klagforderung muß in den Grenzen des Einspruchs bleiben. PVBl. XXI S. 457.

§ 70a. Wird im Verwaltungsstreitverfahren eine Abgabenordnung für rechtsungültig erklärt, so kann einer neuen Ordnung, die die gleiche oder eine gleichartige Abgabe regelt, rückwirkende Kraft beigelegt werden. Diese erstreckt sich

auf die Zeit seit dem Inkrafttreten der für ungültig erklärten Ordnung und auf die Bestimmungen der neuen Ordnung, durch welche die Abgabepflichtigen nicht ungünstiger gestellt werden, als nach der für ungültig erklärten Steuerordnung beabsichtigt war, sie erstreckt sich nicht auf die durch endgültige Heranziehung nach der für ungültig erklärten Steuerordnung erledigten Fälle.

1. Neu eingefügt durch Gesetz vom 26. August 1921. Die Begründung zum Entwurf des Gesetzes (Drucksache des Preußischen Landtages 1921 Nr. 683 Sp. 18) sagt:

„Die Ungültigkeitserklärung einer Gemeindeabgabenordnung durch die Verwaltungsgerichte hat häufig die unerwünschte Folge, daß der hebeberechtigte Verband auf Monate keine Einnahme erzielen kann. Bei der herrschenden Geldnot der Gemeinden muß hier Abhilfe geschaffen werden. Es widerspricht zwar für den Regelfall der allgemeinen Auffassung, daß sich die Abgabenordnungen rückwirkende Kraft beilegen dürfen, weil die Pflichtigen im voraus wissen sollen, was sie zu zahlen haben. Hier liegen jedoch besondere Verhältnisse vor, in denen die Pflicht zur Entrichtung einer Abgabe bekannt ist und nur ein besonderer Glückszufall, nämlich die Aufhebung der Satzung durch die Verwaltungsgerichte, eine Freilassung herbeigeführt."

2. Diese Regelung darf wohl als Notbehelf bezeichnet werden, der bei einer künftigen Neufassung des Gemeindeabgabenrechtes, besser noch bei Regelung des Gemeindeverfassungsrechtes einer grundsätzlichen Regelung Platz zu machen haben wird. Vergl. Falk in der Deutschen Gemeindezeitung, 60. Jahrg. S. 141; Kommunale Rundschau, 14. Jahrg. S. 193; Kommunalpolitische Blätter, 12. Jahrg. S. 98.

3. Bezüglich der rückwirkenden Kraft dieser Bestimmungen bestehen Zweifel. Das Oberverwaltungsgericht hat bereits zutreffend entschieden, daß einer neuen Ordnung nur dann rückwirkende Kraft beigelegt werden kann, wenn die alte Ordnung nach dem Inkrafttreten der Novelle (8. September 1921) für un-

gültig erklärt worden ist. OVG. vom 12. November 1921 in Preuß. Gemeindezeitung 1921 S. 55. Moll, KAG. S. 38, geht darüber hinaus und meint, die rückwirkende Kraft dürfe sich nicht auf eine Zeit beziehen, die vor dem Inkrafttreten der Novelle überhaupt liege, so daß z. B. für Steuerfälle, deren Entstehung vor dem 26. August 1921 (?) liege, nicht mehr die Gefahr bestehe, noch herangezogen zu werden. Für eine solche Einschränkung bietet das Gesetz jedoch keinen Anhalt, es sagt vielmehr ausdrücklich, daß sich die Rückwirkung auf die Zeit seit dem Inkrafttreten der für ungültig erklärten Ordnung erstrecken kann. Die Einschränkung erscheint auch sachlich nicht begründet. Unklar erscheint auch der Standpunkt der Ausführungsanweisung Art. 13 Abs. 2 (s. unten Abschn. IV Ziff. 2 S. 241).

Ist die alte Ordnung zwar vor dem 8. September 1921 bereits für ungültig erklärt, gelangt aber ein zweiter Fall nach diesem Zeitpunkte zur Entscheidung im Rechtsmittelverfahren, so ist § 70 a anwendbar, da die Rechtsungültigkeitserklärung des Oberverwaltungsgerichts sich stets nur auf den zur Entscheidung stehenden Fall bezieht und die Ordnung als solche formell nicht außer Kraft setzt.

4. Wird eine Abgabenordnung für ungültig erklärt, nachdem schon vorher eine neue Ordnung an deren Stelle getreten oder die alte abgeändert ist, so kann der neuen oder geänderten Ordnung auch noch nachträglich die rückwirkende Kraft beigelegt werden.

5. Die rückwirkende Kraft erstreckt sich nicht auf die durch „Heranziehung" erledigten Fälle, dagegen wohl auf solche, die bei der Veranlagung oder im Rechtsmittelverfahren freigestellt wurden.

6. Daß die neue Ordnung den Voraussetzungen der Rechtsgültigkeit entsprechen muß, erscheint selbstverständlich.

Die §§ 71 bis 74 sind durch Gesetz vom 26. August 1921 gestrichen.

§ 75. Durch Einspruch und Klage wird die Verpflichtung zur Zahlung oder Leistung nicht aufgeschoben.

N. § 60.

1. Demgemäß ist auch der Anspruch auf Rückerstattung von Beitreibungskosten und Verzugszinsen für den obsiegenden Kläger ausgeschlossen. OVG. 16 S. 241; PVBl. XXX S. 205.

§ 76. Gegen die Feststellung des Gesamtsteuersatzes für einen Gewerbebetrieb, der sich über mehrere Gemeinden erstreckt und nicht zur Staatsgewerbesteuer, aber gemäß § 28 Nr. 2 bis 6 zur Gemeindegewerbesteuer herangezogen wird (§ 32), finden dieselben Rechtsmittel statt, die im Falle der Veranlagung dieses Betriebes zur Staatsgewerbesteuer gegeben sein würden (§§ 35 bis 37 des Gewerbesteuergesetzes vom 24. Juni 1891).

Desgleichen finden auch in diesem Falle hinsichtlich der Zerlegung des Steuersatzes in die auf die einzelnen Betriebsorte entfallenden Teilbeträge die im § 38 a. a. O. wegen der Rechtsmittel getroffenen Vorschriften Anwendung.

N. § 61.

1. Die Rechtsmittel sind: Einspruch beim Steuerausschuß, Berufung bei der Bezirksregierung, Beschwerde beim Oberverwaltungsgericht.

2. Wegen Zerlegung vergl. § 32 KAG.

Sechster Titel.

Aufsicht.

§ 77. Für die Erteilung der in diesem Gesetze vorbehaltenen Genehmigungen ist nach Maßgabe der folgenden Bestimmungen bei Stadtgemeinden der Bezirksausschuß, bei Landgemeinden der Kreisausschuß zuständig.

Gegen den auf Beschwerde ergehenden Beschluß — bei Stadtgemeinden des Provinzialrats, bei Landgemeinden des Bezirksausschusses — steht dem Vorsitzenden dieser Behörde aus Gründen des öffentlichen Interesses die Ein-

legung der weiteren Beschwerde an die Minister des Innern und der Finanzen zu. Hierbei finden die Bestimmungen des § 123 des Gesetzes über die allgemeine Landesverwaltung vom 30. Juli 1883 Anwendung.

[Die Genehmigung von Gemeindebeschlüssen, durch welche besondere direkte oder indirekte Gemeindesteuern neu eingeführt oder in ihren Grundsätzen verändert werden, bedarf der Zustimmung der Minister des Innern und der Finanzen. Auf Bier- und Hundesteuer findet diese Vorschrift keine Anwendung.]*) Den Ministern ist gestattet, die Erteilung der Zustimmung auf die ihnen untergeordneten Aufsichtsbehörden höherer Instanz zu übertragen.

Die Erteilung der Genehmigung kann auf eine von vornherein zu bestimmende Frist von einem oder mehreren Jahren beschränkt werden.

Die Genehmigung und gegebenenfalls die Zustimmung gilt als an dem Tage erteilt, an welchem der zu genehmigende Gemeindebeschluß gefaßt ist, indes können die betreffenden Behörden einen späteren Zeitpunkt hierfür festsetzen.

R. § 62 Abs. 1 bis 4. AH. Kom.

1. Abs. 5 ist angefügt durch Gesetz vom 26. August 1921 auf Anregungen im Staatsrat und Landtag. Die Vorschläge der

---

*) Der eingeklammerte Teil des Abs. 3 hat durch das Kriegsgesetz vom 13. Mai 1918 Art. 5 Ziff. 8 vorübergehend (vergl. Einleitung S. 43) obige Fassung erhalten; er lautete bisher:

[Die Genehmigung von Gemeindebeschlüssen, durch welche

a) besondere direkte oder indirekte Gemeindesteuern neu eingeführt oder in ihren Grundsätzen verändert,

b) Abweichungen von den im § 54 vorgeschriebenen Verteilungsregeln,

c) Zuschläge über den vollen Satz der Staatseinkommensteuer hinaus (§ 55) angeordnet werden,

bedarf der Zustimmung der Minister des Innern und der Finanzen.]

Staatsregierung, welche die Genehmigungsbefugnis einheitlich auf die Ministerialinstanz mit Delegationsbefugnis auf die nachgeordneten Aufsichtsbehörden übertragen wollten, wurden abgelehnt. Genehmigung ist erforderlich nach den §§ 4, 6, 8, [9, 9a], 13, 18, 20, 23, 27, 31, 43, 54, 56, 58, 68. Auf Grund des Abs. 5 kann nunmehr auch schon vor erteilter Genehmigung und Zustimmung auf Grund des Gemeindebeschlusses oder der Steuerordnung usw. eine rechtsgültige Heranziehung zu Abgaben (§ 69) erfolgen, sofern die Genehmigung und Zustimmung nachträglich erteilt wird. Die im Laufe des Steuerjahres erfolgte Genehmigung einer Steuerordnung berechtigt zur Erhebung der betreffenden direkten Steuer als einer Jahressteuer für das ganze Jahr. OVG. vom 8. November 1910 — II VIII C 78. 10 — in Sachen Frankfurt a. M. Vergl. auch § 59 A. 4.

2. Zu den Landgemeinden im Sinne von Abs. 1 gehören auch die Amtsbezirke, Ämter und Landbürgermeistereien. ME. vom 2. Januar 1895.

3. Für Berlin bewendet es bei §§ 44 ff. des Landesverwaltungsgesetzes vom 30. Juli 1883. AA. Art. 46.

4. Das Erfordernis ministerieller Zustimmung zur Genehmigung neuer oder veränderter direkter oder indirekter Steuern bestand schon nach dem Zuständigkeitsgesetz vom 1. August 1883 (§§ 16, 31). Die Ausdehnung dieses Erfordernisses auf die übrigen Fälle ist erst durch das KAG. eingeführt und mit der Notwendigkeit einheitlicher Handhabung des Gesetzes begründet. Die Delegation ist nur auf die Aufsichtsbehörden höherer Instanz, d. h. die Oberpräsidenten für die Städte und die Regierungspräsidenten für das Land, gestattet. KomBer. AH. S. 101, 102. — Ministerieller Genehmigung bedarf überdies die Forterhebung der Mietsteuer (§ 23); Ausnahmen von § 56 bedürfen der „Zulassung“. Vergl. § 56 Abs. 3.

Die Erteilung der Zustimmung ist für Landgemeinden auf die Regierungspräsidenten, für Stadtgemeinden auf die Oberpräsidenten übertragen. In bestimmten Fällen ist den Regierungs- und Oberpräsidenten vor Erteilung der Zustimmung eine Berichterstattung behufs Einholung vorheriger Ermächtigung vorgeschrieben. Vergl. ME. vom 26. Juni 1907 (MBl. S. 236) und ME. vom 25. Juli 1921 (MBl. S. 257), welche an Stelle der ME. vom 3. Dezember 1900, 21. Oktober 1903 und 8. März 1907 getreten sind.

5. Die Erteilung der Genehmigung auf Widerruf ist ausgeschlossen. AA. Art. 46. Wenn eine Genehmigung nur mit der Maßgabe einer wesentlichen Abänderung erteilt worden ist, entbehrt die Gebühren- bezw. Steuerordnung so lange der gesetzlichen Gültigkeit, als nicht die so vorgesehene Änderung die ausdrückliche oder stillschweigende Zustimmung der Gemeindevertretung gefunden hat. OVG. **31** S. 61, **47** S. 38; PVBl. XVIII S. 301, XXIV S. 361, 755, XXIX S. 323 unter 3.

6. Aus Abs. 4 ist zu folgern, daß die Zustimmung nur ohne Zeitbeschränkung erteilt werden kann. Demgegenüber hat jedoch das OVG. auch für die Zustimmung eine Zeitbeschränkung für zulässig erklärt. Entsch. vom 26. Juni 1914 — II C 121/14 —.

§ 78. Bestehen bei dem Inkrafttreten des Gesetzes in einzelnen Gemeinden Ordnungen über die Aufbringung von Gebühren, Beiträgen, indirekten, direkten Steuern oder Diensten, welche den Vorschriften dieses Gesetzes zuwiderlaufen, oder werden derartige Gemeindebeschlüsse gefaßt, so ist die Aufsichtsbehörde befugt, deren Abänderung oder Ergänzung unter Angabe der Gründe anzuordnen.

Dieselbe Befugnis steht der Aufsichtsbehörde zu, wenn die Abstufungen des Grundbesitzes, nach welchen die Steuer umgelegt wird (§ 25), wegen wesentlicher Veränderungen der Besitzverhältnisse zur Grundlage der Besteuerung nicht mehr geeignet sind und ein Antrag auf Abänderung oder Ergänzung von der Mehrheit der einer Abstufung angehörigen Steuerpflichtigen gestellt wird.

Die Einführung neuer und die Erhöhung bestehender indirekter Steuern darf nicht angeordnet werden.

Gegen die Anordnung findet innerhalb vier Wochen nach Ablauf der in derselben gestellten Frist die Klage im Verwaltungsstreitverfahren, für Landgemeinden bei dem Bezirksausschusse, für Stadtgemeinden bei dem Oberverwaltungsgerichte, statt.

Wird die Klage innerhalb dieser Frist nicht erhoben, so ist die Aufsichtsbehörde befugt, die in Ansehung der Aufbringung der Gebühren, Beiträge, indirekten, direkten Steuern oder Dienste erforderliche Ordnung auf Grundlage der erlassenen Verfügung selbst festzustellen. Das gleiche gilt für den Fall der rechtskräftigen Abweisung der Klage. Wird die Klage endgültig für begründet erkannt, so tritt die Anordnung außer Kraft.

Sofern das öffentliche Interesse es erheischt, beschließt im Falle der Erhebung der Klage über die vorläufige Ordnung des Steuerwesens bis zur rechtskräftigen Entscheidung für Landgemeinden der Kreisausschuß, für Stadtgemeinden der Bezirksausschuß.

R. § 62 Abs. 5 bis 8. AH. Kom. § 62 a.

1. Die Bestimmungen finden auf Verwaltungsordnungen städtischer Gewerbebetriebe (§ 3) keine Anwendung.

2. Das im Regierungsentwurf im Abs. 1 hinter „Vorschriften“ stehende und seiner Vieldeutigkeit wegen lebhaft angefochtene Wort „und Besteuerungsgrundsätze“ ist im AH. gestrichen. Vergl. § 96 A. 3.

3. Während das Genehmigungsrecht nach § 77 den Selbstverwaltungsbehörden zusteht, ist zu den in diesem Paragraphen zugelassenen Eingriffen die Aufsichtsbehörde, vorbehaltlich der Entscheidung der Verwaltungsgerichte (Abs. 4), berechtigt.

4. Die von der Aufsichtsbehörde erlassene Ordnung gilt solange, bis von den Gemeindebehörden eine den gesetzlichen Bestimmungen entsprechende Ordnung beschlossen ist.

5. Der in der Kom. des AH. hinzugefügte Abs. 2 soll die Möglichkeit geben, gewisse überkommene, aber unhaltbar gewordene Verhältnisse auch gegen den Willen der interessierten Mehrheit zu ändern.

6. Über den Umfang der Befugnisse der Aufsichtsbehörde nach Abs. 5 vergl. OVG. **34** S. 159.

Siebenter Titel.

Strafen.

§ 79. Wer in der Absicht der Steuerhinterziehung an zuständiger Stelle auf die an ihn gerichteten Fragen oder bei der Begründung eines Einspruchs unrichtige oder unvollständige Angaben macht, wird mit dem vier- bis zehnfachen Betrage der stattgehabten oder beabsichtigten Verkürzung, mindestens aber mit einer Geldstrafe von einhundert Mark bestraft.

Ist eine unrichtige oder unvollständige Angabe, welche geeignet ist, eine Verkürzung der Steuer herbeizuführen, zwar wissentlich, aber nicht in der Absicht der Steuerhinterziehung erfolgt, so tritt Geldstrafe von drei bis eintausend Mark ein.

Straffrei bleibt, wer seine unrichtige oder unvollständige Angabe, bevor Anzeige erfolgt oder eine Untersuchung eingeleitet ist, an zuständiger Stelle berichtigt oder ergänzt und die vorenthaltene Steuer in der ihm gesetzten Frist entrichtet.

R. § 63. AH. Kom. Bl. III.

1. In Abs. 2 ist durch Gesetz vom 26. August 1921 das Wort „einhundert" in „eintausend" geändert. Vergl. § 81 A. 1.

2. Über die Einziehung und Verjährung hinterzogener Steuern (Abs. 1) vergl. § 83, und über die Zahlung der Nachsteuer (Abs. 2) vergl. § 84.

3. Der § 79 bezieht sich nur auf Gemeinde s t e u e r n (direkte

und indirekte), nicht auf Gebühren und Beiträge. AA. Art. 48; ME. vom 19. Januar 1898 (MBl. S. 24); OVG. 50 S. 116.

4. Der Abs. 2 trifft namentlich den Fall des Rechtsirrtums.

5. „Die Untersuchung gilt als eingeleitet, sobald die Ermittelungen darüber begonnen haben, ob die gemachten Angaben richtig und vollständig sind.“ AA. Art. 48.

6. Über vorläufige Straffestsetzung durch den Gemeindevorstand vergl. § 81.

7. Bezüglich der Vergnügungssteuern vergl. § 24 der Bestimmungen des Reichsrats unten Abschn. V Ziff. 1 (S. 260).

§ 80. Der Gemeindevorstand beziehungsweise die Mitglieder des Gemeindevorstandes, die Mitglieder der Steuerausschüsse sowie die bei der Veranlagung beteiligten Gemeindebeamten werden, wenn sie die zu ihrer Kenntnis gelangten Erwerbs-, Vermögens- oder Einkommensverhältnisse eines Steuerpflichtigen, insbesondere auch den Inhalt einer Auskunftserteilung (§ 63) oder der darüber gepflogenen Verhandlungen, unbefugt offenbaren, mit Geldstrafe bis zu fünftausend Mark oder mit Gefängnis bis zu drei Monaten bestraft.

Die Verfolgung findet nur auf Antrag des Gemeindevorstandes oder des Steuerpflichtigen bezw. dessen Vertreters statt. Ist das Vergehen von dem Gemeindevorstande oder von Mitgliedern des Gemeindevorstandes begangen, so ist auch die Aufsichtsbehörde zur Stellung des Antrages berechtigt.

R. § 64.

1. In Abs. 1 ist durch Gesetz vom 26. August 1921 das Wort „eintausendfünfhundert“ in „fünftausend“ geändert. Vergl. § 81 A. 1.

2. Der Antrag ist binnen drei Monaten nach erlangter Kenntnis von der Handlung und von der Person des Täters zu stellen. StGB. §§ 61 ff.

3. Der § 80 gilt unbeschadet der disziplinarrechtlichen Bestrafung der Beamten. Kabinettsorder vom 21. November 1835.

§ 81. Die auf Grund der §§ 79 und 80 festgesetzten, aber unbeitreiblichen Geldstrafen sind nach Maßgabe der für Übertretungen geltenden Bestimmungen der §§ 28 und 29 des Strafgesetzbuches für das Deutsche Reich in Haft umzuwandeln.

Die Untersuchung und Entscheidung in betreff der im § 79 bezeichneten strafbaren Handlungen steht dem Gerichte zu, wenn nicht der Beschuldigte die von dem Gemeindevorstande vorläufig festgesetzte Geldstrafe nebst den durch das Verfahren gegen ihn entstandenen Kosten binnen einer ihm bekanntgemachten Frist freiwillig an die Gemeindekasse zahlt.

Hat der Beschuldigte in Preußen keinen Wohnsitz, so erfolgt das Einschreiten des Gerichts ohne vorläufige Festsetzung der Strafe durch den Gemeindevorstand. Dasselbe findet statt, wenn der Gemeindevorstand aus sonstigen Gründen von der vorläufigen Festsetzung der Strafe Abstand zu nehmen erklärt oder der Angeschuldigte hierauf verzichtet.

Bei Zuwiderhandlungen wegen der Verpflichtung zur Geheimhaltung (§ 80) findet nur das gerichtliche Strafverfahren statt.

R. § 65.

1. Nach § 5 des von der Regierung vorgelegten Gesetzentwurfs über die Erhöhung von landesrechtlich festgelegten Geldbeträgen soll § 1 des Reichsgesetzes vom 21. Dezember 1921 zur Erweiterung des Anwendungsgebietes der Geldstrafe und zur Einschränkung der kurzen Freiheitsstrafen (RGBl. S. 1604) auf die Geldbeträge im Gesetze vom 26. August 1921 zur Änderung des KAG. keine Anwendung finden.

2. „Die sachliche Zuständigkeit des Gerichts bestimmt sich nach § 27 Nr. 1 und 2 und § 75 Nr. 15 des GerichtsverfGes. vom [27. Januar 1877]*); der Gerichtsstand ist begründet nach §§ 77 ff. der StPO. vom 1. Februar 1877." AA. Art. 48.

---

*) Jetzt vom 20. Mai 1898 (RGBl. S. 371), abgeändert durch Gesetz zur Entlastung der Gerichte vom 11. März 1921 (RGBl. S. 229).

3. „Die Beitreibung der vorläufig festgesetzten Strafe im Verwaltungszwangsverfahren ist unstatthaft." AA. Art. 48.

§ 82. In Abgabeordnungen können Strafen wegen Zuwiderhandlungen bis zur Höhe von 1000 Mark angedroht werden. Für bereits in Kraft getretene Steuerordnungen, die Strafen wegen Zuwiderhandlungen androhen, gilt von dem Inkrafttreten dieses Gesetzes ab ein Betrag von 1000 Mark als Höchststrafe.

Die Strafen sind durch den Gemeindevorstand festzusetzen und nach eingetretener Rechtskraft (§ 459 der Strafprozeßordnung vom 1. Februar 1877, Reichs-Gesetzbl. S. 253) im Verwaltungszwangsverfahren beizutreiben.

R. § 66.

1. Abs. 1 ist geändert durch Gesetz vom 26. August 1921. Die Begründung zum Entwurf des Gesetzes (Drucksache des Preußischen Landtages 1921 Nr. 683 Sp. 18) sagt:

„Bisher ist es rechtlich unstatthaft gewesen, in Gebühren- und Beitragsordnungen Geldstrafen anzudrohen. Bei dem Bestreben, die Erhebung von Gebühren und Beiträgen durch die Gemeinden umfassender auszugestalten, erscheint es zweckmäßig, die Möglichkeit einer Bestrafung ebenfalls zu erweitern. Deshalb ist in Satz 1 der Ausdruck Einzelverordnungen (Soll wohl richtig „Abgabenordnungen" heißen. Der Verf.) gewählt.

Die eingetretene Geldentwertung rechtfertigt die Erhöhung der angedrohten Geldstrafen.

Der Satz 2 ist neu aufgenommen, damit nicht etwa jede einzelne Steuerordnung erst wieder durch Beschluß abgeändert und die beschlossene Abänderung erneut genehmigt werden muß."

Vergl. § 81 A. 1, § 79 A. 7 und § 63 A. 3.

2. „Der Strafbescheid muß die strafbare Handlung, das angewendete Strafgesetz (die Abgabenordnung) und die Beweismittel bezeichnen, auch die Eröffnung enthalten, daß der Beschuldigte, sofern er nicht eine nach den Gesetzen zugelassene Beschwerde an die höhere Verwaltungs-

behörde ergreift, binnen einer Woche nach der Bekanntmachung bei der Verwaltungsbehörde, welche denselben erlassen, oder bei derjenigen, welche ihn bekanntgemacht hat, auf gerichtliche Entscheidung antragen könne. Die Beschwerde richtet sich in Stadtgemeinden nach den Vorschriften im § 7 des Zuständigkeitsgesetzes vom 1. August 1883, in Landgemeinden nach den Vorschriften im § 24 des erwähnten Zuständigkeitsgesetzes bezw. im § 139 der Landgemeindeordnung für die östlichen Provinzen vom 3. Juli 1891 und im § 139 der Landgemeindeordnung für die Provinz Schleswig-Holstein vom 4. Juli 1892.

Wird auf gerichtliche Entscheidung angetragen, so sind die Akten — falls der Strafbescheid bei nochmaliger Erwägung der Angelegenheit nicht zurückgezogen wird — an die zuständige Staatsanwaltschaft zu übersenden. (Vergl. §§ 459 und 460 der StPO. vom 1. Februar 1877.)" AA. Art. 50. Erfolgt gerichtliche Entscheidung, so fließt die Strafe in die Staatskasse. ME. vom 4. Mai 1905 (MBl. S. 165); a. M. Delius, PVBl. XXV S. 319 und XXVI S. 887.

Achter Titel.

Nachforderungen und Verjährungen.

§ 83. Die Einziehung hinterzogener direkter Steuern (§ 79) zur Gemeindekasse erfolgt neben und unabhängig von der Strafe.

Die Verbindlichkeit zur Nachzahlung der Steuer verjährt in zehn Jahren und geht auf die Erben, jedoch für diese mit einer Verjährungsfrist von fünf Jahren und nur auf Höhe ihres Erbanteils, über. Die Verjährung beginnt mit Ablauf des Rechnungsjahres, in welchem die Hinterziehung begangen wurde.

Die Festsetzung der Nachsteuer steht dem Gemeindevorstande zu, gegen dessen Beschluß nach Maßgabe der §§ 69, 70 der Einspruch und die Klage im Verwaltungsstreitverfahren zulässig sind.

A. § 67. AH. Kom. red.

1. § 83 handelt von der Nachzahlung hinterzogener Steuer, § 84 von der Nachsteuer im Fall einer ohne strafbare Hinterziehung eingetretenen Steuerfreiheit. Vergl. § 79 Abs. 1 und 2; OVG. **52** S. 182.

2. Den Erben wird der bei Lebzeiten des Erblassers abgelaufene Teil der Frist voll angerechnet.

§ 84. Steuerpflichtige, welche entgegen den Vorschriften dieses Gesetzes oder der auf Grund desselben erlassenen Steuerordnungen bei der Veranlagung direkter Gemeindesteuern übergangen oder steuerfrei geblieben sind, ohne daß eine strafbare Hinterziehung der Steuer stattgefunden hat (§§ 79, 83), sind zur Entrichtung des der Gemeindekasse entzogenen Betrages verpflichtet. Die Verpflichtung erstreckt sich auf die drei Rechnungsjahre zurück, welche dem Rechnungsjahre, in dem die Verkürzung festgestellt worden, vorausgegangen sind.

Die Verpflichtung zur Zahlung der Nachsteuer geht auf die Erben, jedoch nur bis zur Höhe ihres Erbanteils, über.

Die Veranlagung der Nachsteuer erfolgt einheitlich für den ganzen Zeitraum, auf welchen sich die Verpflichtung erstreckt, nach den Vorschriften dieses Gesetzes oder der maßgebenden Steuerordnungen.

A. § 68 AH. Kom. red.

1. Eine Nachforderung kann hiernach nicht geltend gemacht werden gegen solche Steuerpflichtige, welche zu einem gegenüber ihren wirklichen Steuerverhältnissen zu niedrigen Steuerbetrage herangezogen worden sind.

2. Über Begriff und Zulässigkeit von Nachforderungen vergl. OVG. **35** S. 22, **37** S. 47, **49** S. 28; PVBl. XXI S. 468. Keine unzulässige Nachforderung ist die Zurücknahme einer auf ungültiger Steuerordnung beruhenden Veranlagung und Ersetzung derselben durch eine neue auf Grund abgeänderter Steuerordnung; vergl. A. 4 zu § 69.

3. Ein Steuerpflichtiger ist nicht „übergangen“, wenn ein Grundstück nur zum Teil zur Grundsteuer veranlagt ist. OVG. PVBl. XXII S. 348.

4. Behufs Veranlagung der Nachsteuer ist, wenn die Verkürzung während mehrerer Jahre stattgefunden hat, der Betrag der Verkürzung für jedes Jahr zu ermitteln, so daß die Summe der einzelnen Beträge sich als das Ergebnis der einheitlichen Veranlagung für den ganzen in Betracht zu ziehenden Zeitraum darstellt.

Die Veranlagung ist von dem Gemeindevorstande, jedoch in denjenigen Gemeinden, in welchen ein Steuerausschuß besteht, von diesem zu bewirken. AA. Art. 52.

5. Dem Abgabepflichtigen steht gegen die Veranlagung der Einspruch und gegen den hierauf ergangenen Beschluß des Gemeindevorstandes die Klage im Verwaltungsstreitverfahren offen (§§ 69, 70). AA. Art. 52.

6. Das OVG. hat seither das Nachforderungsrecht der Gemeinde auf die Fälle beschränkt, in denen das Band, das den Zensiten mit ihr verbindet (Wohnsitz, Grundbesitz usw.), noch besteht. Dagegen Noell-Freund, A. 6 zu § 84; ebenso PVBl. XXVI S. 651 und XXVIII S. 185. Vergl. oben A. 5 zu § 60. Dieser Rechtsprechung wurde durch Einschaltung des neuen § 1 a in das Gesetz entgegengetreten; s. A. 1 zu § 1 a. Die Erhebung von Nachtragsumlagen zur Deckung von im Laufe des Steuerjahres zutage getretenen erhöhten Gemeindebedürfnissen bedeutet keine unzulässige Nachforderung. Vergl. § 66 A. 3.

7. Wegen nachträglicher Heranziehung des Reichsfiskus vergl. § 8 des Reichsbesteuerungsgesetzes vom 15. April 1911.

Die §§ 85 und 86 sind durch Gesetz vom 26. August 1921 gestrichen.

§ 87. Die Berechtigung der Gemeinden zur Nachforderung anderer Gemeindeabgaben als direkter Steuern beschränkt sich ohne Unterscheidung, ob die Abgabe gar nicht oder mit einem zu geringen Betrage erhoben worden ist,

1. bei Verbrauchsabgaben auf die Frist eines Jahres, vom Tage des Eintrittes der Zahlungsverpflichtung an gerechnet,

2. bei sonstigen indirekten Steuern, Gebühren und Beiträgen (§§ 4 bis 11), sowie bei Kosten auf die Frist von drei Jahren seit dem Ablaufe desjenigen Jahres, in welchem die Forderung entstanden ist.

Die Nachforderung von Naturaldiensten ist, sofern die Nachleistung nach den Zwecken der zu leistenden Dienste überhaupt noch möglich ist, auf die Dauer des laufenden Rechnungsjahres beschränkt.

R. § 71.

1. Zu Nr. 2. Unter Jahr ist das Rechnungsjahr zu verstehen. AA. Art. 55.

2. Über die indirekten Steuern handeln die §§ 13 bis 19.

3. Über die Entstehung der Forderung bei Beiträgen vergl. OVG. **33** S. 126, 129, **36** S. 62, **37** S. 30, **49** S. 76, 80; PVBl. XXVII S. 122.

§ 88. Zur Hebung gestellte Gemeindeabgaben und Kosten, welche im Rückstande verblieben oder befristet sind, verjähren in vier Jahren, von dem Ablaufe des Jahres an gerechnet, in welches der Zahlungstermin fällt.

Die Verjährung wird durch eine an den Pflichtigen erlassene Zahlungsaufforderung, durch Verfügung der Zwangsvollstreckung und durch Stundung unterbrochen.

Nach Ablauf des Jahres, in welchem die letzte Aufforderung zugestellt, die Zwangsvollstreckung verfügt oder die bewilligte Frist abgelaufen ist, beginnt eine neue vierjährige Verjährungsfrist.

R. § 72.

1. Unter Ablauf des Jahres ist der Ablauf des Rechnungsjahres zu verstehen. AA. Art. 56. Vergl. auch A. 1 zu § 87.

2. Entsprechend dem § 8 des Gesetzes vom 18. Juni 1840 über die Verjährungsfristen bei öffentlichen Abgaben. — Der Ausdruck „Gemeindeabgaben" umfaßt alle Steuern, Gebühren, Beiträge (vergl. § 87) und wohl auch die Kurtaxen (§ 12).

3. „Im Rückstand verblieben" sind alle Abgaben, welche zur Hebung gestellt, aber bis zum Fälligkeitstermin nicht gezahlt sind. OVG. 33 S. 215.

Neunter Titel.

Kosten und Zwangsvollstreckung.

§ 89. Die Kosten der Veranlagung und Erhebung der Abgaben fallen, insoweit hierüber nicht durch § 14 des Gesetzes wegen Aufhebung direkter Staatssteuern anderweitige Bestimmung getroffen ist, der Gemeindekasse zur Last. Jedoch sind diejenigen Kosten, welche durch die gelegentlich eines Einspruches erfolgenden Ermittelungen veranlaßt werden, von dem Abgabepflichtigen zu erstatten, wenn sich seine Angaben in wesentlichen Punkten als unrichtig erweisen. Die Festsetzung dieser Kosten kann nur in der Entscheidung über den Einspruch erfolgen.

R. § 73.

1. Zu den Kosten der Erhebung sind diejenigen Kosten nicht zu rechnen, welche der Pflichtige zum Zwecke der Ablieferung der Abgaben an die Gemeindekasse etwa aufzuwenden hat. AA. Art. 57.

2. § 14 des Gesetzes wegen Aufhebung direkter Staatssteuern bestimmt, daß die Kosten der Veranlagung und Verwaltung der staatlichen Grund-, Gebäude- und Gewerbesteuer einschließlich der Veranlagung derjenigen Liegenschaften, Gebäude und Gewerbebetriebe, welche zwar von der entsprechenden Staatssteuer frei, aber zur Gemeindesteuer heranzuziehen sind, aus der Staatskasse bestritten werden, soweit sie nicht durch die den Gemeinden hierbei übertragenen Geschäfte entstehen.

§ 90. Gebühren, Beiträge, Steuern und Kosten, sowie die nach einem von der Aufsichtsbehörde festgestellten Tarife erhobenen Vergütungen (Kurtaxen usw.) unterliegen der Beitreibung im Verwaltungszwangsverfahren nach Maßgabe der Verordnung vom [7. September 1879 (Gesetzsamml. S. 591)] 15. November 1899 (Gesetzsamml. S. 545).

Sind Naturaldienste zu leisten, so ist der Gemeindevorstand bei Säumnis der Pflichtigen befugt, die Dienste durch Dritte leisten und die entstehenden Kosten von den ersteren im Verwaltungszwangsverfahren beitreiben zu lassen.

Auf Antrag einer Gemeinde kann die Aufsichtsbehörde zulassen, daß als Mahnung im Sinne des § 7 der Verordnung, betreffend das Verwaltungszwangsverfahren wegen Beitreibung von Geldbeträgen, vom 15. November 1899 (Gesetzsamml. S. 145) auch die öffentliche Mahnung gilt.

R. § 74. AH. Kom.

1. Abs. 3 ist eingefügt durch Gesetz vom 26. August 1921. Die Begründung zum Entwurf des Gesetzes (Drucksache des Preußischen Landtages 1921 Nr. 683 Sp. 18) sagt:

„Die persönliche Mahnung im Einzelfalle verursacht oft unnötige Kosten. Die Allgemeinheit muß sich deshalb, wie bei den Reichs- und Staatssteuern oder auf anderen Gebieten, auch hier daran gewöhnen, daß eine öffentliche Bekanntmachung in ortsüblicher Form, sei es in bestimmten Tageszeitungen, sei es durch Aushang, sie auf ihre Pflichten aufmerksam macht."

Die Aufsichtsbehörde im Sinne dieses Paragraphen ist bei Stadtgemeinden der Bezirksausschuß, bei Landgemeinden der Kreisausschuß. AA. Art. 58.

2. Grund- und Gebäudesteuern sowie Beiträge genießen als gemeine Lasten (OVG. **41** S. 133) gemäß § 10 Abs. 1 Nr. 3 RG. über die Zwangsversteigerung usw. vom 24. März 1897/20. Mai 1898 auch Vorzugsrechte bei der Zwangsvollstreckung (vergl. PVBl. XXIV S. 276), dagegen Grundstücksumsatzsteuern und Gebühren nach OVG. PVBl. XXV S. 472 und OVG. 51 S. 62 nicht. Ob Gebühren und Beiträge im Konkurs nach § 61 Nr. 2 der Konkursordnung bevorrechtigt sind, ist bestritten. Vergl. Noell-Freund, A. 3 Abs. 2 zu § 90.

3. An Stelle der Verordnung vom 7. September 1879 ist jetzt Verordnung vom 15. November 1899 (GS. S. 545) und 18. März und 4. Juli 1904 (GS. S. 36) getreten. Vergl. PVBl. XXI S. 122, 214 ff., XXIV S. 491, 524.

Teil II. Kreis- und Provinzialsteuern.

An Stelle der §§ 91 bis 93 ist das Kreis- und Provinzialabgabengesetz vom 23. April 1906 getreten, das im Anhang Abschnitt II S. 175 ff. abgedruckt ist. Vergl. oben S. 40 und 44.

Schluß-, Ausführungs- und Übergangsbestimmungen.

§ 94. Alle in dem gegenwärtigen Gesetze vorgeschriebenen Fristen sind Ausschlußfristen. Die Fristen beginnen, soweit in diesem Gesetze nichts anderes bestimmt ist, mit der Zustellung des Beschlusses oder der sonstigen Anordnung. Der Tag der Zustellung wird nicht mitgerechnet. Im übrigen sind für den Beginn und die Berechnung der Fristen die bürgerlichen Prozeßgesetze maßgebend.

R. § 76.

1. Anderweite Bestimmungen über Beginn des Fristenlaufes z. B. in den §§ 69, 78, 87.

2. Die Fristbestimmungen können durch Vertrag nicht abgeändert werden und sind von Amtswegen zu beachten.

3. Über den Charakter der in §§ 83 bis 88 festgesetzten Fristen (Verjährungs-, nicht Ausschlußfristen, und deshalb der Unterbrechung durch Betätigung des Rechtes zugänglich) vergl. OVG.

38 S. 131, 50 S. 327 und PVBl. XXIX S. 954 und (zum Teil a. M.) Noell, A. 2 zu § 94.

4. Die Frist kann auch durch rechtzeitig eingehendes Telegramm gewahrt werden. Vergl. auch § 69 A. 8 und § 70 A. 2.

5. Vergl. § 222 Zivilprozeßordnung und im Verfolg der dortigen Bestimmungen §§ 186 ff. BGB.

§ 95. Das Rechnungsjahr für den Gemeindehaushalt beginnt mit dem 1. April und schließt mit dem 31. März.

Der Beschlußfassung der Gemeindebehörden bleibt überlassen, an Stelle des Rechnungsjahres eine Periode von zwei oder drei Rechnungsjahren treten zu lassen.

R. § 77. AH. Kom. red.

1. Nach dem Gesetz vom 29. Juni 1876, welches die Verlegung des Rechnungsjahres für den Staatshaushalt auf die Zeit vom 1. April bis 31. März anordnet, stand den Gemeinden die Annahme dieses veränderten Rechnungsjahres frei. Behufs Vermeidung von Schwierigkeiten bei Erhebung der Zuschläge zu den Staatssteuern, namentlich der Einkommensteuer, wurde dann dieses Rechnungsjahr allgemein eingeführt.

Neuerdings sind allerdings infolge der Verlegung der Reichseinkommensteuer auf das Kalenderjahr gewisse Schwierigkeiten zu erwarten.

§ 96. Das gegenwärtige Gesetz tritt gleichzeitig mit dem Gesetze wegen Aufhebung direkter Staatssteuern in Kraft.

Die Gemeinden sind verpflichtet, die Ordnungen (Observanzen, Statuten, Regulative, Gemeindebeschlüsse usw.) über die Aufbringung von Gebühren, Beiträgen, indirekten und direkten Steuern oder Diensten mit den Vorschriften dieses Gesetzes in Übereinstimmung zu bringen.

Zu diesem Behufe können die zur Ausführung des gegenwärtigen Gesetzes erforderlichen Gemeindebeschlüsse bereits innerhalb eines Jahres vor dem Inkrafttreten desselben

im voraus gefaßt und die dadurch bedingten Anordnungen und Entscheidungen der Verwaltungs- und Verwaltungsgerichtsbehörden nach Maßgabe der Bestimmungen dieses Gesetzes getroffen werden.

Ordnungen, welche bis zum Inkrafttreten des gegenwärtigen Gesetzes in Geltung gewesen sind, bleiben — unbeschadet der Bestimmungen im § 23 Absatz 4 und § 37 Absatz 2 — **bis zur Abänderung durch rechtsgültigen Gemeindebeschluß oder Anordnung der Aufsichtsbehörde (§ 78) bestehen.**

Mit dem Inkrafttreten des gegenwärtigen Gesetzes treten alle demselben entgegenstehenden gesetzlichen Bestimmungen außer Kraft.

Wo in den Gesetzen auf diese Bestimmungen Bezug genommen ist, kommen diejenigen des gegenwärtigen Gesetzes sinnentsprechend zur Anwendung.

Unberührt bleiben die Vorschriften wegen Erhebung von Bürgerrechtsgeldern, Einkaufsgeldern und gleichartigen Abgaben.

R. § 78. AH. Kom. Bl. II, III.

1. Nach § 29 des Gesetzes wegen Aufhebung direkter Staatssteuern ist das KAG. am 1. April 1895 in Kraft getreten.

2. Über den unbedingten Charakter der Verpflichtung der Gemeinden nach Abs. 2 vergl. OVG. **34** S. 163.

3. Die Worte „und Besteuerungsgrundsätze", welche in dem R. in Abs. 2 hinter „Vorschriften" standen, sind im AH. Bl. II gestrichen. Vergl. § 78 Abs. 2. Der in Abs. 4 in Bezug genommene § 37 Abs. 2 ist durch Gesetz vom 26. August 1921 gestrichen. Auch § 23 Abs. 4 ist heute nicht mehr von praktischer Bedeutung.

4. Mit dem Inkrafttreten des Gesetzes treten die entgegenstehenden gesetzlichen und die ihnen gleichzuachtenden gewohnheitsrechtlichen Bestimmungen sofort außer Kraft (Abs. 5), nicht jedoch die auf Grund der bisherigen Gesetze bestehenden Ordnungen des Gemeindesteuerwesens, welche vielmehr bis zur Abänderung durch rechtsgültigen Gemeindebeschluß oder Anordnung der Aufsichtsbehörde (§ 78) zunächst in Kraft bleiben (Abs. 4; vergl. hierzu OVG. **30** S. 88, **34** S. 35; PVBl. XX S. 58, 472).

5. Über die Tragweite von Abs. 4 vergl. OVG. PVBl. XIX S. 391, XX S. 171, XXI S. 26, XXII S. 444, XXIII S. 690, XXIV S. 97, XXVI S. 78.

6. Durch Abs. 4 ist § 147 der Landgemeindeordnung dahin abgeändert, daß die bestehenden Ordnungen, Ortsstatute usw., welche nach dem genannten § 147 Abs. 1 am 31. März 1895 außer Kraft treten würden, nunmehr in Gemäßheit dieses Abs. 4 in Kraft bleiben. AH. KomBer. S. 120; OVG. **30** S. 120.

7. Über Bürgerrechtsgeld vergl. OVG. **33** S. 12, **34** S. 80, 81, **38** S. 69.

§ 97. Der Minister des Innern und der Finanzminister sind mit der Ausführung dieses Gesetzes beauftragt.

Urkundlich usw.

Vergl. Anweisung zur Ausführung des KAG. vom 10. Mai 1894 sowie des Gesetzes vom 26. August 1921 unten Abschn. IV; ferner Denkschrift der Staatsregierung vom 4. April 1896, AH. 18 LP. III Drucksache Nr. 130 über die erfolgte Ausführung.

II.

Kreis- und Provinzialabgabengesetz.

Vom 23. April 1906
in der Fassung des Gesetzes vom 26. August 1921.
(Gesetzsammlung 1906 Nr. 20 S. 159 bis 169, und 1921 Nr. 50 S. 500 bis 503.)

Die durch das Gesetz vom 26. August 1921 geänderten Paragraphen sind mit einem * bezeichnet.

Wir Wilhelm, von Gottes Gnaden König von Preußen usw., verordnen mit Zustimmung beider Häuser des Landtags Unserer Monarchie für den Umfang derselben, mit Ausschluß der Insel Helgoland, was folgt:

Abschnitt 1.

Kreisabgaben.

§ 1. Die Kreise sind berechtigt, zur Deckung ihrer Ausgaben nach den Bestimmungen dieses Gesetzes Gebühren und Beiträge, indirekte und direkte Steuern zu erheben.

Hinsichtlich der Chausseegelder und anderen Verkehrsabgaben, der Jagdscheinabgaben, der Kosten im Verwaltungsstreit- und Beschlußverfahren sowie hinsichtlich der Erhebung der Betriebs-, der Wanderlager- [und der Warenhaus]steuer für Rechnung der Kreise bewendet es bei den bestehenden Bestimmungen.

§ 2. Die Kreise dürfen von der Befugnis, Steuern zu erheben, nur insoweit Gebrauch machen, als die sonstigen Einnahmen, insbesondere aus dem Kreisvermögen, aus

Gebühren, Beiträgen und aus den ihnen vom Staate oder von Bezirks- oder Provinzialverbänden überwiesenen Mitteln, zur Deckung ihrer Ausgaben nicht ausreichen. Auf Hundesteuern findet diese Bestimmung keine Anwendung.

Durch direkte Steuern darf nur der Bedarf aufgebracht werden, welcher nach Abzug des Aufkommens der indirekten Steuern von dem gesamten Steuerbedarfe verbleibt.

§ 3. Gewerbliche Unternehmungen der Kreise sind grundsätzlich so zu verwalten, daß durch die Einnahmen mindestens die gesamten, durch die Unternehmung dem Kreise erwachsenden Ausgaben, einschließlich der Verzinsung und der Tilgung des Anlagekapitals, aufgebracht werden.

Eine Ausnahme ist zulässig, sofern die Unternehmung zugleich einem öffentlichen Interesse dient, welches andernfalls nicht befriedigt wird.

* § 4. Der Kreistag kann beschließen, daß für die Benutzung der von dem Kreise im öffentlichen Interesse unterhaltenen Veranstaltungen (Anlagen, Anstalten und Einrichtungen) und gemäß § 6 Abs. 2 des Kommunalabgabengesetzes für die Handlungen seiner Organe besondere Vergütungen (Gebühren) erhoben werden.

Die Gebühren sind im voraus nach festen Normen und Sätzen zu bestimmen. Dabei ist eine Abstufung der Gebührensätze — auch nach Maßgabe der Leistungsfähigkeit — bis zur gänzlichen Freilassung zulässig.

§ 5. Der Kreistag kann beschließen, daß behufs Deckung der Kosten für Herstellung und Unterhaltung von Veranstaltungen, welche durch das öffentliche Interesse erfordert werden, von denjenigen Grundeigentümern und Gewerbetreibenden, denen hierdurch besondere wirtschaftliche Vorteile erwachsen, Beiträge zu den Kosten der Veranstaltungen erhoben werden. Die Beiträge sind nach den Vorteilen zu bemessen.

Durch Beschluß des Kreistags kann den Beitragspflichtigen gestattet werden, die Beiträge ganz oder teilweise durch Naturalleistungen nach bestimmten, vom Kreistage festzustellenden Grundsätzen zu ersetzen.

Der Plan der Veranstaltung ist nebst einem Nachweise der Kosten offenzulegen. Der Beschluß des Kreistags wegen Erhebung von Beiträgen ist unter der Angabe, wo und während welcher Zeit Plan nebst Kostennachweis zur Einsicht offenliegen, durch das Kreisblatt mit dem Bemerken bekanntzumachen, daß Einwendungen gegen den Beschluß binnen einer bestimmt zu bezeichnenden Frist von vier Wochen bei dem Kreisausschuß anzubringen seien. Handelt es sich um eine Veranstaltung, welche nur einzelne Grundeigentümer oder Gewerbetreibende betrifft, so genügt an Stelle der Bekanntmachung eine Mitteilung an die Beteiligten. Der Kreisausschuß hat den Beschluß nebst den dazugehörigen Vorverhandlungen und der Anzeige, ob und welche Einwendungen innerhalb der gestellten Frist erhoben sind, der Genehmigungsbehörde — § 19 Ziffer 1 — einzureichen.

Der Beschluß der Genehmigungsbehörde ist in gleicher Weise zur Kenntnis der Beteiligten zu bringen, wie der Beschluß des Kreistags bekanntgemacht worden ist.

* **§ 6.** Der Kreis ist befugt, zur Deckung seines Bedarfs einen Anteil aus den Erträgnissen der indirekten Steuern kreisangehöriger Gemeinden zu beanspruchen und selbständig indirekte Steuern einzuführen. Auf die Herbeiführung eines billigen Ausgleichs zwischen den Bedürfnissen der kreisangehörigen Gemeinden und des Kreises und auf die Anpassung der beiderseitigen Steuerordnungen ist Rücksicht zu nehmen. Bei Streitigkeiten hierüber beschließt der Bezirksausschuß.

* § 7. Insoweit als die Überweisungen aus der Reichseinkommen-, Lohn- und Körperschaftssteuer sowie die sonstigen Einnahmen des Kreises seinen Bedarf nicht decken, ist der Fehlbetrag auf die einzelnen Gemeinden und Gutsbezirke als Kreisabgaben zu verteilen.

Als Maßstab der Verteilung dienen je zur Hälfte:

1. die Höhe der den einzelnen Gemeinden und Gutsbezirken im vorvergangenen Jahre zugewiesenen Anteile an den genannten Reichssteuern, für das Rechnungsjahr 1921 das Verhältnis der gewährleisteten Mindestbeträge im Sinne des § 56 des Landessteuergesetzes in Verbindung mit § 3 des preußischen Ausführungsgesetzes und
2. das Soll der vom Staate veranlagten Realsteuern einschließlich der Betriebssteuern, wie es in Gemeinden nach den Vorschriften des Kommunalabgabengesetzes nach Gemeindebeschlüssen und Vereinbarungen mit Steuerpflichtigen der Gemeindebesteuerung zugrunde zu legen und in Gutsbezirken gemäß § 13 für die Unterverteilung zu veranlagen ist. Soweit in Gemeinden eine Steuerart zu den Abgaben nicht herangezogen ist, wird das Steuersoll durch den Kreisausschuß veranlagt.

Maßgebend für die Verteilung nach dem Soll der Realsteuern ist das Steuersoll des dem jedesmaligen Rechnungsjahre vorangegangenen Rechnungsjahres nach dem Stande des 1. Januar, und zwar unter Berücksichtigung der bis zu diesem Zeitpunkte festgesetzten Nachveranlagungen, Berichtigungen und sonstigen Soll-Veränderungen (Zu- und Abgänge) ohne Unterschied, ob es sich dabei um Steuern für das laufende Jahr oder aus Vorjahren handelt.

Soll-Veränderungen, die erst nach dem 1. Januar festgesetzt werden, sind bei der Berechnung des Solls für das nächste Jahr zu berücksichtigen.

Hierzu ME. vom 13. März 1922 (MBl. S. 328).

*§ 8. Der Kreistag kann mittels einer besonderen Satzung beschließen, daß als Maßstab für die Verteilung des Fehlbedarfs nach § 7 Ziffer 2 nicht das staatliche Grund- und Gebäudesteuersoll zugrunde zu legen ist, sondern das Soll, das sich bei Erhebung einer anderen, nach Maßgabe der §§ 25 und 27 des Kommunalabgabengesetzes veranlagten Steuer ergeben würde.

Die Veranlagung hat durch den Kreisausschuß zu erfolgen.

*§ 9. Sofern der als Kreisabgabe verteilte Fehlbetrag die im Vorjahr an den Kreis erfolgten Überweisungen aus der Reichseinkommen-, Lohn- und Körperschaftssteuer überschreitet, so bedarf die Verteilung der Genehmigung.

§ 10. Handelt es sich um Veranstaltungen des Kreises, welche ausschließlich oder in besonders hervorragendem oder geringem Maße einzelnen Kreisteilen zustatten kommen, so kann der Kreistag eine ausschließliche Belastung oder eine nach Umfang und Maßstab näher zu bestimmende Mehr- oder Minderbelastung dieser Kreisteile beschließen. Die Bestimmung im § 5 Abs. 2 findet entsprechende Anwendung.

Soweit hinsichtlich der Vorausbelastung einzelner Kreisteile bei Aufbringung der Kosten für Anlegung oder Unterhaltung von Wegen besondere gesetzliche Vorschriften bestehen, behält es dabei sein Bewenden.

§ 11. Der vom Kreistage festgestellte Kreissteuerbedarf wird, nach Abzug der gemäß § 7 Abs. 6 besonders veranlagten Steuerbeträge, auf die Gemeinden und Gutsbezirke verteilt. Dabei wird ihnen in den Fällen des § 7 Abs. 4 und des § 8 das Ergebnis der Veranlagung der einzelnen Steuerpflichtigen mitgeteilt. Die Zahlung an die Kreiskommunalkasse hat zu den von dem Kreisausschusse zu bestimmenden Terminen zu erfolgen.

Gegen die Verteilung der Kreissteuern steht den Gemeinden und Gutsbezirken binnen einer Frist von vier Wochen der Einspruch zu, über welchen der Kreisausschuß beschließt.

Mit dem Einspruche kann die Veranlagung der einzelnen Steuerbeträge, aus denen sich das der Kreisbesteuerung zugrunde gelegte Steuersoll zusammensetzt, nur in den Fällen des § 7 Abs. 4 und des § 8 von den Gemeinden angegriffen werden. Ist in den Fällen des § 8 nach Vorschrift der Steuerordnung ein Grundstück nach demjenigen Werte zu veranlagen, welcher der staatlichen Veranlagung dieses Grundstücks zur Ergänzungssteuer zugrunde zu legen ist, so kann die Höhe dieses Wertes nicht angegriffen werden, wenn sie aus den Besteuerungsmerkmalen der staatlichen Ergänzungssteuer übernommen ist.

Gegen den Beschluß des Kreisausschusses findet innerhalb einer Frist von zwei Wochen die Klage bei dem Bezirksausschusse statt. Gegen die Entscheidung des Bezirksausschusses ist nur das Rechtsmittel der Revision zulässig.

Durch Einspruch und Klage wird die Verpflichtung zur Zahlung der Kreissteuern nicht aufgeschoben.

§ 12. Die Gemeinden haben den auf sie entfallenden Teil des Kreissteuerbedarfs gleich den übrigen Gemeindeausgaben aufzubringen.

§ 13. In den Gutsbezirken wird der auf sie entfallende Teil des Kreissteuerbedarfs von dem Kreisausschusse gemäß den für die direkten Gemeindesteuern geltenden Bestimmungen des Kommunalabgabengesetzes — mit Ausschluß des § 49 Abs. 2 und des § 50 Abs. 1 Satz 2 — sowie des Gesetzes wegen Aufhebung direkter Staatssteuern vom 14. Juli 1893 (Gesetzsamml. S. 119) durch Veranlagung der Steuerpflichtigen unterverteilt. Die Veranlagung erfolgt nach dem vom Kreistage beschlossenen Maßstabe (§§ 9, 8).

Wo nach den bestehenden gesetzlichen Bestimmungen für die Veranlagung oder Erhebung von direkten Gemeindesteuern ein Gemeindebeschluß maßgebend ist, tritt an die Stelle eines solchen der Beschluß des Kreisausschusses.

§ 14. Der Kreisausschuß beschließt über die Art der Steuererhebung in den Gutsbezirken.

Gegen die Heranziehung zur Kreissteuer in den Gutsbezirken steht den Steuerpflichtigen binnen einer Frist von vier Wochen der Einspruch zu, über welchen der Kreisausschuß beschließt. Hinsichtlich der weiteren Rechtsmittel findet § 11 Abs. 4 und 5 dieses Gesetzes Anwendung.

Die Verteilung steuerpflichtigen Einkommens auf eine Mehrzahl steuerberechtigter Gutsbezirke und Gemeinden regelt sich nach den §§ 71 bis 74 des Kommunalabgabengesetzes.

§ 15. Ist in einer Gemeinde oder einem Gutsbezirke das der direkten Kreisbesteuerung zugrunde gelegte Gesamtsteuersoll im Laufe eines Rechnungsjahrs durch Abgänge nach Abzug der Zugänge um mehr als zehn Prozent verringert worden, so ist der Mehrbetrag des Ausfalls auf Antrag vom Kreise zu erstatten. Bei geringerem Ausfalle kann der Kreisausschuß auf Antrag Erstattung gewähren.

[Das Diensteinkommen der unmittelbaren und mittelbaren Staatsbeamten darf zu den auf das Einkommen gelegten Kommunalsteuern nur mit den aus den §§ 4 und 5 Abs. 1 der Verordnung vom 23. September 1867 (Gesetzsamml. S. 1648) sich ergebenden Beschränkungen herangezogen werden. Soweit sich der von dem Diensteinkommen gemäß § 4 a. a. O. berechnete Kommunalsteuerbetrag zufolge der Bestimmungen der §§ 12 und 13 dieses Gesetzes über das nach dem § 5 Abs. 1 jener Verordnung zulässige Maß erhöhen würde, ist der Kreis auf Antrag der Gemeinde (des Gutsbezirkes) zur Erstattung des überschießenden Betrags verpflichtet.]

Abs. 2 muß als aufgehoben gelten, obwohl das Gesetz vom 26. August 1921 dies auszusprechen unterlassen hat.

* § 16. Auf die Rechtsmittel gegen die Heranziehung (Veranlagung) zu Gebühren, Beiträgen und indirekten Steuern finden § 14 Abs. 2 und § 11 Abs. 4, 5 dieses Gesetzes, auf die Nachforderung, Verjährung und Beitreibung von Kreisabgaben die §§ 87, 88 und 90, auf die rückwirkende Kraft neuer Abgabenordnungen § 70 a des Kommunalabgabengesetzes entsprechende Anwendung.

Die Gemeinden und Gutsbezirke sind zur Wahrnehmung örtlicher Geschäfte der Veranlagung und Erhebung von Kreisabgaben nach Anweisung des Kreisausschusses verpflichtet. Im übrigen finden auf diese Veranlagung die §§ 62 und 63 des Kommunalabgabengesetzes entsprechende Anwendung.

* § 17. In Abgabenordnungen können Strafen wegen Zuwiderhandlungen bis zur Höhe von 1000 Mark angedroht werden. Für bereits in Kraft getretene Steuerordnungen, die Strafen wegen Zuwiderhandlungen androhen, gilt von dem Inkrafttreten dieses Gesetzes ab ein Betrag von 1000 Mark als Höchststrafe.

Die Strafen sind durch den Kreisausschuß festzusetzen und nach eingetretener Rechtskraft (§ 459 der Strafprozeßordnung) im Verwaltungszwangsverfahren beizutreiben.

Abs. 1 geändert durch Gesetz vom 26. August 1921.

Vergl. ferner KAG. § 81 Anm. 1.

§ 18. Das Rechnungsjahr für den Kreishaushalt beginnt mit dem 1. April und endigt mit dem 31. März.

* § 19. Beschlüsse des Kreistags, welche folgende Angelegenheiten betreffen:

1. die Erhebung von Verwaltungsgebühren und Beiträgen (§§ 4 und 5),
2. den Erlaß oder die Abänderung von Steuerordnungen über indirekte Kreissteuern (§ 6),
3. die Heranziehung der einzelnen Steuerarten zu den direkten Kreissteuern mit verschiedenen Prozentsätzen und die Vornahme einer Revision des Verteilungsmaßstabs vor Ablauf eines fünfjährigen Zeitraums (§ 9 Abs. 2 und 3),
4. die ausschließliche Belastung und die Mehr- oder Minderbelastung einzelner Kreisteile (§ 10),
5. die Erhebung direkter Kreissteuern in einem Betrage, welcher 50 Prozent des gemäß § 7 ihnen zugrunde zu legenden Steuersolls übersteigt,
6. den Erlaß oder die Abänderung einer Steuerordnung über eine Steuer vom Grundbesitze nach dem Veranlagungsmaßstabe des Wertes (§ 8),

bedürfen der Genehmigung des Bezirksausschusses. Die Genehmigung oder Versagung darf nur mit Zustimmung des Kollegiums ausgesprochen werden.

Gegen den auf Beschwerde ergehenden Beschluß des Provinzialrats steht dem Vorsitzenden aus Gründen des öffentlichen Interesses die Einlegung der weiteren Beschwerde an den Minister des Innern und den Finanzminister zu. Hierbei finden die Bestimmungen des § 123 des Gesetzes über die allgemeine Landesverwaltung vom 30. Juli 1883 (Gesetzsamml. S. 195) Anwendung.

§ 20. Die Genehmigung der unter Ziffer 2 und 6 des § 19 bezeichneten Kreistagsbeschlüsse bedarf der Zustimmung des Ministers des Innern und des Finanzministers. Die Erteilung der Genehmigung oder Zustimmung kann in den Fällen dieser Ziffern auf eine bestimmte Frist beschränkt werden.

Die Minister können die Erteilung der Zustimmung auf die Oberpräsidenten übertragen.

* **§ 20 a.** Auf die zeitliche Wirkung der Genehmigung findet § 77 Abs. 3 des Kommunalabgabengesetzes Anwendung.

Neu eingefügt durch Gesetz vom 26. August 1921.

Abschnitt 2.

Provinzialabgaben (Bezirksabgaben).

§ 21. Die Provinzen (Bezirksverbände) sind berechtigt, zur Deckung ihrer Ausgaben nach den Bestimmungen dieses Gesetzes Gebühren, Beiträge und direkte Steuern zu erheben.

Hinsichtlich der Chausseegelder und anderen Verkehrsabgaben bewendet es bei den bestehenden Bestimmungen.

§ 22. Die Provinzen (Bezirksverbände) dürfen von der Befugnis, Steuern zu erheben, nur insoweit Gebrauch machen, als die sonstigen Einnahmen, insbesondere aus dem Provinzial- (Bezirksverbands-) Vermögen, aus Gebühren, Beiträgen und aus den ihnen vom Staate überwiesenen Mitteln zur Deckung ihrer Ausgaben nicht ausreichen.

§ 23. Gewerbliche Unternehmungen der Provinzen (Bezirksverbände) sind grundsätzlich so zu verwalten, daß durch die Einnahmen mindestens die gesamten, durch die Unternehmung der Provinz (dem Bezirksverband) erwachsenden Ausgaben, einschließlich der Verzinsung und der Tilgung des Anlagekapitals, aufgebracht werden.

Eine Ausnahme ist zulässig, sofern die Unternehmung zugleich einem öffentlichen Interesse dient, welches andernfalls nicht befriedigt wird.

§ 24. Der Provinziallandtag (Kommunallandtag) kann die Erhebung von Gebühren und Beiträgen beschließen, auch deren Festsetzung auf den Provinzial- (Landes-) Ausschuß übertragen.

Auf die Gebühren und Beiträge finden die §§ 4 und 5 dieses Gesetzes entsprechende Anwendung.

* § 25. Insoweit als die Überweisungen aus der Reichseinkommen-, Lohn- und Körperschaftssteuer sowie die sonstigen Einnahmen der Provinz ihren Bedarf nicht decken, ist der Fehlbetrag auf die einzelnen Stadt- und Landkreise als Provinzialabgaben zu verteilen.

Als Maßstab der Verteilung dienen je zur Hälfte:

1. die Höhe der den einzelnen Stadt- und Landkreisen zusammen mit den zugehörigen Gemeinden und Gutsbezirken im vorvergangenen Jahre zugewiesenen Anteile an den genannten Reichssteuern, für das Rechnungsjahr 1921 das Verhältnis der gewährleisteten Mindestbeträge im Sinne des § 56 des Landessteuergesetzes in Verbindung mit § 3 des preußischen Ausführungsgesetzes;
2. das Soll der vom Staate veranlagten Realsteuern einschließlich der Betriebssteuern, wie es in Gemeinden nach den Vorschriften des Kommunalabgabengesetzes nach Gemeindebeschlüssen und Vereinbarungen mit Steuerpflichtigen der Gemeindebesteuerung zugrunde zu legen und in Gutsbezirken gemäß § 13 für die Unterverteilung zu veranlagen ist. Soweit in Gemeinden eine Steuerart zu den Abgaben nicht herangezogen ist, wird das Steuersoll durch den Kreisausschuß veranlagt.

Maßgebend für die Verteilung nach dem Soll der Realsteuern ist das Steuersoll des dem jedesmaligen Rechnungsjahre vorangegangenen Rechnungsjahrs nach dem Stande des 1. Januar, und zwar unter Berücksichtigung der bis zu diesem Zeitpunkte festgesetzten Nachveranlagungen, Berichtigungen und sonstigen Soll-Veränderungen (Zu- und Abgänge) ohne Unterschied, ob es sich dabei um Steuern für das laufende Jahr oder aus Vorjahren handelt.

Soll-Veränderungen, die erst nach dem 1. Januar festgesetzt werden, sind bei der Berechnung des Solls für das nächste Jahr zu berücksichtigen.

Hierzu ME. vom 13. März 1922 (MBl. S. 328).

* § 26. Sofern der als Provinzialabgabe verteilte Fehlbetrag die im Vorjahr an die Provinz erfolgten Überweisungen aus der Reichseinkommen-, Lohn- und Körperschaftssteuer überschreitet, so bedarf die Verteilung der Genehmigung.

§ 27. Handelt es sich um Veranstaltungen des Provinzial- (Bezirks-) Verbandes, welche ausschließlich oder in besonders hervorragendem oder geringem Maße einzelnen Kreisen zustatten kommen, so kann der Provinzial- (Kommunal-) Landtag eine ausschließliche Belastung oder eine nach Umfang und Maßstab näher zu bestimmende Mehr- oder Minderbelastung dieser Kreise beschließen. Die Bestimmung im § 5 Abs. 2 findet entsprechende Anwendung.

§ 28. Der vom Provinzial- (Kommunal-) Landtage festgestellte Steuerbedarf wird vom Provinzial- (Landes-) Ausschuß auf die Land- und Stadtkreise verteilt. Die Zahlung an die Provinzial- (Bezirks-, Landes-) Hauptkasse hat zu den von dem Provinzial- (Landes-) Ausschusse zu bestimmenden Terminen zu erfolgen.

Die Höhe des Steuerbedarfs, die Verteilung auf die Kreise und die für die Zahlung bestimmten Termine sind durch die Amtsblätter der Provinz (der Regierungsbezirke) öffentlich bekanntzumachen.

Gegen die Verteilung der Provinzial- (Bezirks-) Steuern steht den Land- und Stadtkreisen binnen einer Frist von vier Wochen der Einspruch zu, über welchen der Provinzial- (Landes-) Ausschuß beschließt.

Gegen den Beschluß des Provinzial- (Landes-) Ausschusses findet innerhalb einer Frist von zwei Wochen die Klage bei dem Oberverwaltungsgerichte statt.

Durch Einspruch und Klage wird die Verpflichtung zur Zahlung der Provinzial- (Bezirks-) Steuern nicht aufgeschoben.

§ 29. Die Land- und Stadtkreise haben den auf sie entfallenden Teil des Provinzial- (Bezirks-) Steuerbedarfs gleich den übrigen Kreis- bezw. Gemeindeausgaben aufzubringen.

* **§ 30.** Für die Aufbringung von Provinzialsteuern in der Provinz Hessen-Nassau gelten folgende Bestimmungen:

1. Bei der Verteilung der Provinzialsteuern auf die Bezirksverbände findet der § 25 sinngemäße Anwendung.
2. Die ausschließliche Belastung und die Mehr- und Minderbelastung eines der beiden Bezirksverbände ist ausgeschlossen.
3. Der Provinzialsteuerbedarf wird vom Provinzialausschuß auf die Bezirksverbände verteilt. Die Zahlung an die Provinzialhauptkasse hat zu den von dem Provinzialausschusse zu bestimmenden Terminen zu erfolgen.
4. Gegen die Verteilung der Provinzialsteuern steht den Bezirksverbänden Einspruch und Klage nach näherer Bestimmung des § 28 Abs. 3 bis 5 zu.
5. Die Bezirksverbände haben den auf sie entfallenden Teil des Provinzialsteuerbedarfs gleich ihren übrigen Ausgaben aufzubringen.

* **§ 31.** Gegen die Heranziehung (Veranlagung) zu Provinzial- (Bezirks-) Gebühren und -Beiträgen steht

den Pflichtigen binnen einer Frist von vier Wochen der Einspruch zu, über welchen der Provinzial- (Landes-) Ausschuß beschließt. Im übrigen findet § 28 Abs. 4 und 5 entsprechende Anwendung.

Für die Nachforderung, Verjährung und Beitreibung der Gebühren und Beiträge sind die §§ 87, 88 und 90, für die rückwirkende Kraft neuer Abgabenordnungen § 70 a des Kommunalabgabengesetzes maßgebend.

* **§ 31 a.** In Abgabenordnungen der Provinzen können Strafen wegen Zuwiderhandlungen bis zur Höhe von 1000 Mark angedroht werden.

Neu eingefügt durch Gesetz vom 26. August 1921.

§ 32. Das Rechnungsjahr für den Haushalt des Provinzial- (Bezirks-) Verbandes beginnt mit dem 1. April und endigt mit dem 31. März.

* **§ 33.** Beschlüsse des Provinzial- (Kommunal-) Landtags bezw. des Provinzial- (Landes-) Ausschusses (§ 24 Abs. 1), welche folgende Angelegenheiten betreffen:

1. die Festsetzung von Verwaltungsgebühren und Beiträgen (§ 24),
2. die ausschließliche Belastung und die Mehr- oder Minderbelastung einzelner Kreise (§ 27),
3. die Erhebung von Provinzial- (Bezirks-) Steuern in einem Betrage, welcher 25 Prozent des gemäß § 25 ihnen zugrunde zu legenden Steuersolls übersteigt,

bedürfen der Genehmigung, und zwar in den Fällen zu 1 und 2 des Ministers des Innern, in den Fällen zu 3 des Ministers des Innern und des Finanzministers. Auf die zeitliche Wirkung der Genehmigung findet § 77 Abs. 3 des Kommunalabgabengesetzes Anwendung.

Schluß- und Übergangsbestimmungen.

§ 34. Die Vorschriften dieses Gesetzes finden auf die Amts- und Landeskommunalabgaben in den Hohenzollernschen Landen mit der Maßgabe entsprechende Anwendung, daß

1. die Gefällsteuer den Grund- und Gebäudesteuern gleichgestellt wird,
2. die für die Hohenzollernschen Lande geltenden besonderen wegerechtlichen Bestimmungen durch § 27 nicht berührt werden,
3. der § 20 Abs. 2 außer Betracht bleibt.

§ 35. Diejenigen Bestimmungen des Gesetzes, welche die Einführung von Gebühren, Beiträgen und indirekten Steuern in den Kreisen treffen, treten mit dem Tage der Verkündigung, die übrigen am 1. April 1907 in Kraft.

§ 36. Der erstmaligen Verteilung der direkten Kreissteuern ist in den Fällen des § 7 Abs. 4 und des § 13 das für das Rechnungsjahr 1907 festgestellte Veranlagungssoll zugrunde zu legen.

§ 37. Der Minister des Innern und der Finanzminister sind mit der Ausführung dieses Gesetzes beauftragt.

Urkundlich usw.

III.

Gesetz

zur Änderung des Kommunalabgabengesetzes vom 14. Juli 1893 (Gesetzsamml. S. 152) sowie des Kreis- und Provinzialabgabengesetzes vom 23. April 1906 (Gesetzsamml. S. 159) und einiger sonstiger Vorschriften des kommunalen Abgabenrechts.

Vom 26. August 1921. (Gesetzsamml. S. 495.)

Der Landtag hat folgendes Gesetz beschlossen:

I. Änderung des Kommunalabgabengesetzes vom 14. Juli 1893 (Gesetzsamml. S. 152).

(Ist im Gesetzestext berücksichtigt.)

II. Änderung des Kreis- und Provinzialabgabengesetzes vom 23. April 1906 (Gesetzsamml. S. 159).

(Ist im Gesetzestext berücksichtigt.)

III. Sonstige Änderungen der Vorschriften des Kommunalabgabenrechts.

§ 1. Der Siedlungsverband Ruhrkohlenbezirk und Zweckverbände im Sinne des Gesetzes vom 19. Juli 1911 (Gesetzsamml. S. 115) dürfen Verwaltungsgebühren im Sinne des § 6 Abs. 2 des Kommunalabgabengesetzes erheben.

§ 2. Der § 82 des Kommunalabgabengesetzes findet auf den Siedlungsverband Ruhrkohlenbezirk und Zweckverbände sinngemäße Anwendung.

IV. Ausführungsbestimmungen.

§ 1. Der Minister des Innern und der Finanzminister sind mit der Ausführung dieses Gesetzes beauftragt.

§ 2. Dieses Gesetz tritt mit dem Tage seiner Verkündung in Kraft.*)

Das vorstehende Gesetz wird hiermit verkündet, nachdem der Staatsrat von seinem verfassungsmäßigen Rechte des Einspruchs keinen Gebrauch gemacht hat.

Berlin, den 26. August 1921.

Das Preußische Staatsministerium.

*) Das Gesetz ist ausgegeben am 8. September 1921.

IV.

1. Auszug aus der Anweisung zur Ausführung des Kommunalabgabengesetzes vom 14. Juli 1893.*)

Vom 10. Mai 1894.

Teil I. Gemeindeabgaben.

Erster Titel.

Allgemeine Bestimmungen.

Aus Artikel 1.

Das Abgabenrecht der Gemeinden im allgemeinen (§ 1).

2. Der § 1 des Gesetzes erstreckt sich nicht auf die selbständigen Gutsbezirke, welche im übrigen hinsichtlich ihrer Pflichten und Leistungen den Gemeinden vielfach gleichgestellt sind. Die Unterverteilung von Kommunallasten in den Gutsbezirken beschränkt sich, abgesehen von der Verteilung der Kreislasten, auf die Kosten der Armenpflege (§§ 8 ff. des Gesetzes, betreffend die Ausführung des Reichsgesetzes über den Unterstützungswohnsitz, vom 8. März 1871, GS. S. 130) und auf die Kriegsleistungen (§ 8 des Gesetzes

*) Bei der Herstellung dieses „Auszugs" wurde davon ausgegangen, daß erhebliche Teile dieser zurzeit formell noch in Kraft stehenden Anweisung veraltet sind; durch die Herausschälung der heute für die Praxis noch bedeutsamen Vorschriften soll die Übersichtlichkeit und der praktische Gebrauch erleichtert werden. Ausgeschieden sind aus diesem Grunde auch alle rein dogmatischen Ausführungen sowie die zahlreichen Stellen, die lediglich den Gesetzestext wiederholen.

Bei der Durchführung erforderte die Entscheidung in manchen

über die Kriegsleistungen vom 13. Juni 1873, RGBl. S. 129). Was jedoch die Provinz Westfalen betrifft, so bewendet es hinsichtlich der Unterverteilung der den Gutsbezirken überhaupt obliegenden öffentlichen Lasten bei der Vorschrift im § 26 Abs. 4 der Kreisordnung für die Provinz Westfalen vom 31. Juli 1886 (GS. S. 217).

Aus Artikel 2.

Das Steuerrecht der Gemeinden im allgemeinen (§ 2).

4. Die Regel, wonach die Erhebung der Steuern sich auf den notwendigen Bedarf zu beschränken hat, schließt aus, daß Gemeindevermögen, dessen Einkünfte in Zukunft zur Deckung der Gemeindeausgaben dienen sollen, durch Steuererhebung angesammelt werde. Sie hindert dagegen nicht, daß Fonds für bestimmte Zwecke (Schulbau-, Pflasterungskosten usw.), deren Beschaffung auf einmal den Steuerpflichtigen zu schwer fallen würde, im Laufe der Jahre allmählich angesammelt werden. Sie würde auch der Bildung eines Betriebsfonds (sog. eisernen Fonds) nicht im Wege stehen, aus welchem die Gemeindeausgaben alljährlich, solange Steuern noch nicht erhoben werden können, vorläufig zu decken sind.

Aus Artikel 3.

Gewerbliche Unternehmungen (§ 3).

1. Für die Verwaltung gewerblicher Unternehmungen ist der Grundsatz maßgebend, daß durch die Einnahmen

Fällen allerdings eine gewisse Willkür, für die um Nachsicht gebeten wird. Die in der Ausführungsanweisung in Bezug genommenen Gesetze usw. sind zu einem erheblichen Teil inzwischen außer Kraft getreten. Von der Angabe der an ihre Stelle getretenen Bestimmungen mußte aber mit Rücksicht auf den dauernden Wechsel gerade in der Steuergesetzgebung an dieser Stelle abgesehen werden. Es wird auf die Anmerkungen zu den entsprechenden Paragraphen des Kommunalabgabengesetzes verwiesen.

mindestens die gesamten durch die Unternehmung der Gemeinde erwachsenden Ausgaben einschließlich der Verzinsung und Tilgung des Anlagekapitals aufgebracht werden. Dieser Grundsatz schließt nicht aus, daß unter besonderen Umständen oder aus besonderen Gründen, beispielsweise im Anfange des Betriebes, Überschüsse nicht erzielt werden, er verlangt aber, daß die Verwaltung in der Art und mit der Absicht geleitet werde, Betriebsüberschüsse, mindestens eine Verzinsung und Tilgung des Anlagekapitals zu erzielen.

2. Eine Ausnahme von der eingangs erwähnten Regel ist zulässig, sofern die Unternehmung, wie solches bei Wasserwerken, Markthallen usw. der Fall zu sein pflegt, zugleich einem öffentlichen Interesse dient, welches andernfalls nicht befriedigt wird. Aber auch bei solchen Unternehmungen muß, soweit es sich nicht um die Befriedigung eines derartigen öffentlichen Interesses handelt, die Erzielung von angemessenen Erträgen den leitenden Grundsatz der Verwaltung bilden. Das Entgelt für die gebotene Leistung darf nicht zum Vorteile einzelner hinter dem nach wirtschaftlichen Rücksichten für angemessen zu erachtenden Preise zurückbleiben.

Zweiter Titel.

Gebühren und Beiträge.

Aus Artikel 4.

Allgemeine Bestimmungen (§ 4 Abs. 1, § 6 Abs. 1 und 2, § 7).

3. Die Feststellung der Voraussetzungen für die Entrichtung von Gebühren, der Gebührensätze und der Art und Weise der Erhebung erfolgt zweckmäßig durch Gebührenordnungen, in welchen zugleich die geeigneten Bestimmungen wegen Befreiung von den Gebühren oder Ermäßigung der Gebührensätze für unbemittelte Personen zu treffen sind.

Die Gebührenordnungen sind in ortsüblicher Weise bekanntzumachen, die Gebührentarife sind in den geeigneten

Fällen durch dauernden Aushang zur Kenntnis der Pflichtigen zu bringen.

Aus Artikel 5.

Gebühren im engeren Sinne (§§ 4, 5, 8 und 111).

1. Nach Abs. 2 des § 4 muß die Erhebung von Gebühren erfolgen, wenn eine Veranstaltung einzelnen Gemeindeangehörigen oder einzelnen Klassen von solchen vorzugsweise — wenn auch nicht ausschließlich — zum Vorteil gereicht. Hat aber die Gemeinde durch Beiträge (Art. 7) oder durch Mehr- oder Minderbelastung (Art. 13) eine Ausgleichung wegen der ihr durch die Veranstaltung erwachsenen Kosten ganz oder teilweise herbeigeführt, so sind Gebühren überhaupt nicht oder nur insoweit zu erheben, als die Ausgleichung nicht völlig erreicht ist.

Eine obere Grenze für die Gebührensätze ist im übrigen im Gesetze nicht vorgeschrieben. Besteht hiernach im allgemeinen auch die Möglichkeit, die Gebührensätze so zu bemessen, daß die Veranstaltung Überschüsse abwirft, so würde eine derartige Bemessung der Gebühren doch nur aus besonderen Gründen sich empfehlen. Dementsprechend hat das Gesetz — abweichend von der im § 3 bezüglich der gewerblichen Unternehmungen getroffenen Bestimmung — nicht angeordnet, daß durch die Einnahmen einer Veranstaltung die Kosten der Veranstaltung mindestens zu decken seien.

2. Nach Abs. 3 des § 4 ist eine entsprechende Ermäßigung der Gebührensätze und selbst der Fortfall der Erhebung von Gebühren in Fällen gestattet, in denen eine Verpflichtung zur Benutzung einer Veranstaltung für alle Gemeindeangehörigen oder für einzelne Klassen derselben besteht oder die Genannten auf die Benutzung der Anstalt, sei es auch nur tatsächlich, angewiesen sind. Diese Vorschrift des Gesetzes wird beispielsweise Anwendung finden, wenn es sich um die Festsetzung der Gebühren für die Benutzung

von Hafen-, Werft- und ähnlichen Anlagen handelt, welcher sich die Gewerbetreibenden in einer Gemeinde, ohne auf den Betrieb ihres Gewerbes zu verzichten, füglich nicht entziehen können; sie wird dagegen beispielsweise keine Anwendung finden bei der Festsetzung von Gebühren für die Benutzung von Speichern, Niederlagen usw., d. h. von Anlagen, die wenigstens in der Regel wesentlich nur zur Erleichterung oder Bequemlichkeit des gewerblichen Verkehrs dienen. Soweit die Vorschrift Platz greift, ist die Ermäßigung oder der gänzliche Fortfall der Gebühren nur gestattet.

3. Bezüglich der Veranstaltungen des § 4 Abs. 4 Satz 1 ist es dem Ermessen der Gemeinden überlassen, ob und in welcher Höhe Gebühren für ihre Benutzung zu erheben sind.

Unter den Fachschulen sind gleichfalls nur die höheren zu verstehen. Das Gesetz bezieht sich somit nicht auf Fortbildungs-, Näh-, Haushaltungs- und ähnliche Schulen niederer Art.

Die Angemessenheit des Schulgeldes ist nicht etwa nach der Höhe des Schulgeldes an Schulen gleicher Art, insbesondere an den entsprechenden Staatsanstalten, sondern nach den Gesamtausgaben, welche die Schulen der Gemeinde, verursachen und nach dem Gesamthaushalt der Gemeinden zu beurteilen. Jedenfalls darf nicht zugunsten der Besucher der höheren Schulen die Steuerkraft der Gemeinden in unverhältnismäßiger Weise in Anspruch genommen werden.

6. Wegen der Gebühren für die Untersuchung des in öffentlichen Schlachthäusern ausgeschlachteten Fleisches hat § 11 es bei dem bisherigen Rechte bewenden lassen, wonach die Höhe der Tarifsätze so zu bemessen ist, daß die für die Untersuchung zu entrichtenden Gebühren die Kosten dieser Untersuchung nicht übersteigen dürfen. Dagegen können die Gebühren für die Untersuchung des nicht in öffentlichen

Schlachthäusern ausgeschlachteten Fleisches über die Kosten der Untersuchung hinaus in einer den Gebühren für die Schlachthausbenutzung entsprechenden Höhe bemessen werden. Die Zulassung dieser Erhöhung ermöglicht einen angemessenen Ausgleich zwischen den auf die Benutzung eines öffentlichen Schlachthauses angewiesenen Schlächtern und denjenigen Gewerbetreibenden, für welche beim Verkauf des von auswärts eingeführten ausgeschlachteten Fleisches der Zwang einer solchen Benutzung nicht besteht. Mit dieser Angabe der Absicht des Gesetzes sind die Voraussetzungen, unter welchen, und die Grenzen bezeichnet, innerhalb deren die Vorschrift des Gesetzes zur Ausführung zu bringen ist.

Die Notwendigkeit der Genehmigung von Gemeindebeschlüssen auf Grund des Abs. 3 des § 11 ergibt sich aus § 131 des Zuständigkeitsgesetzes vom 1. August 1883 in Verbindung mit Art. 1 Abs. 2 des Gesetzes vom 9. März 1881 (GS. S. 273).

Aus Artikel 6.

Verwaltungsgebühren (§§ 6 und 8).*)

1. ... Den Amtsbezirken, den Ämtern in Westfalen und den Landbürgermeistereien in der Rheinprovinz ist das Recht der Gebührenerhebung in den vorbezeichneten Fällen (§ 6 Abs. 1) beigelegt worden, weil diese Verbände — sofern das Amt oder die Landbürgermeisterei nicht aus einer Gemeinde besteht — für die polizeiliche Verwaltung zuständig sind, wogegen die Gemeinden für die Kosten der Polizeiverwaltung aufzukommen haben.

Die Berechtigung der Amtsbezirke usw. zur Gebührenerhebung schließt die Erhebung von Gebühren seitens der Gemeinden aus. Das gleiche gilt für diejenigen Gemeinden,

*) Vergl. Ausführungsanweisung zur Novelle vom 26. August 1921 Art. 1 und 2, unten Abschnitt IV. 2 (S. 219).

innerhalb deren die Beaufsichtigung der Bauten usw. einer Polizeiverwaltung übertragen ist.

3. ... Bei der Verwaltung soll nicht auf die Erzielung von Überschüssen hingewirkt werden. Dagegen ist es nicht ausgeschlossen, daß die Kosten solcher Verwaltungszweige, welche ausschließlich oder vorzugsweise den Interessen einzelner dienen, in den als Gegenleistung erscheinenden Gebühren ihre Deckung finden. Hierbei bedarf es nicht etwa kleinlicher Berechnungen, um die Erzielung geringfügiger Überschüsse auszuschließen oder eine zahlenmäßig genaue Übereinstimmung zwischen dem Kostenbetrage und dem entsprechenden Gebührenaufkommen zu erzielen.

Sofern derselbe Verwaltungszweig gebührenpflichtige und gebührenfreie Geschäfte umfaßt, sind behufs Bemessung der Gebührensätze die Kosten der Verwaltung auf beide Arten von Geschäften im ganzen zu verteilen.

Auf Verwaltungsgebühren, die gesetzlich eingeführt oder auf Grund der bestehenden Gesetzgebung von den zuständigen Behörden festgestellt worden sind, wie Paßgebühren, Eichgebühren, Gebühren der Standesämter, Gebühren im Verwaltungsstreitverfahren usw. beziehen sich die Vorschriften des Gesetzes nicht.

Aus Artikel 7.

Beiträge (§§ 9 und 10).

1. Die Erhebung von Gebühren (Art. 5) wie von Beiträgen verfolgt den gemeinschaftlichen Zweck, diejenigen Personen, denen durch eine Veranstaltung der Gemeinde besondere Vorteile erwachsen, vor den übrigen Gemeindeangehörigen zu den Kosten dieser Veranstaltung heranzuziehen. Das Unterscheidende liegt zunächst darin, daß zu Beiträgen nur Grundeigentümer und Gewerbetreibende herangezogen werden dürfen. Sodann können Gebühren nur unter der Voraussetzung einer Benutzung der Ver-

anstaltung, Beiträge dagegen auch ohne solche Benutzung lediglich auf Grund der gewährten Vorteile erhoben werden. Gebühren sind ferner, je nachdem die Benutzung erfolgt, jedesmalig oder fortdauernd zu entrichten, wogegen es sich bei den Beiträgen um einen einmaligen Zuschuß handelt, der indessen nicht notwendig in einem Betrage geleistet zu werden braucht, sondern je nach dem Beschlusse der Gemeinden auch in Teil- oder Rentenzahlungen entrichtet werden kann.

2. Ob Beiträge zu erheben sind, hat das Gesetz im allgemeinen der freien Entschließung der Gemeinden anheimgestellt. Die Verpflichtung zur Erhebung von Beiträgen tritt nur dann ein, wenn andernfalls die Kosten durch Steuern aufzubringen sein würden. Diese Voraussetzung wird stets vorliegen, sobald in einer Gemeinde, in welcher es sich um die Erhebung von Beiträgen handelt, überhaupt Steuern erhoben werden.

Soll, entgegen der gedachten Verpflichtung, von der Beitragserhebung Abstand genommen werden, so bedarf es der Rechtfertigung durch besondere Gründe.

3. In der Regel werden die Gemeinden sich über die Erhebung von Beiträgen vor der Ausführung einer Veranstaltung schlüssig zu machen haben. Unbedingt notwendig ist dies jedoch nicht. Das Gesetz gestattet die Erhebung von Beiträgen auch nach Ausführung einer Veranstaltung.

Anlangend das Verhältnis des § 9 zu den §§ 4 und 20, so ergibt sich schon aus der Fassung des § 4 Abs. 2, daß bei einer und derselben Veranstaltung zugleich die Erhebung von Gebühren und von Beiträgen eintreten kann, wenn durch eine dieser beiden Vorausbelastungen eine volle Ausgleichung der den Pflichtigen aus der Veranstaltung erwachsenen Vorteile nicht bewirkt wird. Unter den gleichen Voraussetzungen ist auch die Erhebung von Gebühren neben einer Mehrbelastung im Sinne des § 20 Abs. 2 zulässig. Ausgeschlossen ist dagegen die Verbindung von Beiträgen mit einer Mehrbelastung im Sinne des § 20 Abs. 2. Eine solche Verbindung würde leicht zur Verwirrung und zu einer nicht gewollten Doppelbelastung führen. Der Umstand, daß der Kreis der nach § 20 Verpflichteten sich mit demjenigen der nach § 9 Verpflichteten nicht immer deckt, steht dem nicht entgegen. Es ist Sache der Gemeinden, von Fall zu Fall zu prüfen, welcher der beiden vom Gesetze offengelassenen Wege der geeignete ist.

4. Die Beitragsleistung darf sich niemals auf den gesamten Kostenbedarf einer Veranstaltung erstrecken. Vielmehr ist der dem öffentlichen Interesse entsprechende Teil des Kostenbedarfs einer Veranstaltung aus den zur Bestreitung der allgemeinen Ausgaben bestimmten Einkünften der Gemeinde und nur der hiernach verbleibende Restbetrag durch Beiträge zu decken.

5. Die Vorschrift im § 15 des Gesetzes vom 2. Juli 1875 (GS. S. 561), wonach die Kosten der Anlegung und Unterhaltung von Straßen den angrenzenden Eigentümern, im Falle der Heranziehung derselben, ausschließlich nach Verhältnis der Länge ihrer die Straße berührenden Grenze zur Last zu legen sind, hat sich in der Praxis nicht überall bewährt. Dieser Maßstab kann nicht nur wegen der verschiedenen Gestaltung der Bauplatzflächen zu einer unbilligen und ungleichmäßigen Kostenverteilung führen, sondern er begünstigt auch die Neigung zu einer der Gesundheit nachteiligen Ausnutzung der Flächen durch Errichtung von hohen Gebäuden, von Hofwohnungen usw. Das Kommunalabgabengesetz hat deshalb gestattet, daß die im § 15 a. a. O. vorgesehenen Beiträge nach einem anderen als dem dort angegebenen Maßstabe, insbesondere nach der bebauungsfähigen Fläche, bemessen werden dürfen.

Im übrigen sollen gemäß § 10 die Vorschriften des Gesetzes vom 2. Juli 1875 in Kraft bleiben. Das letztere Gesetz betrifft, wie sich aus der Überschrift und dem § 1 desselben ergibt, die Anlegung und die Veränderung von Straßen und Plätzen in Städten und ländlichen Ortschaften. Nach § 15 dieses Gesetzes kann durch Ortsstatut festgesetzt werden, daß unter den dort angegebenen Voraussetzungen von dem Unternehmer der neuen Anlage oder von den angrenzenden Eigentümern die dort des näheren bezeichneten baulichen Ausführungen oder Beiträge zu den Kosten derselben geleistet werden. Handelt es sich somit um die Anlegung oder Veränderung von Straßen und Plätzen in Städten und ländlichen Ortschaften und um die Festsetzung der Leistungen, welche die Gemeinde aus diesem Grunde zu fordern berechtigt ist, so ist der Kreis der Verpflichteten und der Umfang der Verpflichtungen lediglich nach den Vorschriften des beregten Gesetzes zu bestimmen.

Aus Artikel 8.

Kurtaxen (§ 12).

Die Verpflichtung zur Leistung der Vergütungen ist nicht wie bei den Gebühren (Art. 4) durch die Benutzung der Veranstaltungen bedingt.

Dritter Titel.

Gemeindesteuern.

Erster Abschnitt.

Indirekte Gemeindesteuern.

Aus Artikel 9.

Allgemeine Bestimmungen (§ 13 Abs. 1 und 2, §§ 17 und 18).

1. Die Gemeinden sind innerhalb der durch die Reichsgesetze (Art. 10) und durch die Vorschriften im § 14 ge-

zogenen Grenzen zur Erhebung indirekter Steuern befugt. Sie sind deshalb auch in der Einführung anderer als der in den §§ 14 bis 16 bezeichneten indirekten Steuern rechtlich nicht behindert.

2. Den Gemeinden sind Vereinbarungen mit den Beteiligten gestattet, wonach der Jahresbetrag der zu entrichtenden indirekten Steuern für mehrere Jahre im voraus bestimmt wird. Die hierdurch gewährten Vorteile bestehen einerseits in der Erzielung einer größeren Gleichmäßigkeit des Steueraufkommens, andererseits in der Vermeidung lästiger und kostspieliger Kontrollen. Dagegen dürfen derartige Vereinbarungen nicht zu einer Schmälerung der Einnahmen der Gemeinden aus den indirekten Steuern zum Vorteile der Pflichtigen führen. Die Gemeinden haben bei Nachsuchung der vorgeschriebenen Genehmigung die hierauf bezüglichen Nachweise beizubringen.

4. Die Steuerordnungen sind in ortsüblicher Weise bekanntzumachen. Die hierauf bezüglichen Nachweise sind aufzubewahren.

Aus Artikel 10.

Verbrauchssteuern (§ 13 Abs. 1, §§ 14 und 19).

1. Hinsichtlich der Verbrauchssteuern bestehen zurzeit für die Gemeinden mehrfache reichsgesetzliche Beschränkungen (Art. 5 I und II, § 7 des Zollvereinigungsvertrages vom 8. Juli 1867 — RGBl. S. 81 —).

Ausländische Erzeugnisse, die bereits mit einem Zolle von mehr als 15 Groschen für den Zentner (3 Mark für 100 Kilogramm) belegt worden sind, sollen keiner weiteren Abgabe für Rechnung der Kommunen unterliegen; indessen ist diese Einschränkung durch das Reichsgesetz vom 27. Mai 1885 (RGBl. S. 109) insoweit in Fortfall gekommen, als es sich um die Besteuerung von Bier und Branntwein handelt.

Bezüglich der inländischen und der vereinsländischen Erzeugnisse gelten folgende Beschränkungen:

a) Kommunale Verbrauchssteuern, mögen sie in Zuschlägen zu den Reichs- (Staats-) Steuern oder für sich bestehen, dürfen nur von folgenden zur örtlichen Konsumtion bestimmten Gegenständen: Bier, Essig, Cider (Obstwein), ferner Brennmaterialien, Marktviktualien und Forage erhoben werden. Eine Verbrauchssteuer von Wein ist nur in den eigentlichen Weinländern gestattet; hierzu gehören im Gebiete des preußischen Staates ausschließlich die vormals königlich bayerischen, großherzoglich hessischen und herzoglich nassauischen Landesteile.

b) Die Besteuerung des Branntweins ist nur denjenigen Gemeinden gestattet, welche schon vor dem Abschlusse des Zollvereinigungsvertrages vom 8. Juli 1867 und seitdem ununterbrochen bis zur Gegenwart eine solche Abgabe erhoben haben, und zwar zu demjenigen Betrage, zu welchem die Abgabe innerhalb der Grenze des vertragsmäßigen Maximalsatzes (8,73 Pfennig für 1 Liter 50 prozentigen Branntwein) erhoben worden ist. Die Einführung neuer und die Erhöhung bestehender kommunaler Branntweinsteuern ist ausgeschlossen, weil der für die kommunale Besteuerung und die Staatssteuer zusammen vorgesehene Maximalsatz der Besteuerung durch das Reichsgesetz, betreffend die Besteuerung des Branntweins, vom 24. Juni 1887 (RGBl. S. 253) erfüllt ist.

c) Die Besteuerung des Bieres ist allen Gemeinden mit der Beschränkung gestattet, daß der Steuersatz 20 Prozent des im Zollvereinigungsvertrage für die Staatssteuer vereinbarten Maximalsatzes nicht überschreitet; der höchste Satz der kommunalen Bierbesteuerung beträgt hiernach für das Bier 65 Pfennig für 1 Hektoliter.

d) Soweit die Besteuerung des Weines den Gemeinden gestattet ist, dürfen die Steuersätze 20 Prozent der im Art. 5 II § 2 c für die Staatssteuer vereinbarten Maximalsätze nicht übersteigen; der höchste Steuersatz für Weine beträgt, wenn die Abgabe ohne Rücksicht auf den Wert des Weines festgesetzt wird, 1,22 Mark und, wenn die Abgabe mit Rücksicht auf den Wert des Weines erhoben wird, 2,18 Mark für 1 Hektoliter. Höhere Abgaben können forterhoben werden, wenn sie schon vor dem Abschluß des Zollvereinigungsvertrages und seitdem ununterbrochen bis zur Gegenwart erhoben worden sind.

e) Für alle kommunalen Verbrauchssteuern gilt der allgemeine Grundsatz, daß die sämtlichen vereinsländischen Erzeugnisse der betreffenden Art gleichmäßig besteuert werden müssen. Hiernach sind z. B. Befreiungen des im Bezirke der besteuernden Gemeinde gebrauten Bieres und des selbst hergestellten Obstweins nicht zulässig.

II. Besondere Bestimmungen.

1. Realsteuern.

A. Vom Grundbesitz.

Aus Artikel 16.

Steuerpflicht und Befreiung (§ 24).

1. Den Steuern vom Grundbesitz sind ohne Unterschied in Beziehung auf die Person des Eigentümers alle in der Gemeinde belegenen Grundstücke unterworfen, für welche nicht eine Befreiung entweder durch besonderen Rechtstitel oder durch eine ausdrückliche Anordnung des Gesetzes selbst begründet ist.

Zur Erläuterung der durch das Gesetz selbst vorgesehenen Ausnahmen von der allgemeinen Steuerpflicht ist folgendes zu bemerken:

a) Die Bestimmung zu einem öffentlichen Dienste oder Gebrauche, welche nach § 24 c die Voraussetzung für die Steuerbefreiung der Grundstücke und Gebäude des Staates, der Provinzen usw. bildet, muß eine unmittelbare sein. Grundstücke und Gebäude, welche nur mittelbar dem öffentlichen Dienste oder Gebrauche oder welche zu Erwerbszwecken dienen, namentlich die Dienstgrundstücke und Dienstwohnungen der Beamten, genießen die Befreiung nicht. Erstreckt sich die Bestimmung zu einem öffentlichen Dienste oder Gebrauche nur auf einen Teil des Grundstücks oder Gebäudes, so kommt die Steuerfreiheit nur diesem Teile zu.

b) Die Bestimmungen im § 24 h beziehen sich lediglich auf Gebäude, nicht auf Liegenschaften (vergl. § 24 i). Die dort aufgeführten Armen-, Waisen- und öffentlichen Krankenhäuser, Gefängnis-, Besserungs-, Bewahr- und diejenigen Wohltätigkeitsanstalten, welche die Bewahrung vor Schutzlosigkeit oder sittlicher Gefahr bezwecken, sind wegen ihres gemeinnützigen Zweckes steuerfrei, ohne daß zwischen unmittelbarer oder mittelbarer Benutzung der Gebäude für die Zwecke der Anstalt unterschieden würde.

Die nichtöffentlichen Krankenhäuser unterliegen stets der Steuerpflicht. Die Forderung eines Entgelts für Aufnahme und Verpflegung schließt im allgemeinen den Charakter der Öffentlichkeit aus. Wenn aber ein Krankenhaus in überwiegendem Maße für die unentgeltliche Aufnahme Unbemittelter bestimmt ist, so wird ihm durch die Forderung einer Vergütung gegenüber bemittelten Personen der Charakter der Öffentlichkeit nicht benommen.

Die im § 24 h ferner aufgeführten Gebäude milder Stiftungen (mit selbständiger Rechtspersönlichkeit) genießen, falls die Gemeinden nicht etwa gemäß der Schlußbestimmung im § 24 h eine weitere Ausdehnung beschließen, nur insoweit Steuerbefreiung, als sie für die Zwecke der Stiftung unmittelbar benutzt werden. Es scheiden somit diejenigen Gebäude aus, deren Ertrag zwar zur Förderung der Zwecke der Stiftung bestimmt ist, die jedoch dem Stiftungszwecke nicht unmittelbar dienen, sondern beispielsweise zu gewerblichen Zwecken verwandt oder vermietet werden usw. Dagegen findet die Befreiung, wenn nur im übrigen die Voraussetzung des Gesetzes zutrifft, auf die Gebäude der Stiftung ohne Unterschied der Art ihrer Benutzung Anwendung, beispielsweise auch auf Ökonomiegebäude.

c) Dienstgrundstücke und Dienstwohnungen der Geistlichen, Kirchendiener und Volksschullehrer sind steuerfrei, soweit ihnen bisher die Befreiung von den Gemeindeauflagen zugestanden hat. Die Ausnahmebestimmung des Gesetzes findet daher auch in denjenigen Fällen Anwendung, in welchen von den bezeichneten Grundstücken und Wohnungen zwar keine Realabgaben an die Gemeinde, wohl aber solche an den Staat zu entrichten waren.

d) Die im § 3 Nr. 7 des Gebäudesteuergesetzes vom 21. Mai 1861 (GS. S. 317) aufgeführten unbewohnten Gebäude, welche zu landwirtschaftlichen oder gewerblichen Zwecken benutzt werden, sind zwar im § 24 des Kommunalabgabengesetzes ebensowenig wie im § 17 der Kreisordnung vom 13. Dezember 1872 ausdrücklich als steuerfrei aufgeführt worden. Hier wie dort hat es aber nicht in der Absicht der Gesetzgebung gelegen, diese Gebäude der Gebäudesteuer zu unterwerfen.

2. Gemäß der Vorschrift am Schlusse des § 24 bleiben die Bestimmungen der Kabinettsorder vom 8. Juni 1834

in Geltung und werden auf diejenigen Gemeinden ausgedehnt, in welchen dieselben Geltung noch nicht haben.

Die Kabinettsorder vom 8. Juni 1834 trifft Bestimmung darüber, „ob ein Grundstück, welchem wegen seiner Bestimmung zu öffentlichen oder gemeinnützigen Zwecken die Befreiung von den Staatssteuern zusteht, deshalb auch den örtlichen Kommunalsteuern nicht unterworfen sei".

Zu diesem Behufe unterscheidet die Order zwischen denjenigen „Provinzen und Ortschaften, in welchen die Vorschriften des Allgemeinen Landrechts und des Gemeinen Rechts verbindliche Kraft haben", und der Rheinprovinz, ferner zwischen Grundstücken, die bereits vor Erlaß der Order zu öffentlichen oder gemeinnützigen Zwecken erworben worden waren, und solchen, die erst nach Erlaß der Order zu diesen Zwecken erworben werden möchten; endlich zwischen bebauten und unbebauten Grundstücken. Nach Inhalt der Order haben im Gebiete des Allgemeinen Landrechts und des Gemeinen Rechts diejenigen Grundstücke, welche bereits bei Erlaß der Order erworben waren, ohne Unterschied zwischen bebauten und unbebauten, gemeindeabgabenfrei oder -pflichtig zu bleiben, je nachdem sie damals abgabenfrei oder -pflichtig waren. Von den nach Erlaß der Order zu den angegebenen Zwecken erworbenen und deshalb steuerfrei gewordenen Grundstücken sollen die nicht bebauten mit der Staatssteuerfreiheit auch die Befreiung von den Gemeindeabgaben erhalten, wogegen von den bebauten „die Realverpflichtungen, die vermöge des Kommunalverbandes vor der Erwerbung geleistet worden sind, fernerhin davon geleistet werden".

Nach der Schlußbestimmung des § 24 des Kommunalabgabengesetzes soll auf dem beregten Gebiete einheitliches Recht geschaffen werden. Demgemäß ist auf die Abänderungen, welche für einzelne Landesteile ergangen sind, keine

Rücksicht zu nehmen, vielmehr überall lediglich nach den für das Gebiet des Allgemeinen Landrechts und des Gemeinen Rechts gegebenen Vorschriften der Kabinettsorder vom 8. Juni 1834 zu verfahren. Nur muß in den Gemeinden der Provinz Hessen-Nassau, der Provinz Hannover und in den Stadtgemeinden der Provinz Schleswig-Holstein, woselbst die Kabinettsorder bisher nicht in Geltung war, als Normaltag für die vergangenen Fälle nicht der 8. Juni 1834, sondern der Tag des Inkrafttretens des Kommunalabgabengesetzes gelten, und es kann sich ferner nach dem Inkrafttreten des Gesetzes wegen Aufhebung direkter Staatssteuern vom 14. Juli 1893 (GS. S. 119) bei allen Neuerwerbungen nicht mehr darum handeln, ob dem Grundstücke die Befreiung von Staatssteuern zusteht, sondern ob sie ihm nach Maßgabe der bis zum Inkrafttreten dieses Gesetzes in Geltung gewesenen Vorschriften zustehen würde.

B. Vom Gewerbebetriebe.

Aus Artikel 19.

Steuerpflicht und Befreiung (§ 28).

1. ... Dagegen hängt die Steuerfreiheit anderer Geld- und Kreditanstalten der Kommunalverbände (als die in § 3 Nr. 4 Abs. 2 a des Gewerbesteuergesetzes aufgeführten) von der Feststellung ab, ob sie gemeinnützigen Zwecken dienen. Es kommt darauf an, daß die Verwaltung der Anstalt an erster Stelle auf die Beförderung der öffentlichen Wohlfahrt oder des gemeinen Nutzens gerichtet ist und die Erzielung eines Gewinnes nur als Nebenzweck, etwa nur insoweit erfolgt, als dies die finanzielle Sicherstellung des Unternehmens erfordert.

2. Die im § 3 Nr. 4 Abs. 2 und 3 des Gewerbesteuergesetzes vom 24. Juni 1891 dem Finanzminister erteilten Ermächtigungen bleiben, soweit es sich um die staatliche

Veranlagung und die Erhebung von Prozenten der staatlich veranlagten Gewerbesteuer handelt, in Kraft, finden dagegen auf besondere Gewerbesteuern keine Anwendung.

3. Nach § 28 Abs. 3 ist der Betrieb der Staatseisenbahnen und der der Eisenbahnabgabe (Gesetze vom 30. Mai 1853 — GS. S. 449 — und vom 16. März 1867 — GS. S. 465 —) unterliegenden Privateisenbahnen gewerbesteuerfrei.

Die Kleinbahnen sind gewerbesteuerpflichtig (§ 40 des Gesetzes vom 28. Juli 1892 — GS. S. 225 —).

4. Die Gewerbebetriebe des Reichs, zu welchen indessen der Gewerbebetrieb der Reichsbank nicht gehört (§ 28 Nr. 6), sind steuerfrei, weil das Reich unter der Finanzhoheit der Einzelstaaten nicht steht und eine gewerbliche Besteuerung noch nicht zugelassen hat.

5. Zeitliche Begrenzung der Steuerpflicht.

Aus Artikel 41.

(§ 60.)

1. Soweit die Gemeindesteuern in Prozenten der vom Staate veranlagten Realsteuern erhoben werden und etwas anderes nicht bestimmt ist, gelten für den Zeitpunkt des Beginns und des Erlöschens der Steuerpflicht die für die entsprechende Staatssteuer bestehenden Vorschriften.

Als solche kommen in Betracht:

a) hinsichtlich der Grundsteuer § 10 des Grundsteuergesetzes vom 21. Mai 1861 (GS. S. 253), sodann für die Provinzen Rheinland und Westfalen § 34 des Gesetzes vom 21. Januar 1839 (GS. S. 30), für die sieben östlichen Provinzen und die neuerworbenen Landesteile § 34 des Gesetzes vom 8. Februar 1867 (GS. S. 185), für die neuerworbenen Landesteile § 1 des Gesetzes vom 11. Februar 1870 (GS. S. 85);

b) in Ansehung der Gebäudesteuer §§ 17, 19 des Gebäudesteuergesetzes vom 21. Mai 1861 (GS. S. 317) mit den aus § 8 des Gesetzes wegen Aufhebung direkter Staatssteuern vom 14. Juli 1893 und § 26 Abs. 4 des Kommunalabgabengesetzes sich ergebenden Abänderungen;

c) bezüglich der Gewerbesteuer §§ 33, 58 Abs. 2 des Gewerbesteuergesetzes vom 24. Juni 1891;

d) hinsichtlich der Betriebssteuer § 12 Abs. 1 Nr. 3 des Gesetzes wegen Aufhebung direkter Staatssteuern vom 14. Juli 1893 und § 64 des Gewerbesteuergesetzes vom 24. Juni 1891.

2. Soweit der Zeitpunkt des Beginnens und Erlöschens der Steuerpflicht sich hiernach nicht bestimmen läßt, gelangen die Vorschriften im § 60 Abs. 2 zur Anwendung.

6. Veranlagung und Erhebung.

Aus Artikel 42.

Veranlagung (§§ 61 bis 64).

1. Die Pflicht zur Übernahme des Amtes als Mitglied des Steuerausschusses sowie die Befugnis zur Niederlegung des Amtes regeln sich nach den entsprechenden Bestimmungen der Gemeindeverfassungsgesetze.

Aus Artikel 43.

Erhebung (§§ 65 bis 67).

1. Hat eine besondere Mitteilung der Veranlagung zu erfolgen, so ist die Zustellung dieser Mitteilung innerhalb Preußens durch einen öffentlichen Beamten unter Bescheinigung der Behändigung auszuführen. Die Post kann um die Bewirkung der Zustellung ersucht werden. Für

die Zustellung gelten die in den §§ 9 bis 16 der Verordnung vom 7. September 1879 (GS. S. 591) gegebenen Vorschriften mit der Maßgabe, daß an die Stelle der Vollstreckungsbehörde der Gemeindevorstand tritt, welcher die Zustellung anordnet, und daß es nicht der Aufnahme einer förmlichen Zustellungsurkunde bedarf; es genügt eine Bescheinigung des öffentlichen Beamten, welche Ort und Zeit der Zustellung, die Bezeichnung des zugestellten Schriftstückes, die Person, an welche dasselbe übergeben ist sowie die Unterschrift des Beamten enthalten muß. Diese Bescheinigungen können für eine Mehrzahl von Zustellungen tabellarisch zusammengefaßt werden.

Die Zustellungen außerhalb Preußens sind in der Regel mittels eingeschriebenen Briefes gegen einen zu den Akten zurückgelangenden Empfangsschein zu bewirken. — Sind Wohnsitz und Aufenthalt eines Steuerpflichtigen unbekannt, so kann die Zustellung an denselben durch Anheften des zuzustellenden Schriftstücks an der zu Aushängen bestimmten Stelle der veranlagenden Gemeinde erfolgen. Die Zustellung gilt für vollzogen, wenn seit der Anheftung zwei Wochen verstrichen sind.

Vierter Titel.

Naturaldienste.

Aus Artikel 44.

(§ 68.)

1. ... Ist der Grundbesitz verpachtet, so hat der Gemeinde gegenüber der Verpächter, unbeschadet der zwischen ihm und dem Pächter getroffenen Vereinbarung, für die Leistung der Spanndienste einzustehen. Die Zahl der Zugtiere, welche die Bewirtschaftung des Grundbesitzes im Gemeindebezirke erfordert, wird in zahlreichen Fällen mit der Zahl der Zugtiere zusammenfallen, welche der Steuer-

pflichtige tatsächlich hält; ist dies nicht der Fall, weil der Steuerpflichtige beispielsweise auch außerhalb des Gemeindebezirks einen Grundbesitz bewirtschaftet oder ein anderweitiges Gewerbe betreibt, für welches gleichfalls Zugtiere gehalten werden, so muß die für die Bewirtschaftung des Grundbesitzes innerhalb des Gemeindebezirks erforderliche Zahl der Zugtiere besonders ermittelt werden.

Handdienste, zu welchen alle Dienste gerechnet werden, die nicht mit Zugtieren zu leisten sind, insbesondere also auch Botendienste, sind von sämtlichen Steuerpflichtigen gleichheitlich, d. h. in gleichem Maße, zu leisten.

Abweichungen von diesen Bestimmungen sowie von den im Gesetze über das gegenseitige Verhältnis von Spann- und Handdienst gegebenen Anordnungen sind unter Vorbehalt der Genehmigung der Aufsichtsbehörde gestattet. Es ist hierdurch den Gemeinden unter anderem die Möglichkeit eröffnet, solche Steuerpflichtige, welche keinen oder nur unerheblichen Grundbesitz in der Gemeinde haben, dagegen für ihren sonstigen gewerblichen Betrieb zahlreiche Zugtiere halten, in einem Verhältnisse zu den Spanndiensten heranzuziehen, welches ihrer Mitbenutzung der Straßen und Wege in der Gemeinde entspricht.

2. Der Gemeindebeschluß, durch welchen die Leistung der Hand- und Spanndienste geregelt wird, hat die Bedeutung einer statutarischen Anordnung, deren Genehmigung sich nach den entsprechenden gemeindeverfassungsrechtlichen Vorschriften richtet.

3. ... Beschließt die Gemeinde dagegen, daß die Dienste allgemein nicht in Natur, sondern in Geld zu leisten sind, so handelt es sich überhaupt nicht um Naturaldienste im Sinne des § 68, sondern um die Einforderung direkter Steuern, für welche die entsprechenden anderweitigen Bestimmungen des Kommunalabgabengesetzes maßgebend sind.

Fünfter Titel.
Rechtsmittel.
Aus Artikel 45.

(§§ 69 bis 76.)

1. Unter Beiträgen sind die nach § 15 des Gesetzes vom 2. Juli 1875 (GS. S. 561) zu leistenden Anliegerbeiträge inbegriffen. Das Rechtsmittel des Einspruchs faßt die Beschwerde im Sinne des § 37 der Landgemeindeordnung für die östlichen Provinzen vom 3. Juli 1891 (GS. S. 253) in sich.

Zu den Fällen unter § 69 c gehören diejenigen, in welchen Gebühren und Beiträge erfordert, Naturaldienste in Anspruch genommen werden oder die Bekanntmachung der Steuern durch eine in ortsüblicher Weise bewirkte Veröffentlichung der zu erhebenden Prozentsätze erfolgt ist (§ 65).

Der Beschluß über den Einspruch ist schriftlich abzufassen. Über die Art, wie die Zustellung zu bewirken ist, wird auf Art. 43 Bezug genommen.

Sechster Titel.
Aufsicht.
Aus Artikel 47.

Anordnungen (§ 78).

5. ... Im übrigen muß grundsätzlich daran festgehalten werden, daß die Befugnis des § 78 Abs. 1 sich lediglich auf die Herstellung eines den Vorschriften des Gesetzes entsprechenden Zustandes erstreckt. Dagegen darf die Zulassung des Einschreitens aus einem im Gesetze bestimmten Anlasse nicht dazu führen, auf Gebiete hinüberzugreifen, die, wenn auch nach der Auffassung der Aufsichtsbehörde einer anderweitigen Regelung bedürftig, doch der Beschlußfassung der Gemeinde überlassen sind.

Siebenter Titel.

Strafen.

Aus Artikel 48.

Abgabe einer unrichtigen oder unvollständigen Auskunft (§§ 79 und 81 Abs. 1 bis 3).

Die Untersuchung gilt als eingeleitet, sobald die Ermittelungen darüber begonnen haben, ob die gemachten Angaben richtig und vollständig sind.

Ist ein Fall der Strafbarkeit eingetreten, so ist der Gemeindevorstand befugt, die Geldstrafe vorläufig festzusetzen und den Beschuldigten zur Einzahlung des Strafbetrages nebst den durch das Verfahren entstandenen Kosten an die Gemeindekasse binnen einer ihm bekanntgemachten Frist aufzufordern. Die vorläufige Festsetzung ist ausgeschlossen, wenn der Beschuldigte

a) in Preußen keinen Wohnsitz oder

b) auf die vorläufige Festsetzung der Geldstrafe verzichtet hat.

In beiden Fällen, ferner wenn

c) der Beschuldigte die Strafe nebst Kosten innerhalb der gestellten Frist an die Gemeindekasse freiwillig nicht zahlt oder

d) der Gemeindevorstand von der vorläufigen Festsetzung der Geldstrafe Abstand zu nehmen erklärt,

sind die Verhandlungen von dem Gemeindevorstande an die Staatsanwaltschaft des zuständigen Gerichts zur Untersuchung und Entscheidung abzugeben.

Die Beitreibung der vorläufig festgesetzten Strafe im Verwaltungszwangsverfahren ist unstatthaft.

Die sachliche Zuständigkeit des Gerichts bestimmt sich nach § 27 Nr. 1 und 2 und § 75 Nr. 15 des Gerichtsverfassungsgesetzes vom 27. Januar 1877 (RGBl. S. 41) [jetzt vom 20. Mai 1898 (RGBl. S. 371)]; der Gerichtsstand ist begründet nach §§ 7 ff. der Strafprozeßordnung vom 1. Februar 1877 (RGBl. S. 253).

Aus Artikel 49.

Verletzung der Amtsverschwiegenheit (§§ 80 und 81 Abs. 1 und 4).

Der Antrag ist von dem Gemeindevorstande — falls die Angelegenheit überhaupt zu einer gerichtlichen Verfolgung geeignet erscheint — binnen drei Monaten zu stellen, nachdem er Kenntnis von der Handlung und von der Person des Täters erhalten hat (§§ 61 bis 64 des Strafgesetzbuchs für das Deutsche Reich), und zwar bei der Staatsanwaltschaft des Landgerichts, bei dem der Gerichtsstand begründet ist (§§ 7 ff. der Strafprozeßordnung vom 1. Februar 1877).

Im allgemeinen muß Wert darauf gelegt werden, daß dem Steuerpflichtigen, welcher zur Erteilung von Auskunft über seine Erwerbs-, Einkommens- oder Vermögensverhältnisse angehalten wird, der erforderliche Schutz gegen eine unbefugte Offenbarung der erteilten Auskunft nicht versagt bleibt. Es wird daher besonderer Gründe bedürfen, um im gegebenen Falle von der Stellung eines entsprechenden Antrages absehen zu können.

Aus Artikel 50.

Zuwiderhandlungen gegen die Vorschriften in Steuerordnungen (§ 82).

Die Strafen sind durch den Gemeindevorstand mittels Strafbescheides festzusetzen und nach eingetretener Rechtskraft im Verwaltungszwangsverfahren beizutreiben.

Der Strafbescheid muß die strafbare Handlung, das angewendete Strafgesetz (die Steuerordnung) und die Beweismittel bezeichnen, auch die Eröffnung enthalten, daß der Beschuldigte, sofern er nicht eine nach den Gesetzen zugelassene Beschwerde an die höhere Verwaltungsbehörde ergreift, binnen einer Woche nach der Bekanntmachung bei der Verwaltungsbehörde, welche denselben erlassen, oder bei derjenigen, welche ihn bekanntgemacht hat, auf gerichtliche Entscheidung antragen könne. Die Beschwerde richtet sich in Stadtgemeinden nach den Vorschriften in § 7 des Zuständigkeitsgesetzes vom 1. August 1883, in Landgemeinden nach den Vorschriften im § 24 des erwähnten Zuständigkeitsgesetzes beziehungsweise im § 139 der Landgemeindeordnung für die östlichen Provinzen vom 3. Juli 1891 und im § 139 der Landgemeindeordnung für die Provinz Schleswig-Holstein vom 1. Juli 1892.

Wird auf gerichtliche Entscheidung angetragen, so sind die Akten — falls der Strafbescheid bei nochmaliger Erwägung der Angelegenheit nicht zurückgezogen wird — an die zuständige Staatsanwaltschaft zu übersenden (vergl. §§ 459 und 460 der Strafprozeßordnung vom 1. Februar 1877).

Achter Titel.

Nachforderungen und Verjährungen.

A. Nachforderungen.

a) Direkte Steuern. 1. Besondere Gemeindesteuern.

Aus Artikel 51.

Steuerhinterziehung (§ 83).

1. Die Festsetzung der Nachsteuer im Falle einer Steuerhinterziehung (§ 79) ist stets durch den Gemeindevorstand zu bewirken, auch dann, wenn im übrigen die regelmäßige Veranlagung durch einen Steuerausschuß (§ 61) erfolgt. Sie geschieht neben und unabhängig von der Strafe, somit auch in denjenigen Fällen, in welchen die Strafverfolgung wegen Verjährung, wegen des Todes des Steuerpflichtigen usw. ausgeschlossen ist. Dagegen muß bei einer im Strafverfahren wegen mangelnder Feststellung des Tatbestandes eines Steuervergehens erfolgten Freisprechung die Nach-

besteuerung unterbleiben. Ob in einem solchen Falle eine Nachbesteuerung auf Grund des § 84 eintreten kann, ist nach den besonderen Voraussetzungen dieser Gesetzesbestimmung zu beurteilen (vergl. Art. 52).

Aus Artikel 52.

Steuerverkürzung ohne Steuerhinterziehung (§ 84).

1. ... Gänzliche Übergehung liegt vor, wenn ein Steuerpflichtiger nicht in die Steuerliste aufgenommen und infolgedessen überhaupt nicht zur Veranlagung gelangt ist. Entgegen den Vorschriften des Gesetzes usw. steuerfrei geblieben ist beispielsweise, wer zwar in die Steuerliste aufgenommen, jedoch aus unzutreffendem Grunde steuerfrei veranlagt worden ist.

Die Veranlagung ist von dem Gemeindevorstande, jedoch in denjenigen Gemeinden, in welchen ein Steuerausschuß besteht, von diesem zu bewirken.

Aus Artikel 55 und 56.

(§§ 87 und 88.)

Unter dem Jahre, von dessen Ablauf die Frist von drei Jahren nach Abs. 1 Nr. 2 (des § 87) gerechnet wird (desgl. unter „Jahr" in § 88), ist das Rechnungsjahr zu verstehen.

Neunter Titel.

Kosten und Zwangsvollstreckung.

Aus Artikel 58.

Zwangsvollstreckung (§ 90).

Die Vorschrift im § 90, wonach Gebühren, Beiträge, Steuern und Kosten der Beitreibung im Verwaltungszwangsverfahren nach Maßgabe der Verordnung vom 7. September 1879 unterliegen, entspricht dem bisherigen Rechte. Für das Verfahren ist außer der Verordnung noch die dazu erlassene Ausführungsanweisung vom 15. September 1879 zu beachten [jetzt Verordnung vom 15. November 1899 und 18. März 1904 und Ausführungsanweisung vom 20. November 1899 und 4. Juli 1904].

Weiterhin unterliegen jedoch nach § 90 der Beitreibung im Verwaltungszwangsverfahren alle Vergütungen, welche nach einem von der Aufsichtsbehörde — bei Stadtgemeinden von dem Bezirksausschusse, bei Landgemeinden von dem Kreisausschusse — festgestellten Tarife erhoben werden. Das Gesetz geht davon aus, daß es sich bei der Nichtentrichtung dieser an sich lediglich privatrechtlichen Einnahmen der Gemeinden in der überwiegenden Mehrzahl der Fälle lediglich um eine Versäumnis des Schuldners handle und daß die jedesmalige Beschreitung des Rechtsweges in allen derartigen Fällen seitens der Gemeinden mit Weiterungen verknüpft sei, die weder durch das Interesse der Gemeinden noch durch dasjenige des Schuldners begründet sind. Festzuhalten ist indessen bei der Genehmigung, daß der Tarif die Benutzung einer gewerblichen Unternehmung zum Gegenstande haben muß, die auch dem öffentlichen Interesse dient. Beispielsweise kommen in Betracht die Vergütungen für die Benutzung einer Wasserleitung der Gemeinde in denjenigen Fällen, in welchen der Anschluß an die Wasserleitung lediglich von einem Übereinkommen zwischen der Gemeinde und dem Grundbesitzer abhängig ist, ferner Kurtaxen.

Ob die Gemeinden in Fällen dieser Art die Feststellung des Tarifs nachsuchen wollen, ist ihrer Beschlußfassung anheimgestellt.

Berlin, den 10. Mai 1894.

Der Minister des Innern. Der Finanzminister.

2. Anweisung

des Ministers des Innern und des Finanzministers vom 9. März 1922 — IV St. 285 bezw. II A. 2. 876 — zur Ausführung des Gesetzes zur Änderung des Kommunalabgabengesetzes vom 14. Juli 1893, sowie des Kreis- und Provinzialabgabengesetzes vom 23. April 1906 und einiger sonstiger Vorschriften des kommunalen Abgabenrechts vom 26. August 1921 (Gesetzsamml. S. 495).

(Min.Bl. 1922 S. 285.)

Teil I.

Abänderung des Kommunalabgabengesetzes vom 14. Juli 1893.
(Gesetzsamml. S. 152.)

Artikel 1.

Zu § 6.

1. Zu § 6 Abs. 2.

Die bisher auf bestimmte Gegenstände beschränkte Berechtigung (§ 6 Abs. 1 und 2 in der bisherigen Fassung) der in Abs. 1 des § 6 genannten Verbände, Verwaltungsgebühren zu erheben, ist durch die Neufassung des Abs. 2 des § 6 wesentlich erweitert worden. Nunmehr dürfen die Verbände des Abs. 1 in allen, mithin auch in den bisher gebührenfrei zu lassenden Verwaltungszweigen, für einzelne Handlungen ihrer Organe, d. h. für eine Tätigkeit derselben, Verwaltungsgebühren erheben, sofern die Voraussetzungen des Abs. 2 vorliegen.

Nach der allgemeinen Fassung der Vorschrift ist unter den „Handlungen" der „Organe", die hiernach gebührenpflichtig gemacht werden können, grundsätzlich jede behördliche Tätigkeit zu verstehen, sofern sie nicht als durch die Benutzungsgebühren im Sinne des § 4 abgegolten anzusehen ist. Es fällt hierunter also beispielsweise innerhalb der Gemeindeverwaltung sowohl die Verwaltungstätigkeit des Gemeindevorstandes selbst wie auch die der kommunalen Polizei, des Mietseinigungs- und Wohnungsamtes, des paritätischen Arbeitsnachweises, des Wohlfahrtsamtes, der Kohlenstelle und dergl. mehr.

Entsprechend den gesetzlichen Voraussetzungen dürfen jedoch Gebühren insoweit nicht erhoben werden, als Gebührenfreiheit gesetzlich angeordnet ist. Insbesondere muß der mündliche Verkehr mit der Behörde gebührenfrei bleiben, damit das in ihm zutage tretende Vertrauensverhältnis der Bevölkerung zur Behörde nicht gefährdet wird. Schließlich dürfen Gebühren nur auf solche Verwaltungsvorgänge gelegt werden, die „im wesentlichen im Interesse einzelner" erfolgen, derart, daß gebührenfrei diejenigen Amtshandlungen zu belassen sind, bei denen ganz oder überwiegend ein öffentliches Interesse vorliegt. — Die Unterscheidung der Angelegenheiten, die „im wesentlichen im Interesse einzelner" liegen, von denen, bei denen ein öffentliches Interesse obwaltet, wird im Einzelfalle nicht immer leicht sein, da sich persönliches und öffentliches Interesse in einer Angelegenheit vielfach vereinen. Immerhin werden etwaige Zweifel beseitigt werden können, wenn davon ausgegangen wird, daß ein Tätigwerden der Behörden im öffentlichen Interesse regelmäßig dann vorliegen dürfte, wenn es sich hierbei um die Erfüllung von Aufgaben handelt, die zu allgemeinem Nutz und Frommen erfolgt. Als im öffentlichen Interesse liegend wird so insbesondere z. B. die Bearbeitung von Anfragen öffentlich-rechtlicher Körperschaften, sowie solcher Körperschaften zu gelten haben, die als gemeinnützig anerkannt worden sind. Demgegenüber werden als Amtshandlungen, die vorzüglich im Interesse einzelner vorgenommen werden, z. B. die Erteilung sämtlicher obrigkeitlichen besonderen Erlaubnisse und Zeugnisse, die Ausstellung von Bescheinigungen und Beglaubigungen, die Erstattung von Auskünften über Tatsachen oder Rechtsfragen und ähnliche Verrichtungen gelten können, die offensichtlich überwiegend privaten Charakter tragen. Hierunter dürfen also z. B. die Erlaubnis zur Verlängerung der Polizeistunde, die Ausstellung von Aufenthalts- und Leumundszeugnissen, die polizeiliche Beglaubigung der Unterschrift in persönlichen Angelegenheiten, die Erteilung von schriftlichen Auskünften über Wohnungs- und Wirtschaftsverhältnisse an Neuzuziehende und dergl. mehr zu rechnen sein. Auch in der Verwaltung der Gemeindeabgaben können sich Tatbestände ergeben, auf die die gesetzlichen Voraussetzungen für die Einführung von Verwaltungsgebühren zutreffen. So werden z. B. auch bei der Erteilung von Strafbescheiden und Einspruchsbescheiden Verwaltungsgebühren erhoben werden können.

Ob und in welchem Umfange etwa die Verbände des § 6 Abs. 1 noch in anderen als den gesetzlich geregelten Fällen Amtshandlungen gebührenfrei lassen wollen, muß ihrem pflichtmäßigen Ermessen überlassen bleiben. Dabei wird zu berücksichtigen sein, daß gewisse Verwaltungszweige einer Belastung mit Gebühren überhaupt unzugänglich erscheinen, ohne Rücksicht darauf, ob die von ihnen verrichteten Verwaltungshandlungen im wesentlichen dem Interesse einzelner oder dem öffentlichen Interesse dienen. Hierher gehören z. B. die Kriegsbeschädigtenfürsorge, das Armenwesen und auf dem Gebiete der Gesundheitspflege die Tuberkulose- und Säuglingsfürsorge. Oberster Leitsatz muß sein, daß die Erhebung von Verwaltungsgebühren, auch wenn sie formell gerechtfertigt ist, nicht dazu führen darf, daß wichtige Interessen der Volksgesamtheit geschädigt werden.

Die Vorschrift des letzten Satzes des Abs. 2 entspricht dem Grundsatze des § 7, wonach Gebühren im voraus nach festen Normen und Sätzen zu bestimmen sind. Sie schließt jedoch nicht aus, gewisse Amtshandlungen eines Geschäftszweiges tarifmäßig in einer Klausel zusammenzufassen. Dadurch darf jedoch den Pflichtigen nicht die Möglichkeit genommen werden, die Gebührenforderung mittels einfacher Berechnung selbst nachzuprüfen. Im übrigen liegt es im wohlverstandenen eigenen Interesse der Verwaltungen, daß sie die neueingeräumten Hebebefugnisse nicht einseitig fiskalisch ausnützen. Namentlich wird die Höhe der Sätze in einander benachbarten Gemeinden nicht zu stark voneinander abweichen dürfen; auch wird allgemein im Falle von Bedürftigkeit eine Ermäßigung oder Niederschlagung von Verwaltungsgebühren einzutreten haben. Im Zusammenhang hiermit steht die Entscheidung der Frage, ob sich für den einzelnen Tatbestand nach Maßgabe der örtlichen Verhältnisse mehr die Erhebung in bar oder in Gemeindestempelmarken eignet, um unnötige Mehrarbeit und Belästigung zu vermeiden.

2. Zu § 6 Abs. 3.

Wenn im Abs. 3 des § 6 an die Stelle des Wortes „müssen" das Wort „sollen" gesetzt worden ist, so ist dadurch zum Ausdruck gebracht worden, daß die Prüfung der Bemessung der Gebühren dem Verwaltungsrichter entzogen und der Genehmigungsbehörde übertragen worden ist. Dadurch sind die Verbände insoweit freier gestellt worden, als sie das Gesamtaufkommen aus den Gebühren aus besonderen Gründen von den Kosten des bezüglichen Verwaltungszweiges abweichend festsetzen dürfen. Es wird jedoch darauf zu achten sein, daß erhebliche Überschreitungen der Verwaltungskosten ausgeschlossen bleiben, aber auch allzu niedrige Festsetzungen bei der herrschenden Finanznot der Gemeinden nicht erfolgen.

Artikel 2.

Zu § 8.

Durch den dem § 8 zugefügten Abs. 3 wird die durch Artikel 5 Nr. 2 des Kriegsgesetzes zur Vereinfachung der Verwaltung vom 13. Mai 1918 (GS. S. 53) aufgehobene Genehmigungspflicht der Gebühren des § 6 wiederhergestellt.

Artikel 3.

Zu § 9 a.

Da die herrschende Wohnungsnot die Ausnutzung aller Möglichkeiten verlangt, die zu einer Hebung der Bautätigkeit führen können, war es notwendig, die Zweifel darüber, ob Beiträge im Sinne des § 9 auch beim Kleinwohnungsbau erhoben werden dürfen, aus dem Wege zu räumen. Dies ist dadurch geschehen, daß hinter § 9 der § 9 a eingefügt worden ist, der ausdrücklich feststellt, daß als Veranstaltung im Sinne des § 9 auch der Bau von Kleinwohnungen gilt, und der als beitragspflichtig die Arbeitgeber bestimmt, unter deren Arbeitnehmern eine Wohnungsnot bevorsteht oder bereits eingetreten ist, zu deren Behebung die „geplanten" Bauten bestimmt sein sollen. Allerdings können die Beiträge des § 9 a nur vor der Fertigstellung der Kleinwohnungsbauten festgesetzt und gefordert werden. Diese Besonderheit entspricht dem Wunsche des Gesetzgebers, die Beitragspflichtigen auf die Durchführung der Bauten, z. B. auf die Wahl des Gebäudes, Art und Kosten der Bauausführung usw., gewissen Einfluß nehmen zu lassen, worauf sowohl bei der Aufstellung des Planes der Verwaltung als auch bei der Unterverteilung Bedacht zu nehmen sein wird.

Die Erhebung von Beiträgen zur Herstellung von Kleinwohnungen wird allerdings nicht immer ohne weiteres und an erster Stelle ins Auge zu fassen sein, weil dadurch die private Betätigung auf dem Gebiete des Wohnungsbaues ausgeschaltet werden könnte. Es wird sich vielmehr in den meisten Fällen empfehlen, zunächst zu versuchen, im Wege friedlichen Zusammenwirkens zwischen den beteiligten Arbeitgebern und den Gemeinden den Mangel an Kleinwohnungen zu beseitigen, und erst wenn gütliches Einwirken auf die Arbeitgeber keinen Erfolg gehabt hat, wird in der Regel zur Beitragserhebung zwecks Errichtung gemeindlicher Kleinwohnungen überzugehen sein. Auch wird vor einer Beschlußfassung eingehend zu prüfen sein, ob nicht die Erhebungen von Zuschlägen zu der Abgabe zur Förderung des Wohnungsbaues (§ 6 des Reichsgesetzes vom 26. Juni 1921 — RGBl. S. 773 — und Artikel 6 der preußischen Verordnung vom 22. November 1921 — GS. S. 549 —) in Verbindung mit den staatlichen Beihilfen zur Belebung der Bautätigkeit ausreichen, um die nicht rentierlichen Baukosten zu decken, insoweit sie nicht aus allgemeinen Mitteln bestritten werden sollen.

Die Frage, welche Bauten als Kleinwohnungsbauten anzusehen sind, ist danach zu beantworten, daß als Kleinwohnungen alle Wohnungen im Sinne der jeweiligen Bestimmungen über die Gewährung staatlicher Baukostenzuschüsse zu gelten haben.

Als Arbeitgeber sind nicht nur Gewerbetreibende anzusehen, es gehören hierzu vielmehr auch Grundbesitzer sowie das Reich, der Staat, die Provinz und alle sonstigen natürlichen oder juristischen Personen, die Arbeitnehmer beschäftigen. Voraussetzung für die Heranziehung der Arbeitgeber, auch wenn sie nicht in der Gemeinde Wohnsitz oder Sitz haben, ist einmal, daß sie in der Gemeinde mehr als 20 Arbeitnehmer beschäftigen. Dabei hat als Stichtag für die Berechnung der Zahl der von den Arbeitgebern beschäftigten Arbeitnehmer unbeschadet anderer Regelung im Einzelfalle der Tag zu gelten, an dem der Beschluß über die Erhebung von Beiträgen durch die gemeindlichen Vertretungen gefaßt ist. Und ferner dürfen nur solche Arbeitgeber zu Beiträgen herangezogen werden, bei denen zwischen der unter den Arbeitnehmern hervorgetretenen oder drohenden Wohnungsnot und den geplanten Wohnungen ein ursächlicher Zusammenhang besteht. Denn nur wegen besonderer wirtschaftlicher Vorteile dürfen Beiträge erhoben werden; allgemein wirtschaftliche Vorteile, die in keiner engeren Beziehung zu der Veranstaltung stehen, können dagegen die Erhebung von Beiträgen nicht rechtfertigen. — Schließlich sollen auch solche Arbeitgeber, die insbesondere nach dem 1. Januar 1919 bereits selbst zum Bauen von Wohnungen für ihre Arbeitnehmer aus eigenen Mitteln in angemessenem Verhältnis zur Zahl ihrer Arbeitnehmer beigetragen haben, von Beiträgen regelmäßig freibleiben.

Zur Vereinfachung und Erleichterung des Umlageverfahrens können die Arbeitgeber zu Beitragsgemeinschaften vereinigt werden. Derartige Beitragsgemeinschaften stellen eine neuartige Form von Gesellschaftsgebilden des öffentlichen Rechtes dar, die nicht mit dem Rechte juristischer Persönlichkeiten ausgestattet sind. Sie verdanken ihre Entstehung dem beitragsberechtigten Verbande, der anläßlich der Aufstellung des Planes einer Veranstaltung zum Bau von Kleinwohnungen — also gelegentlich eines bestimmten Bauvorhabens — durch Beschluß seiner Körperschaften seinem Willen Ausdruck gibt, gewisse Beteiligte sich als einheitlich Verpflichtete gegenüber zu sehen. Diesen steht selbstverständlich gegenüber dem Willen der Gemeinde die Befugnis zu, Einwendungen binnen einer bestimmt zu bezeichnenden Frist von mindestens vier Wochen bei dem Gemeindevorstande anzubringen.

In der Regel wird es sich empfehlen, für einzelne Bauvorhaben einer Gemeinde besondere Beitragsgemeinschaften zu bilden, z. B. in großen Stadtgemeinden, und zu jeder nur diejenigen Arbeitgeber heranzuziehen, deren Arbeitnehmer die Inanspruchnahme der geplanten Wohnungen nach ihrer Lage zur Arbeitsstätte zugemutet werden kann. Beim Vorliegen von Siedlungsplänen, die sich als Teile eines einheitlich durchzuführenden Generalsiedlungsplans darstellen, ist es auch zulässig, für eine Mehrzahl von Bauvorhaben nur eine Beitragsgemeinschaft zu bilden. So kann auch eine Beitragsgemeinschaft für das ganze Gemeindegebiet gebildet oder über den Bezirk der Gemeinde hinaus, z. B. auf Zweckverbände und Landkreise, ausgedehnt werden, wodurch die Vergünstigungen des § 9 a auch weitreichenden Siedlungsunternehmungen zugänglich gemacht werden können. Macht sich eine Gemeinde über die Bildung von Beitragsgemeinschaften schlüssig, so wird sie gleichzeitig über die notwendigen organisatorischen Bestimmungen, z. B. über die Wahl des Vorstandes, über die Voraussetzungen für das Zustandekommen gültiger Beschlüsse der Beitragsgemeinschaften usw., Anordnungen zu treffen haben.

Die sachliche Zuständigkeit der Beitragsgemeinschaften erstreckt sich lediglich auf die Unterverteilung der ihnen als solchen auferlegten Beiträge. Die Unterverteilung umfaßt nicht nur die Beschlußfassung über den Maßstab, sondern auch die rechnerische Feststellung der auf die einzelnen Mitglieder entfallenden Teilbeträge. Hierbei können die Beitragsgemeinschaften nach den Grundsätzen freier Selbstverwaltung verfahren. So bleibt es ihnen überlassen, sich darüber schlüssig zu werden, welche von den in ihnen vereinigten

Arbeitgebern von Beiträgen etwa freizulassen sind, und wie gegebenenfalls jährliche Teilzahlungen des einmal festgesetzten Beitrages aufgebracht werden sollen. Als Maßstab für die Unterverteilung kann im übrigen z. B. die Zahl der voraussichtlich in den Neubauten wohnenden Arbeitnehmer jedes einzelnen Arbeitgebers oder auch der Umfang der in ihnen voraussichtlich für jeden einzelnen Arbeitgeber zur Verfügung stehenden Wohnräume oder der Mietwert derselben eingeführt werden. Bei der Unterverteilung sich ergebende Streitigkeiten werden im Verwaltungsstreitverfahren entschieden, das sich gegen die Beitragsgemeinschaft zu richten hat.

Die hiernach für die Unterverteilung maßgeblichen Gesichtspunkte müssen satzungsgemäß zusammengefaßt werden. Weigert sich eine Beitragsgemeinschaft, die Satzung zu beschließen, oder verzögert sie die Beschlußfassung über die Satzung länger als drei Monate — vom Tage der rechtsgültigen Feststellung des Planes an gerechnet — hinaus, so wird die Satzung durch die Gemeinde erlassen. In jedem Falle bedarf die Satzung der Genehmigung durch die Minister des Innern und der Finanzen.

Nimmt eine Beitragsgemeinschaft innerhalb einer erforderlichenfalls von der Aufsichtsbehörde festzusetzenden Frist trotz Vorhandenseins einer Satzung eine Unterverteilung nicht vor, so ist die Gemeinde berechtigt, die Unterverteilung vorzunehmen. Die Einziehung der Beiträge erfolgt in jedem Falle durch die Gemeinde.

Was die Kosten anlangt, die durch Beiträge gedeckt werden dürfen, so sind unter ihnen nur die sogenannten nichtrentierlichen Baukosten zu verstehen, das sind die Kosten, die nach Abzug des durch die ortsüblichen Mieten verzinsten Teils der Baukosten noch zu decken sind. Zu ihnen sind jedoch nicht die durch Reich, Staat oder Kommunalverbände etwa gewährten Baukostenzuschüsse zu rechnen. Als Stichtag für die Bemessung der ortsüblichen Mietpreise wird in der Regel zweckmäßig der Tag anzunehmen sein, an dem der Beschluß über die Erhebung von Beiträgen durch die gemeindlichen Vertretungen gefaßt ist.

Der im Kommunalabgabenrecht herrschende Grundsatz der Leistung und Gegenleistung, der bei den Beiträgen zum Kleinwohnungsbau in dem Erfordernis des ursächlichen Zusammenhanges zwischen den geplanten Wohnungen und der unter den Arbeitnehmern der Arbeitgeber hervorgetretenen oder drohenden Wohnungsnot zum Ausdruck kommt, bedingt, daß das Aufkommen aus den Beiträgen auch nur zur Behebung der Wohnungsnot bei den in Anspruch genommenen Arbeitgebern verwendet werden darf. Die Gemeinden müssen also dafür Sorge tragen, daß die von den Arbeitgebern eingezogenen Beiträge diesen bezw. den aus ihnen gebildeten Beitragsgemeinschaften bei der Vergebung der mit ihrer Hilfe errichteten Wohnungen anteilmäßig auch wieder zugute kommen.

Artikel 4.

Zu § 11.

1. Zu § 11 Abs. 1.

Durch den Abs. 1 des § 11 in der bisherigen Fassung waren für die Erhebung von Marktstandsgeld die Vorschriften des Gesetzes vom 26. April 1872 (GS. S. 513) uneingeschränkt als maßgeblich erklärt worden. Danach durfte u. a. das Marktstandsgeld nur nach der Größe des vom Feilbietenden zum Marktstande gebrauchten Raumes und nach der Dauer des Feilbietens bemessen werden mit der Maßgabe, daß der Höchstsatz von 2 Silbergroschen für den Geviertmeter und den Tag des Feilbietens nicht überschritten werden durfte. Über die Anwendung dieser Vorschrift auf Bruchteile des Geviertmeters waren mit aufsichtsbehördlicher Genehmigung besondere Bestimmungen zugelassen.

Zwar hatte demgegenüber schon Artikel 3 des Gesetzes zur Abänderung einiger Vorschriften des Gemeindeabgabenrechts vom 6. Mai 1920 (GS. S. 309) die Hebebefugnis der Gemeinden soweit erweitert, daß seitdem Marktstandsgeld bis zu einem die Unkosten der Gemeinden deckenden Satze erhoben werden durfte. Die gegenwärtige Geldnot der Gemeinden und die herrschende Geldentwertung ließ nunmehr aber die Aufhebung der einschlägigen Bestimmungen des Gesetzes vom 26. April 1872 überhaupt geboten erscheinen. Demgemäß werden durch die Neufassung des Abs. 1 des § 11 die einschlägigen Vorschriften des Gesetzes vom 26. April 1872 außer Kraft gesetzt. Es dürfen nunmehr von den Gemeinden also auch andere als die bisherigen Maßstäbe zur Bemessung des Marktstandsgeldes benutzt werden, wobei allerdings die durch § 68 der Reichsgewerbeordnung gezogene Grenze zu beachten bleibt. Danach muß die Auswahl der Veranlagungsmerkmale auch in Zukunft darauf beschränkt werden, daß die Bedeutung des Marktstandsgeldes als einer lediglich für den überlassenen Raum und den Gebrauch von Buden und Gerätschaften erhobenen Vergütung gewahrt bleibt. Von der Festsetzung eines neuen Höchstsatzes an Stelle des aufgehobenen ist abgesehen worden. Es wird Sache der zuständigen Beschlußbehörden sein, im Genehmigungsverfahren nach § 130 des Gesetzes über die Zuständigkeit der Verwaltungs- usw. Behörden vom 1. August 1883 eine etwaige Ausbeutung der den Gemeinden nunmehr eingeräumten Freiheit zu verhindern.

2. Zu § 11 Abs. 2.

Hinsichtlich der Bemessung der Schlachthofgebühren war zu berücksichtigen, daß ein Betrag von 8 v. H. des

Anlagekapitals und der etwa gezahlten Entschädigungssumme bei dem gegen früher gesunkenen Geldwert zur Erfüllung der Zins- und Tilgungsverpflichtungen nicht mehr als ausreichend angesehen werden kann. Ferner erschien es, da die Kosten für die Erneuerung vorhandener Anlagen bei Schlachthäusern erheblich gestiegen sind, geboten, den Gemeinden die Ansammlung der hierzu erforderlichen Rücklagen zu ermöglichen. Andererseits läßt sich die Höhe der im Einzelfall notwendigen Mittel allgemein nicht bestimmen. Demgemäß ist in Abs. 2 des § 11 zwar die Möglichkeit eröffnet worden, aus dem Aufkommen der Schlachthofgebühren einen höheren Betrag als früher für die genannten Zwecke zurückzustellen. Für seine Bemessung ist jedoch dadurch ein gewisser Spielraum gelassen worden, daß er seiner Höhe nach lediglich als „wirtschaftlich angemessen" bezeichnet worden ist. Bis zu welcher Grenze hiernach aus den vorbezeichneten Erwägungen die Schlachthofgebühren künftig erhöht werden dürfen, muß von Fall zu Fall geprüft werden. Dabei wird insbesondere zu beachten sein, daß die Rücklagen nicht zur Bezahlung erstmaliger Neuanlagen zu verwenden sind, sondern daß lediglich die Kosten etwa erforderlicher Ersatzanschaffungen in Ansatz gebracht werden dürfen. Als solche können alle Anschaffungen zur Wiederherstellung derjenigen Gegenstände angesehen werden, die dem Unternehmen bereits dauernd gewidmet sind und, da sie sich im Verlaufe des Betriebes abnutzen, zur ungestörten Aufrechterhaltung des Betriebes im bisherigen Umfange der Erneuerung bedürfen. Die voraussichtliche Höhe der hierfür aufzuwendenden Mehrkosten wird nach dem Anschaffungs- oder Herstellungspreis, nach der seit der Anschaffung oder Herstellung bereits verstrichenen Zeit und der in dieser eingetretenen Preissteigerung sowie nach der voraussichtlichen Dauer der Benutzbarkeit des ersatzbedürftigen Gegenstandes annähernd zutreffend geschätzt werden können.

Artikel 5.

Zu § 13 Abs. 3 und 4 und § 43 Abs. 2 und 3.

Aus den Steuervereinbarungen, die die Gemeinden mit den Beteiligten gemäß § 13 Abs. 2 und gemäß § 43 Abs. 1 abgeschlossen haben, erwachsen den Gemeinden vielfach dadurch erhebliche Nachteile, daß sie die inzwischen eingetretene Umgestaltung der Wirtschaftslage unberücksichtigt lassen. Deshalb mußte den Gemeinden eine Möglichkeit eröffnet werden, die längere Zeit zurückliegenden Abmachungen einer Nachprüfung zu unterziehen. In diesem Sinne geben die dem § 13 angehängten Abs. 3 und 4 und die dem § 43 unter Abs. 2 und 3 hinzugefügten Vorschriften den Gemeinden das Recht, hinsichtlich der Steuervereinbarungen, die vor dem 1. Januar 1919 abgeschlossen sind, binnen 3 Monaten nach Inkrafttreten des Gesetzes unter den im Gesetz näher bezeichneten Voraussetzungen eine Abänderung der bestehenden Abmachungen zu verlangen. Hierbei muß von den Gemeinden in erster Linie angestrebt werden, im Wege gütlichen Einvernehmens zu einem neuen Abkommen zu gelangen, da die Beibehaltung der Steuervereinbarungen, die häufig zu einer gedeihlichen gemeinsamen Arbeit von Steuerschuldner und Gemeinden erheblich beitragen, durchaus erwünscht ist. Für den Fall jedoch, daß eine Einigung nicht zustande kommt, sieht das Gesetz die Entscheidung der Meinungsverschiedenheiten durch ein Schiedsgericht vor, dessen Spruch durch Anrufung des endgültig entscheidenden Kreis- oder Bezirksausschusses angefochten werden kann.

Die Vorschriften des § 13 Abs. 3 und des § 43 Abs. 2 haben auch für die Fälle Geltung, in denen gemäß § 8 des Gesetzes zur Abänderung einiger Vorschriften des Gemeindeabgabenrechts vom 6. Mai 1920 (GS. S. 309) bei Vereinbarungen über Gemeindeeinkommen- und Gewerbesteuern die dort zugelassenen Zuschläge etwa noch zur Erhebung gelangen.

Artikel 6.

Zu § 16 a.

Durch § 16 a wird in Übereinstimmung mit § 6 Abs. 2 des Reichsgesetzes über die Erhebung einer Abgabe zur Förderung des Wohnungsbaus vom 26. Juni 1921 (RGBl. S. 773) die Befugnis der Gemeinden, zur Förderung der Wohnungsbeschaffung und der Siedlung Wohnungsluxussteuern einzuführen, ausdrücklich festgestellt.

Die Ausgestaltung der Wohnungsluxussteuern ist zunächst den folgenden, von der Reichsregierung hierfür aufgestellten allgemeinen Grundsätzen anzupassen: *)

1. Die aus der Wohnungsluxussteuer aufkommenden Mittel dürfen lediglich zur Förderung der Wohnungsbeschaffung und der Siedlung verwendet werden.
2. Die Steuer ist nach der Zahl der steuerpflichtigen Wohnräume allein oder in Verbindung mit der Größe der Wohnfläche, nicht aber nach der Größe der Wohnfläche allein zu bemessen. Dabei sind Räume unter 10 qm Wohnfläche steuerfrei zu lassen.
3. Steuerfrei bleiben bei einer Einzelperson mit eigenem Haushalt wenigstens 3, für 2 Personen mit gemeinschaftlichem Haushalt wenigstens 4, im übrigen min-

*) Vergl. Bekanntmachung der Reichsregierung zur Ausführung des Gesetzes über die Erhebung einer Abgabe zur Förderung des Wohnungsbaues vom 26. Juni 1921 (RGBl. S. 773). Vom 15. Dezember 1922. Abgedruckt im Zentralblatt für das Deutsche Reich, 49. Jahrg. S. 997/998. Entwurf der Reichsregierung hierzu siehe in den Drucksachen des Reichsrats, Tagung 1921 Nr. 238.

destens soviel Wohnräume, als die um 1 vermehrte Zahl der zum Hausstand des Wohnungsinhabers gehörigen Personen beträgt.

Räume, welche ausschließlich oder vorwiegend zu dienstlichen, beruflichen oder gewerblichen Zwecken benutzt werden, sind bei der Berechnung der Steuer nicht zu zählen.

4. Dienstwohnungen der Reichsbeamten, die sich innerhalb der von der Reichsregierung bestimmten Grenzen halten, sind von der Steuer frei.

Das gleiche gilt für sonstige Räume, die für einen Beamten nach den Grundsätzen der Reichsregierung zur Erfüllung seiner dienstlichen Aufgaben erforderlich sind.

Die Vorschriften des Abs. 1 und 2 gelten sinngemäß für den Reichspräsidenten, die Beamten der Reichsbank und die unter das Besoldungsgesetz vom 30. April 1920/17. Dezember 1920 fallenden Soldaten der Wehrmacht. Sie gelten ferner für die Staatspräsidenten und die Beamten der Länder, Gemeinden und Gemeindeverbände einschließlich der Angehörigen der Schutzpolizei sowie für die Beamten der sonstigen Körperschaften, Stiftungen und Anstalten des öffentlichen Rechtes mit der Maßgabe, daß an die Stelle der Reichsregierung die Landesregierungen treten.

5. Mehrere Wohnungen an einem Orte sind bei der Berechnung der Steuer zusammenzuzählen.

6. Als Wohnräume gelten insbesondere nicht: Flur, Gang, Vorsaal, Veranda, Küche, Anrichte, Bad, Abort, Diele, soweit letztere nur als Durchgangsraum in Betracht kommt, sowie die Räume, die nach gesetzlichen oder polizeilichen Vorschriften nicht bewohnt werden dürfen.

7. Die Steuer darf in ihrer Gesamthöhe den Betrag nicht überschreiten, der bei gleichmäßiger Verteilung

der Miete auf alle Wohnräume dem Verhältnis des Mietbetrags der besteuerten Wohnräume zur Gesamtmiete der Wohnung entspricht.

8. Auf Antrag tritt eine Befreiung von der Steuer ein, wenn sich bei Anwendung der Bestimmungen besondere Härten für die Steuerpflichtigen ergeben.

9. Wohnungen, welche nach dem 1. Juli 1918 fertiggestellt sind und nicht mehr als sechs Wohnräume enthalten, bleiben von der Abgabe befreit.

10. Auf Grund anderweitig genehmigter Steuerordnungen, die von diesen Grundsätzen abweichen, dürfen Wohnungsluxussteuern nur bis zum 1. Oktober 1922 erhoben werden.

Bei Anwendung dieser Grundsätze ist insbesondere zu beachten, daß bei der Feststellung der Jahresmiete Heizungskosten nicht zu berücksichtigen sind. Ferner werden Familienangehörige, die zwar ihren ständigen Aufenthalt nicht am Wohnort der Eltern haben, bei diesen aber eine nicht unerhebliche Zeit des Jahres zubringen, regelmäßig als Haushaltsangehörige zu betrachten sein.

Im übrigen ist davon auszugehen, daß die Wohnungskultur dem Wohnungsluxus nicht gleichzustellen ist und daß dieserhalb insbesondere die Steuersätze für den ersten und zweiten steuerpflichtigen Wohnraum nicht übermäßig hoch sein dürfen. Bei Bemessung der Steuersätze überhaupt wird ferner zu berücksichtigen sein, daß den Gemeinden schon durch die Erhebung der Zuschläge gemäß § 6 Abs. 1 des Gesetzes über die Erhebung einer Abgabe zur Förderung des Wohnungsbaues vom 26. Juni 1921 (RGBl. S. 773)*) Mittel zur Förderung der Wohnungsbeschaffung

---

*) Abgeändert durch Gesetz vom 6. März 1922 (RGBl. S. 235).

und der Siedelung zufließen. Weiter bleibt zu beachten, daß die Wohnungsluxussteuer wie jede Luxussteuer nur dort gerechtfertigt erscheint, wo ein Luxusaufwand einerseits den Ausdruck besonderer Leistungsfähigkeit darstellt, andererseits nach dem Willen der Besteuerten vermeidbar ist. Auch wird vor Einführung einer Wohnungsluxussteuer zu prüfen sein, ob aus ihr ein nennenswerter Reinertrag erwartet werden kann.

Artikel 7.

Zu §§ 23 Abs. 1 und 2, 33 bis 42, 43 Abs. 1, 44 bis 52, 55, 65 66, 67, 71 bis 74, 85, 86.

Die Aufhebung oder Änderung der vorbezeichneten Vorschriften ergibt sich aus den Notwendigkeiten, die durch den Fortfall der Besteuerung des Einkommens durch die Gemeinden infolge des Inkrafttretens des Reichseinkommensteuergesetzes bedingt sind.

Artikel 8.

Zu § 53 Abs. 1 und 2.

Auch § 53 ist durch den Fortfall der gemeindlichen Einkommenbesteuerung berührt worden. Ergibt sich schon hieraus eine Einschränkung seiner früheren Tragweite, so werden die Gemeinden, ehe sie die Ansprüche auf Betriebszuschüsse erheben, insbesondere auch die Frage eingehend zu prüfen haben, ob sie tatsächlich ausschließlich Wohngemeinden oder daneben nicht etwa gleichzeitig auch Betriebsgemeinden sind, was insbesondere in Industriegebieten, in denen ein reger Wechselverkehr der Arbeitnehmer vorhanden ist, die bald hier, bald dort wohnen und ihrer Beschäftigung nachgehen, häufig der Fall ist. Unter derartigen Verhältnissen würde zur Vermeidung der bei der Durchführung des § 53 vielfach entstehenden Weiterungen ein billiger Ausgleich der wechselseitigen Interessen im Wege gegenseitigen Verzichts auf Erhebung von Zuschußansprüchen oder sonstiger gütlicher Vereinbarungen der Durchfechtung eines Anspruches aus § 53 in der Regel ohne weiteres vorzuziehen sein.

Bei der Neufassung des Abs. 2 Satz 2 schien es ebenso bedenklich, den Gewerbetreibenden für die Ansprüche aus § 53 voll haftbar zu machen, wie seine Haftbarkeit allein auf das Ergebnis der staatlichen Veranlagung zur Gewerbesteuer zu beschränken. Es ist deshalb ein Mittelweg gewählt und als Höchstgrenze der Zuschüsse der doppelte Satz der staatlich veranlagten Gewerbesteuer bezeichnet worden.

Artikel 9.

Zu § 54.

Mit dem Fortfall einer selbständigen Festsetzung von Zuschlägen zur Einkommensteuer durch die Gemeinden ist die bisherige Anordnung des § 54 gegenstandslos geworden. Deshalb war dieser in seiner früheren Fassung aufzuheben. Es verblieb jedoch die Notwendigkeit, das staatliche Aufsichtsrecht über die Handhabung der Realsteuern in den Gemeinden mit den veränderten wirtschaftlichen und finanziellen Verhältnissen in Einklang zu bringen. In dem Bestreben, einerseits der Selbstverwaltung möglichst freie Hand zu lassen, andererseits aber auch auf die vielfach bedrängte Lage der Pflichtigen Rücksicht zu nehmen, läßt demgemäß Abs. 1 des § 54 zunächst die Zuschläge zu den staatlich veranlagten Realsteuern von der behördlichen Genehmigung insoweit frei, als sie 500 **v. H.** der letzteren nicht übersteigen. Durch den Abs. 2 werden dagegen die Gemeindebeschlüsse, durch die die Steuersätze für das Haushaltsjahr auf Grund besonderer Steuerordnungen mit veränderlichen Steuersätzen festgesetzt werden, in allen Fällen der Genehmigung der zuständigen Behörde unterworfen.

Im übrigen ist bei der Erhebung der Realsteuern in den Gemeinden zu beachten, daß die Heranziehung der einzelnen Realsteuerarten nicht außer Verhältnis stehen darf. Der hierbei in Betracht kommende § 56 des Kommunalabgabengesetzes ist vielmehr unverändert bestehen geblieben. Die Berücksichtigung der bei den Pflichtigen obwaltenden Verhältnisse ist in der Gegenwart besonders wichtig. So muß z. B. während der Dauer der Zwangsbewirtschaftung der Wohnungen der schwierigen Lage der Hausbesitzer und ferner bei der Heranziehung zur Grundsteuer überhaupt den Mängeln Rechnung getragen werden, die sich aus der größtenteils veralteten Veranlagung zur staatlichen Grundsteuer ergeben. Damit die Gemeinden hierbei, wie überhaupt bei der Verteilung des erforderlichen Aufkommens, auf die einzelnen Steuerarten möglichst im Einklang mit den berechtigten Interessen der betreffenden Steuerpflichtigen verfahren können, ist es erforderlich, daß sie sich vor Fassung der Umlagebeschlüsse mit der jeweils in Frage kommenden Vertretung derselben in Verbindung setzen. Demgemäß ordnet Abs. 3 des § 54 die rechtzeitige Anhörung dieser Vertretungen in den Fällen des Abs. 1 wie in denen des Abs. 2 verbindlich an. Hierdurch sind gleichzeitig die bisherigen in dieser Richtung ergangenen Anordnungen, insbesondere die Erlasse vom 15. Februar 1921 — IV St. 686 — und vom 15. April 1921 — IV St. 206 — gegenstandslos geworden.

Im Einzelfall wird es vielleicht auch angezeigt erscheinen, an Stelle etwa nicht vorhandener besonderer Vertretungen der Steuerpflichtigen sonstige örtlich in Frage kommende Wirtschaftskreise vor Fassung der Umlagebeschlüsse anzuhören. Damit die Fühlungnahme mit den anzuhörenden Vertretungen der Steuerpflichtigen aber auch ein den Interessen der Allgemeinheit Rechnung tragendes Ergebnis zeitigen kann, wird es meist zweckdienlich sein, daß diesen etwa erbetene Unterlagen zugänglich gemacht werden, soweit sie für eine unparteiische Beurteilung erforderlich erscheinen.

Artikel 10.

Zu § 58.

Da die Betriebssteuer von den Gemeinden bisher neben der Gewerbesteuer erfahrungsgemäß nicht in vollem Umfange ausgenützt worden ist, erschien es geboten, durch die Abänderung des § 58, nach der die Betriebssteuer in der Regel zu den gleichen Hundertsätzen wie die Gewerbesteuer herangezogen werden soll, auf eine der Geldnot der Gemeinden entsprechende schärfere Erfassung der Betriebssteuer hinzuwirken. Gegen eine Überspannung der Heranziehung schützt die Vorschrift, daß Zuschläge zur Betriebssteuer, die 500 v. H. übersteigen, sowie Abweichungen von dem Hundertsatz der Gewerbesteuer der Genehmigung bedürfen.

Zu § 59.

§ 59, der im übrigen der durch den Fortfall der Einkommenbesteuerung durch die Gemeinden veränderten Sach- und Rechtslage angepaßt worden ist, trifft insbesondere Vorsorge, daß der Eingang von Einnahmen auch nach Ablauf des Rechnungsjahres gesichert wird, selbst wenn aus irgendwelchen besonderen Gründen noch keine endgültige Festsetzung der Umlagen des neuen Rechnungsjahres erfolgt ist. Alsdann haben nämlich die Pflichtigen bis zur endgültigen Beschlußfassung durch die Gemeinde oder Festsetzung durch die Aufsichtsbehörde die Zuschläge oder Steuersätze des Vorjahres, vorbehaltlich späterer Verrechnung auf die endgültigen Zuschläge des Rechnungsjahres, weiterzuzahlen. Es bedarf kaum der Erwähnung, daß die Gemeinden in erster Linie die rechtzeitige Festsetzung der neuen Umlagen anzustreben haben, damit die Vorschrift des Abs. 2 die Bedeutung eines Notbehelfes behält, von dem die Aufsichtsbehörde zwar Gebrauch machen kann, aber nicht muß, und dessen Verwertung durch eine später genehmigungspflichtige Beschlußfassung der Gemeindekörperschaften ebenfalls noch abgewendet werden kann.

Artikel 11.

Zu § 61.

Die Abänderung des Abs. 2 des § 61 trägt dem Umstande Rechnung, daß die bisherigen für die Zusammenstellung und die Geschäftsordnung der Steuerausschüsse maßgeblichen Vorschriften des früheren preußischen Einkommensteuergesetzes mit diesem in Fortfall gekommen sind. Es sind jedoch zurzeit etwa bestehende Steuerausschüsse in der bisherigen Form bis auf weiteres möglichst durch Gemeindebeschlüsse zu bestätigen. Anderenfalls wird die Veranlagung von dem Gemeindevorstande in der Regel durchzuführen sein. Diesem bietet der dem § 61 neu hinzugefügte Abs. 3 die Möglichkeit, die Übertragung der Veranlagungsgeschäfte auf eines seiner Organe vorzunehmen. Sofern sich das Bedürfnis zur Bildung besonderer Ausschüsse geltend macht, sind diese unter Berücksichtigung der örtlichen Bedeutung der einzelnen wirtschaftlichen Interessentengruppen zu bilden.

Schließlich kann die Veranlagung nach Abs. 3 auch noch von „bestimmten Beamten" vorgenommen werden, die hierfür eine besondere Eignung besitzen. Hierunter sind nicht nur die Beamten der Gemeindeverwaltung zu verstehen, sondern z. B. auch die Amtsmänner und Landbürgermeister. Diese Dienststellen mit der Veranlagung zu betrauen, wird sich für die Gemeinden hauptsächlich dann empfehlen, wenn ihnen selbst geeignetes Personal für die Durchführung der Veranlagungsgeschäfte nicht zur Verfügung steht. Sie werden jedoch nur mit ihrem Einverständnis zur Übernahme der gemeindlichen Veranlagungsgeschäfte herangezogen werden können.

Artikel 12.

Zu § 69 Abs. 1.

Die Abänderung des § 69 Abs. 1 bedeutet zunächst eine Erleichterung für die Pflichtigen, indem diese etwaige Einsprüche nunmehr außer bei dem Gemeindevorstande auch bei einer Stelle, die gemäß § 61 die Veranlagung vorgenommen hat, anbringen können. Zugleich schaltet sie im Hinblick auf ein dem Einspruch etwa folgendes Verwaltungsstreitverfahren alle Bedenken wegen mangelnder Passivlegitimation aus, da sie die Abweisung eines Einspruches lediglich dem Gemeindevorstande vorbehält, der also im folgenden Streitverfahren allein als Beklagter erscheinen kann.

Artikel 13.

Zu § 70 a.

Die Ungültigkeitserklärung einer Abgabenordnung durch die Verwaltungsgerichte hat häufig die unerwünschte Folge, daß der hebeberechtigte Verband — oft gerade von den Leistungsfähigsten — aus der Abgabe auf Monate keine Einnahme erzielen kann. Dieser unter den gegenwärtigen Verhältnissen unerträgliche Übelstand hat durch den in das Gesetz neu eingefügten § 70 a seine Abhilfe gefunden, indem den Gemeinden die Möglichkeit eröffnet worden ist, einer neuen Ordnung, die die gleiche oder eine gleichartige Abgabe regelt, bis zum Zeitpunkte des Inkrafttretens der für ungültig erklärten Ordnung rückwirkende Kraft beizulegen. Letztere darf jedoch nicht auf die Steuerfälle ausgedehnt werden, die durch endgültige Heranziehung nach der für ungültig erklärten Steuerordnung erledigt sind. Auch erstreckt sie sich nur auf die Bestimmungen der neuen Ordnung, durch welche die Abgabepflichtigen nicht ungünstiger gestellt werden, als es nach der für ungültig erklärten Steuerordnung beabsichtigt war.

Die hiermit den Gemeinden neu eingeräumte Vergünſtigung tritt erſt mit dem 8. September 1921, dem Tage der Verkündung und des Inkrafttretens dieſes Geſetzes, in Wirkſamkeit, ſo daß indirekte Steuern, die ſich an wirtſchaftliche Vorgänge anſchließen, ſich keine rückwirkende Kraft über dieſen Zeitpunkt hinaus beilegen können.

Artikel 14.

Zu § 77 Abſ. 5.

Durch den dem § 77 neu hinzugefügten Abſ. 5 ſoll verhindert werden, daß durch das den Landesfinanzämtern neben der Genehmigung und Zuſtimmung der Landesbehörden eingeräumte Einſpruchsrecht gemäß § 5 des Landesſteuergeſetzes unerwünſchte Verzögerungen herbeigeführt werden. Beſonderheiten können indes die Genehmigungs- und Zuſtimmungsbehörden Rechnung tragen. Alsdann wird in die Genehmigungsklauſel ein entſprechender Vermerk aufzunehmen ſein. Im übrigen bedarf es eines neuen Gemeindebeſchluſſes auch bei nur auf Zeit genehmigten Steuerordnungen dann nicht, wenn bei der Zuſtimmung für die Befriſtung der Vorbehalt ausgeſprochen iſt, einem vor Ablauf der Friſt geſtellten Antrage auf Verlängerung oder Aufhebung der Friſt würde vorausſichtlich ſtattgegeben werden, und ihm auch tatſächlich ſtattgegeben worden iſt. (Vergl. Runderlaß vom 26. Juni 1907 — M. d. J. IV b 1167, Fin.Min. II 6672 unter Nr. V, abgedruckt im Min.Bl. für die innere Verwaltung S. 236.)

Artikel 15.

Zu §§ 79, 80 und 82.

Die vorgenommene Erhöhung der Geldſtrafen entſpricht der eingetretenen Geldentwertung. Unter die „Abgabeordnungen" im Gegenſatze zu dem früheren Ausdrucke „Steuerordnungen" des § 82 Satz 1 fallen auch Gebühren- und Beitragsordnungen.

Artikel 16.

Zu § 90.

Der dem § 90 hinzugefügte Abs. 3 stellt die Gemeinden insoweit dem Reiche und den Ländern gleich und dient der Vermeidung unnötiger Kosten. Die öffentliche Mahnung wird in Form ortsüblicher Bekanntmachung, sei es durch Veröffentlichung in Tageszeitungen, sei es durch Aushang, zu erfolgen haben.

Teil II.

Abänderung des Kreis- und Provinzialabgabengesetzes vom 23. April 1906.

(Gesetzsamml. S. 159.)

Artikel 1.

Zu § 4.

Während die Kreise nach der bisherigen Fassung des § 4 lediglich berechtigt waren, Benutzungsgebühren zu erheben, ist ihnen nunmehr auch die Befugnis eingeräumt worden, Verwaltungsgebühren einzuführen. Denn der Kreistag kann nach der Abänderung des Abs. 1 künftig auch die Erhebung von Vergütungen für die Handlungen der Organe der Kreisverwaltung beschließen. Als Richtschnur hat hierbei die Vorschrift des § 6 Abs. 2 des Kommunalabgabengesetzes zu dienen. Danach sind die Kreise zwar einerseits an die gesetzlichen Voraussetzungen dieser Vorschrift gebunden, andererseits aber auch berechtigt, die in § 6 Abs. 1 a. a. O. gedachten Gebühren zu erheben, da der Abs. 2 des § 6 lediglich eine auf alle Verhältnisse anwendbare Erweiterung der Ermächtigung des Abs. 1 darstellt. Somit sind die Kreise nunmehr hinsichtlich der Befugnis zur Erhebung von Verwaltungsgebühren den Gemeinden, Amtsbezirken, Ämtern und Landbürgermeistereien in jeder Beziehung gleichgestellt. Entsprechend gilt das oben zu § 6 Abs. 2 des Kommunalabgabengesetzes Gesagte auch für die Anwendung des § 4.

Artikel 2.

Zu § 6.

Nach der früheren Fassung des § 6 war die Befugnis der Kreise zur Erhebung indirekter Steuern — nachdem ihnen durch § 37 Abs. 2 des Reichsgrunderwerbsteuergesetzes auch noch die Möglichkeit der Einführung von Grunderwerbsteuern genommen worden war — auf die Schankerlaubnis- und die Hundesteuer beschränkt. Diese Rechtslage entsprach nicht mehr den gegenwärtigen Verhältnissen, die eine erhebliche Steigerung der Ausgaben der Kreisverwaltungen mit sich gebracht haben. Um den Kreisen weitere Einnahmen zu erschließen, ist ihnen deshalb durch die Neufassung des § 6 die Möglichkeit eröffnet worden, die Einnahmen aus indirekten Steuern wesentlich zu erhöhen. Nunmehr dürfen die Kreise sowohl aus den Erträgnissen der indirekten Steuern der kreisangehörigen Gemeinden einen angemessenen Anteil beanspruchen als auch selbständig in dem durch die allgemein gültigen Gesetze und Verordnungen gezogenen Rahmen indirekte Steuern einführen. Hierbei werden sie freilich nicht lediglich ihre Interessen einseitig in den Vordergrund stellen dürfen, sondern es ist auf die Herbeiführung eines billigen Ausgleichs zwischen den Bedürfnissen der Kreise und der kreisangehörigen Gemeinden und auf die Anpassung der beiderseitigen Steuerordnungen weitgehende Rücksicht zu nehmen. Dabei wird sich das Beteiligungsverhältnis zwischen den Kreisen und den kreisangehörigen Gemeinden nach Lage der örtlichen Verhältnisse verschieden gestalten. Im allgemeinen wird aber darauf zu achten sein, daß insgesamt allzu hohe Sätze vermieden werden und daß — schon um doppelte Verwaltungskosten zu vermeiden — tunlichst nur ein hebeberechtigter Verband tätig wird. Dabei wird sich von selbst das Bedürfnis herausstellen, bestimmte Steuerarten teils den Landkreisen, teils den kreisangehörigen Gemeinden zuzuweisen. Sofern jedoch nach örtlichem Bedürfnis eine andere Art der Beteiligung vorgezogen wird, können die zwischen den Selbstverwaltungsverbänden getroffenen Vereinbarungen gewisse Anhaltspunkte bieten. Sie sind u. a. in der „Zeitschrift für Selbstverwaltung“, 4. Jahrgang, Heft 3, S. 86, und in der „Kommunalen Rundschau“, 14. Jahrgang, Nr. 6 und 7, S. 93, abgedruckt. Im übrigen wird es Sache der Aufsichtsbehörden sein, bei Meinungsverschiedenheiten möglichst auf eine Einigung hinzuwirken, damit sich ein Eingreifen der Beschlußbehörden erübrigt. Sollte jedoch ein Einvernehmen zwischen den beteiligten Verbänden nicht zu erzielen sein, so müssen etwaige Streitigkeiten gemäß § 6 letzter Satz dem Bezirksausschuß zur Entscheidung vorgelegt werden. Hierfür genügt der Antrag eines der Beteiligten.

Artikel 3.

Zu § 7.

Die Notwendigkeit der Abänderung des § 7 ergab sich aus dem mit der Einführung der Reichseinkommensteuer verbundenen Fortfall der preußischen Einkommenbesteuerung und des gemeindlichen Zuschlagsrechtes zur Staatseinkommensteuer. Damit war auch das eine der beiden bisherigen Merkmale für die Oberverteilung der Kreissteuern, nämlich das Soll der staatlich veranlagten Einkommensteuer, wie es in den Gemeinden der Gemeindebesteuerung zugrunde zu legen und in den Gutsbezirken für die Unterverteilung zu veranlagen ist, entfallen. Als alleinigen Maßstab hierfür das Soll der vom Staate veranlagten Realsteuern zu belassen, erschien nicht zweckmäßig, weil damit die Leiſtungsfähigkeit der einzelnen Gemeinden nicht hinreichend berückſichtigt worden wäre. Deshalb wurde an die Stelle des fortgefallenen Verteilungsmerkmals des Solls der Staatseinkommenſteuer die Höhe der den Gemeinden im jeweils vorvergangenen Jahre zugewieſenen Anteile an der Reichseinkommen-, Lohn- und Körperſchaftsſteuer und für das Rechnungsjahr 1921 insbeſondere das Verhältnis der gewährleiſteten Mindeſtbeträge im Sinne des § 56 des Landesſteuergeſetzes in Verbindung mit § 3 des preußiſchen Ausführungsgeſetzes hierzu eingeſetzt. Damit iſt, da gleichzeitig das Verteilungsmerkmal des Solls der ſtaatlich veranlagten Realſteuern unverändert beibehalten worden iſt, die bisherige Grundlage der Oberverteilung der Kreisſteuern unter Berückſichtigung der durch die Einführung der Reichseinkommenſteuer veränderten Rechtslage im weſentlichen wiederhergeſtellt worden. Die für das Rechnungsjahr 1921 vorgeſehene Berückſichtigung der den Gemeinden gewährleiſteten Mindeſtbeträge wird übrigens auch noch für die weiteren Rechnungsjahre maßgebend bleiben müſſen, in denen dieſe Gewährleiſtungsſummen die Grundlage für die Zuweiſungen aus den Reichsſteuern auch fernerhin etwa noch bilden werden.

Die Abänderung des § 7 hat aber gleichzeitig mit der Fiktion gebrochen, als ob die Kreiſe Zuſchläge zu den Realſteuern zu erheben berechtigt ſeien. Denn der Abſ. 1 des § 7 ſtellt den Grundſatz auf, daß der Geldbedarf der Kreiſe in erſter Linie aus den Überweiſungen aus der Reichseinkommen-, Lohn- und Körperſchaftsſteuer ſowie aus den ſonſtigen Einnahmen der Kreiſe zu decken iſt, derart, daß nur ein etwaiger Fehlbetrag noch im Umlagewege von den Gemeinden und Gutsbezirken erhoben werden darf, wobei das Soll der ſtaatlich veranlagten Realſteuern lediglich als Maßstab für die Umlegung der Hälfte des Fehlbetrages zu benutzen ist. Gleichwohl ist die Bedeutung der Kreisumlagen als direkte Kreissteuern gewahrt geblieben. Hieraus und da direkte Kreissteuern nach ihrer im Verlaufe des Rechnungsjahres erfolgten rechtsgültigen Festsetzung für das volle Rechnungsjahr erhoben werden dürfen, folgt, daß eine durch die Abänderung des § 7 etwa neuerdings erforderlich gewordene Umlegung der durch die Reichssteuerüberweisungen nicht gedeckten Fehlbeträge der Kreise für das laufende Rechnungsjahr bis zu dessen Abschluß zu erfolgen hat. Hierzu ist in der Regel nur ein bis zum 31. März 1922 zu fassender Beschluß des Kreisausschusses erforderlich, da ein den Fehlbetrag des Rechnungsjahres 1921 feststellender Beschluß des Kreistages meist schon vorhanden ist und die Verteilung des einmal ermittelten Fehlbetrages auf die kreisangehörigen Gemeinden und Gutsbezirke gemäß § 11 dem Kreisausschuß allein obliegt. Bei der Unterverteilung hat der Kreisausschuß auch für das Rechnungsjahr 1921 die neuen Vorschriften des § 7 zur Anwendung zu bringen, auch wenn ein schon vor dem Inkrafttreten des Abänderungsgesetzes gefaßter Verteilungsbeschluß vorliegt. Nur dort, wo wider Erwarten die erforderlichen Verteilungsgrundlagen nicht rechtzeitig mitgeteilt werden oder sonstige gewichtige Gründe die Durchführung der neuen Vorschrift unmöglich machen, verbleibt es bei der Regelung des früheren Rechtszustandes mit der Maßgabe, daß auf Antrag eines Beteiligten nach endgültiger Feststellung der Verteilungsgrundlagen eine Berichtigung der Verteilung im Sinne des § 7 unter Verrechnung auf spätere Kreisumlagen vorzunehmen ist.

Durch die Anordnung, daß der Verteilung der Kreisumlagen sowohl die Reichssteuerüberweisungen des vorvergangenen Jahres als auch das Realsteuersoll des dem jedesmaligen Rechnungsjahre vorangegangenen Rechnungsjahres zugrunde gelegt werden sollen, ist dem Umstande Rechnung getragen worden, daß sich die Reichssteueranteile des jeweils laufenden Rechnungsjahres ebensowenig wie das Realsteuersoll des letzteren rechtzeitig würden feststellen lassen.

Artikel 4.

Zu § 8.

Schon nach dem bisher gültigen Recht konnten die Kreise die der Verteilung der direkten Kreissteuern auf Gemeinden und Gutsbezirke zugrunde zu legenden staatlich veranlagten Grund= und Gebäudesteuern durch eine nach dem Maßstabe des Wertes zu veranlagende Steuer vom Grundbesitz ersetzen. Die Neufassung des § 8 erweitert diese Befugnis dahin, daß nunmehr für die Verteilung des Fehlbetrages nach § 7 Ziffer 2 an die Stelle des staatlichen Grund= und Gebäudesteuersolls das Soll jeder gemäß §§ 25 bis 27 des Kommunalabgabengesetzes zulässigen, durch Kreissatzung eingeführten Grundsteuer gesetzt werden darf. Welche Regelung hiernach im einzelnen zu treffen sein wird, muß bei der Verschiedenheit der örtlichen Verhältnisse dem Ermessen der Kreise überlassen bleiben.

Artikel 5.

Zu § 9.

Mit Rücksicht auf die in der Gegenwart in allen Verwaltungszweigen dringend gebotene Sparsamkeit erscheint die Beaufsichtigung der Kreisfinanzgebarung in gewissem Umfange berechtigt. Auf Grund dieser Erwägung ist die Verteilung eines die im Vorjahre erfolgten Überweisungen aus der Reichseinkommen=, Lohn= und Körperschaftssteuer übersteigenden Fehlbetrages aufsichtsbehördlicher Genehmigung unterworfen worden.

Artikel 6.

Zu §§ 16 und 17.

Auf die Abänderung des § 16 finden die Ausführungen des Teils I Artikel 13 sinngemäße Anwendung.

Zu § 17 gilt das in Teil I Artikel 15 Gesagte.

Artikel 7.

Zu § 19.

Die Einfügung der Verwaltungsgebühren in die Ziffer 1 entspricht der Abänderung des § 4.

Die Ziffern 3 und 5 sind gegenstandslos geworden. Von ihrer Aufhebung ist indes zurzeit noch abgesehen worden.

Unter Ziffer 6 fallen außer den Grundwertsteuerordnungen auch sonstige nach § 8 etwa beschlossene besondere Grundsteuerordnungen.

Artikel 8.

Zu § 20 a.

Die Erläuterungen des Teils I Artikel 14 finden entsprechende Anwendung.

Artikel 9.

Zu §§ 25, 26, 31, 31 a und 33.

Für die Ausführung der §§ 25, 26, 31, 31 a und 33 gelten sinngemäß die Erläuterungen des Teiles II Artikel 3, Artikel 5, Teil I, Artikel 13, Artikel 15 und Artikel 14.

Aus der Einreihung der Verwaltungsgebühren in die Ziffer 1 des § 33 ist ersichtlich, daß die Provinzen künftig in demselben Umfange wie die Kreise Verwaltungsgebühren zu erheben berechtigt sind. (Vergl. hierzu die Ausführungen in Teil I Artikel 1.)

Sonstige Abänderungen der Vorschriften des kommunalen Abgabenrechtes.

Einziger Artikel.

Zu §§ 1 und 2.

Zwar schreibt schon § 15 Abs. 5 der Verbandsordnung für den Siedlungsverband Ruhrkohlenbezirk vom 5. Mai 1920 (GS. S. 286) ausdrücklich vor, daß die für die Provinzen geltenden gesetzlichen Vorschriften sinngemäße Anwendung zu finden haben. In gleicher Weise bestimmt auch § 17 des Zweckverbandgesetzes vom 19. Juli 1911 (GS. S. 115) bereits, daß Zweckverbände berechtigt sind, in sinngemäßer Anwendung des Kommunalabgabengesetzes Gebühren und Beiträge zu erheben.

Trotzdem erschien es geboten, im einzelnen etwa noch aufkommenden Zweifeln dadurch vorzubeugen, daß die Befugnis des Siedlungsverbandes Ruhrkohlenbezirk und der Zweckverbände zur Erhebung von Verwaltungsgebühren im Sinne des § 6 Abs. 2 des Kommunalabgabengesetzes und die Zulässigkeit der Aufnahme von Strafandrohungen gemäß § 82 des Kommunalabgabengesetzes in die Abgabenordnungen der genannten Verbände noch einmal ausdrücklich festgestellt wurden.

V.

Andere Steuervorschriften und Muster-steuerordnungen.

1. Vergnügungssteuern.

a) Landessteuergesetz vom 30. März 1921.

(Reichs-Gesetzbl. S. 402.)

§ 12. Die Gemeinden sind verpflichtet, eine Vergnügungssteuer zu erheben, falls nicht der Gemeindeverband oder das Land, denen die Gemeinde angehört, eine solche Steuer einführt.

§ 13. Der Reichsrat wird ermächtigt, Bestimmungen über die Vergnügungssteuer zu erlassen, in denen Art und Umfang der Steuerpflicht, die Steuersätze und die sonstigen steuerlichen Befugnisse der Gemeinden geregelt werden. Diese Bestimmungen haben in allen Gemeinden Geltung als Steuerordnung, soweit die Gemeinden nicht mit Genehmigung der Landesregierung oder der von ihr beauftragten Behörden besondere Steuerordnungen im Rahmen der Bestimmungen des Reichsrats erlassen. Steuerordnungen, die zur Zeit des Inkrafttretens der Bestimmungen des Reichsrats in Geltung sind, bedürfen erneuter Beschlußfassung der zuständigen Gemeindevertretungen und Aufsichtsbehörden und treten in Ermangelung solcher nach Ablauf von drei Monaten außer Kraft.

b) Bekanntmachung der Bestimmungen über die Vergnügungssteuer.

Vom 28. Juni 1921. (Reichs-Gesetzbl. 1921 S. 856.)

Auf Grund der §§ 12, 13 des Landessteuergesetzes vom 30. März 1920 (Reichs-Gesetzbl. S. 402) hat der Reichsrat in seiner Sitzung vom 9. Juni 1921 die nachstehenden Bestimmungen über die Vergnügungssteuer erlassen.

Berlin, den 28. Juni 1921.

Der Reichsminister der Finanzen. Dr. Wirth.

Bestimmungen über die Vergnügungssteuer.

Vom 9. Juni 1921.

Artikel I.

Soweit die Gemeinden nicht mit Genehmigung der Landesregierung oder der von ihr beauftragten Behörden besondere Steuerordnungen nach Maßgabe des Artikels III dieser Bestimmungen erlassen, gilt in allen Gemeinden die im Artikel II enthaltende Steuerordnung.

Artikel II.

Steuerordnung.

I. Allgemeine Bestimmungen.

Steuerpflichtige Veranstaltungen.

§ 1. Alle im Gemeindebezirke veranstalteten Vergnügungen unterliegen einer Steuer nach den Bestimmungen dieser Steuerordnung.

Als steuerpflichtige Vergnügungen im Sinne des Abs. 1 gelten insbesondere folgende Veranstaltungen:

1. Tanzbelustigungen, Kostümfeste, Maskenbälle;
2. Volksbelustigungen, wie Karusselle, Schaukeln, Hippodrome, Schieß- und Würfelbuden, Krafthämmer und ähnliche Apparate, Vorrichtungen zur mechanischen Wiedergabe musikalischer Stücke oder deklamatorischer Vorträge, Geschicklichkeitsspiele, Glücksräder, Veranstaltungen zum Ausspielen von Geld oder Gegenständen, Rutsch- und ähnliche Bahnen, Velodrome und dergleichen;
3. Zirkus-, Spezialitäten-, Varieté-, Tingeltangelvorstellungen, Kabarette, Schaustellungen jeglicher Art sowie Ausstellungen und Museen mit Ausnahme derjenigen Ausstellungen und Museen, die nicht Erwerbszwecken dienen, Figurenkabinette, Panoramen, Panoptiken, Vorführungen abgerichteter Tiere, Menagerien und dergleichen;
4. sportliche Veranstaltungen;
5. Vorführungen von Licht- und Schattenbildern, Puppen- und Marionettentheater;
6. Theatervorstellungen, Ballette;
7. Konzerte und sonstige musikalische und gesangliche Aufführungen, Vorträge, Vorlesungen, Deklamationen, Rezitationen, Vorführungen der Tanzkunst.

Die Annahme einer Vergnügung im Sinne dieser Steuerordnung wird nicht dadurch ausgeschlossen, daß die Veranstaltung gleichzeitig auch noch erbauenden, belehrenden oder anderen nicht als Vergnügungen anzusehenden Zwecken dient, oder daß der Unternehmer nicht die Absicht hat, eine Vergnügung zu veranstalten.

Steuerfreie Veranstaltungen.

§ 2. Der Steuer unterliegen nicht:

1. Veranstaltungen, die lediglich dem Unterricht an öffentlichen oder erlaubten privaten Unterrichtsanstalten dienen oder mit Genehmigung der Schulbehörde ausschließlich für Schüler solcher Anstalten und deren Angehörige dargeboten werden, sowie Volkshochschulkurse;
2. Veranstaltungen, deren Ertrag ausschließlich und unmittelbar zu vorher anzugebenden mildtätigen Zwecken verwendet wird, sofern keine Tanzbelustigungen damit verbunden sind;
3. Veranstaltungen, die ausschließlich der Jugendpflege oder der Leibesübung dienen. Die Befreiung tritt nicht ein bei gewerbsmäßigen Veranstaltungen dieser Art und solchen, die mit Totalisator, Wettbetrieb oder Tanz verbunden sind;
4. Veranstaltungen von einzelnen Personen in privaten Wohnräumen, wenn weder ein Entgelt dafür zu entrichten ist noch Speisen oder Getränke gegen Bezahlung verabreicht werden. Vereinsräume gelten nicht als private Wohnräume;
5. Veranstaltungen der im § 1 Abs. 2 Nr. 5 bis 7 bezeichneten Art, die von den Ländern im öffentlichen Interesse unternommen, unterhalten oder wesentlich unterstützt werden, sowie Veranstaltungen, die ohne die Absicht auf Gewinnerzielung ausschließlich zum Zwecke der Kunstpflege oder der Volksbildung unternommen werden und von den Landesregierungen als gemeinnützig ausdrücklich anerkannt sind.

Steuerform.

§ 3. Die Steuer wird in der Form der Kartensteuer erhoben, sofern und soweit die Teilnahme an der Veranstaltung von der Lösung von Eintrittskarten oder sonstigen Ausweisen abhängig gemacht ist. Ist die Veranstaltung ohne irgendeinen Ausweis zugänglich, so werden feste Steuersätze erhoben (Pauschsteuer).

Die Pauschsteuer wird an Stelle der Kartensteuer erhoben, sofern dadurch ein höherer Steuerbetrag erzielt wird. Auf Veranstaltungen im Freien findet diese Bestimmung keine Anwendung.

Als Teilnehmer gelten alle Anwesenden mit Ausnahme der in Ausübung ihres Berufes oder Gewerbes beschäftigten Personen. Bei sportlichen Veranstaltungen gilt als Teilnehmer nicht, wer sich selber sportlich betätigt.

Die vorstehenden Bestimmungen über Karten- und Pauschsteuer gelten nicht für künstlerisch hochstehende Veranstaltungen. Vielmehr gelten für diese die besonderen Bestimmungen unter IV.

Anmeldung.

§ 4. Jede steuerpflichtige Veranstaltung ist spätestens einen Werktag und, falls sie der Kartensteuer unterliegt, spätestens zwei Werktage vorher bei der Steuerstelle anzumelden. Hat die Anmeldung nicht rechtzeitig erfolgen können, weil die Veranstaltung noch nicht feststand, so ist sie spätestens bis zum zweiten Werktag nach der Veranstaltung nachzuholen.

Über die Anmeldung wird eine Bescheinigung erteilt.

Zur Anmeldung verpflichtet ist sowohl der Unternehmer der Veranstaltung wie der Inhaber der dazu benutzten Räume oder Grundstücke. Letzterer darf die Abhaltung einer steuerpflichtigen Veranstaltung erst zulassen, wenn ihm die Anmeldebescheinigung vorgelegt ist, es sei denn, daß es sich um eine unvorbereitete und nicht vorherzusehende Veranstaltung handelt.

Bei Veranstaltungen einzelner Unternehmer kann die Steuerstelle eine einmalige Anmeldung für eine Reihe von Veranstaltungen für ausreichend erklären.

II. Kartensteuer.

Steuermaßstab.

§ 5. Die Kartensteuer wird nach Preis und Zahl der ausgegebenen Eintrittskarten berechnet. Unentgeltlich ausgegebene Karten bleiben auf Antrag unberücksichtigt, wenn sie als solche kenntlich gemacht sind und der Nachweis ihrer unentgeltlichen Ausgabe nach näherer Bestimmung der Steuerstelle erbracht wird.

Preis und Entgelt.

§ 6. Die Steuer ist nach dem auf der Karte angegebenen Preise zu berechnen, auch wenn die Karte tatsächlich billiger abgegeben worden ist. Sie ist nach dem Entgelte zu berechnen, wenn dieses höher ist als der auf der Karte angegebene Preis.

Als Entgelt gilt die gesamte Vergütung, die für die Zulassung zu der Veranstaltung gefordert wird. Hierzu gehört auch die Gebühr für Kleideraufbewahrung sowie für Kataloge oder Programme, wenn die Teilnehmer ohne die Abgabe von Kleidungsstücken oder die Entnahme eines Katalogs oder Programms zu der Veranstaltung nicht zugelassen werden. Wird neben diesem Entgelt unter bestimmten Voraussetzungen oder zu bestimmten Zwecken noch eine Sonderzahlung verlangt, so wird dem Entgelt der Betrag der Sonderzahlung oder, falls dieser nicht zu ermitteln ist, ein Betrag von 1 Mark hinzugerechnet, es sei denn, daß die Sonderzahlung einem Dritten zu einem von der Landesregierung als gemeinnützig anerkannten Zwecke zufließt.

Karten für mehrere Veranstaltungen oder mehrere Personen.

§ 7. Für einzeln oder zusammenhängend ausgegebene Karten, die zur Teilnahme an einer bestimmten Zahl von zeitlich auseinanderliegenden Veranstaltungen berechtigen (Abonnements-, Dauer-, Zeit-, Dutzendkarten u. ä.), ist die Steuer unter Zugrundelegung des Preises der entsprechenden Einzelkarten nach der Zahl der zugesicherten Veranstaltungen zu berechnen. Ist diese Zahl unbestimmt, so ist die Steuer nach dem Preise der Gesamtkarte zu berechnen.

Für Karten, die mehrere Personen zum Eintritt berechtigen, ist die Steuer nach deren Zahl zu berechnen. Ist diese Zahl unbestimmt (Familien-, Wagenkarten u. ä.), so ist sie auf fünf anzunehmen. Zugrunde zu legen ist der Preis der entsprechenden Einzelkarte.

Für Zuschlagskarten ist die Steuer besonders zu berechnen.

Steuersätze.

§ 8. Die Steuer beträgt für jede ausgegebene Einzelkarte bei einem Preise oder Entgelt (§ 6)

bis einschließlich 3 Mark	10 vom Hundert,
von mehr als 3 Mark bis einschließlich 5 Mark	15 vom Hundert,
von mehr als 5 Mark bis einschließlich 10 Mark	20 vom Hundert,
von mehr als 10 Mark	25 vom Hundert.

Die Steuer wird für die einzelne Karte auf volle 10 Pfennig nach oben abgerundet.

Für Veranstaltungen der im § 1 Abs. 2 Nr. 5 bis 7 bezeichneten Art, bei denen der künstlerische oder volksbildende Charakter überwiegt, kann die Steuerstelle eine Ermäßigung bis zur Hälfte der Steuer gewähren, es sei denn, daß während der Veranstaltung Speisen oder Getränke gegen Bezahlung verabfolgt werden oder geraucht wird.

Eintrittskarten.

§ 9. Bei der Anmeldung (§ 4) der Veranstaltung hat der Unternehmer die Karten, die dazu ausgegeben werden sollen, der Steuerstelle vorzulegen. Die Karten müssen mit fortlaufender Nummer versehen sein und den Unternehmer, Zeit, Ort und Art der Veranstaltung sowie das Entgelt oder die Unentgeltlichkeit angeben. Die Karten werden von der Steuerstelle abgestempelt.

Die Steuerstelle kann bei der Anmeldung die Leistung einer Sicherheit in der voraussichtlichen Höhe der Steuerschuld verlangen; ebenso kann sie Ausnahmen von den Erfordernissen für den Inhalt der Karten gestatten und von der Abstempelung absehen.

Entwertung und Vorzeigung.

§ 10. Der Unternehmer darf die Teilnahme an der Veranstaltung nur gegen Vorzeigung und Entwertung der abgestempelten Karten gestatten. Die entwerteten Karten sind den Teilnehmern zu belassen und von diesen den Beauftragten der Steuerstelle auf Verlangen vorzuzeigen.

Nachweisung.

§ 11. Über die ausgegebenen Karten hat der Unternehmer für jede Veranstaltung eine fortlaufende Nachweisung zu führen, die mit den nicht ausgegebenen Karten drei Monate lang aufzubewahren und der Steuerstelle auf Verlangen vorzulegen ist.

Entstehung, Festsetzung und Fälligkeit der Steuerschuld.

§ 12. Die Steuerschuld entsteht mit der Ausgabe der Karten. Die Ausgabe ist vollendet mit der Übertragung des Eigentums an der Karte. Die Steuerschuld mindert sich nach Zahl und Preis derjenigen Karten, die gegen Erstattung des vollen Preises zurückgenommen worden sind.

Nach Abschluß ihrer Ermittlungen setzt die Steuerstelle die Steuer fest und teilt sie dem Steuerpflichtigen mit. Der Erteilung eines förmlichen Steuerbescheids bedarf es nicht.

Soweit die Steuerstelle nichts anderes vorschreibt, wird die Steuerschuld mit Ablauf von zwei Werktagen nach der Mitteilung an den Steuerpflichtigen fällig.

Festsetzung in besonderen Fällen.

§ 13. Verstößt der Unternehmer gegen die Bestimmungen der §§ 4, 9 bis 11 in einer Weise, daß die für die Berechnung der Steuer maßgebenden Verhältnisse nicht mit Sicherheit festzustellen sind, so kann die Steuerstelle die Steuer so festsetzen, als ob sämtliche verfügbaren Plätze für die gewöhnlichen oder im Einzelfall ermittelten oder geschätzten höheren Kassenpreise verkauft worden wären. Über die Festsetzung ist ein förmlicher Steuerbescheid zu erteilen.

Steuerzuschlag.

§ 14. Wenn der Verpflichtete die Fristen für die Anmeldung der Veranstaltung (§ 4), die Vorlegung der Karten (§ 9) und die Entrichtung der Steuer (§ 12) nicht wahrt, kann die Steuerstelle ihm einen Zuschlag bis zu fünfundzwanzig vom Hundert der endgültig festgesetzten Steuer auferlegen. Die Steuerstelle hat den Zuschlag zu unterlassen oder zurückzunehmen, wenn die Versäumnis entschuldbar erscheint.

III. Pauschsteuer.

Nach der Roheinnahme.

§ 15. Haben die Teilnehmer an einer Veranstaltung ein Entgelt zu zahlen, sind aber Eintrittskarten nicht ausgegeben oder ist das Entgelt nicht höher als 25 Pfennig, so kann die Steuerstelle die Steuer mit fünfzehn vom Hundert der gesamten Roheinnahme festsetzen. Die Bestimmung des § 9 Abs. 2 findet Anwendung.

Die Steuerstelle kann den Unternehmer von dem Einzelnachweise der Höhe der Roheinnahme befreien und den Steuerbetrag mit ihm vereinbaren.

Nach dem Werte.

§ 16. Für das Halten

a) eines Schau-, Scherz-, Spiel- oder Geschicklichkeitsapparates oder

b) einer Vorrichtung zur mechanischen Wiedergabe musikalischer Stücke oder deklamatorischer Vorträge (Klavierspielapparat, Sprechapparat, Phonograph, Orchestrion u. ä.) an öffentlichen Orten, in Gast- und Schankwirtschaften sowie in sonstigen jedermann zugänglichen Räumen ist eine Steuer nach dem Werte des Apparats oder der Vorrichtung zu entrichten. Die Steuer beträgt für jeden angefangenen Betriebsmonat

a) für die zu a bezeichneten Apparate bei einem Werte

bis einschließlich	50 Mark	1 Mark,
bis einschließlich	200 Mark	2 Mark,
bis einschließlich	500 Mark	3 Mark,
bis einschließlich	1000 Mark	5 Mark

und für jede angefangenen weiteren 1000 Mark je 5 Mark;

b) für die zu b bezeichneten Vorrichtungen bei einem Werte

bis einschließlich	500 Mark	1 Mark,
bis einschließlich	3000 Mark	3 Mark,
bis einschließlich	5000 Mark	10 Mark,
bis einschließlich	10000 Mark	20 Mark

und für jede angefangenen weiteren 10 000 Mark je 20 Mark.

Die Steuer ist innerhalb der ersten Woche jedes Monats zu entrichten.

Der Eigentümer oder derjenige, dem der Apparat oder die Vorrichtung von dem Eigentümer zur Ausnutzung überlassen ist, hat die Aufstellung des Apparats oder der Vorrichtung spätestens innerhalb einer Woche der Steuerstelle anzuzeigen. Die Bestimmung des § 4 Abs. 3 bleibt unberührt.

Auf Leierkasten und Spieldosen von geringem Umfang, die lediglich bestimmte Stücke spielen, finden die Bestimmungen der Abs. 1 bis 4 keine Anwendung.

Nach der Zahl der Mitwirkenden.

§ 17. Für Musikvorträge von nicht mehr als drei Mitwirkenden in Gast- und Schankwirtschaften, öffentlichen Vergnügungslokalen, Buden oder Zelten ist eine Steuer von 5 Mark für den Tag und jeden Mitwirkenden zu entrichten.

Für gewerbsmäßige Gesang- und Musikvorträge, die im Umherziehen auf öffentlichen Wegen, Straßen, Plätzen oder an anderen öffentlichen Orten, in Gast- und Schankwirtschaften, öffentlichen Vergnügungslokalen, Buden oder Zelten sowie auf Höfen von Wohnhäusern dargeboten werden, ist eine Steuer zu entrichten, die

bei einem oder zwei Mitwirkenden	3 Mark,
bei drei Mitwirkenden	6 Mark,
bei vier oder fünf Mitwirkenden	9 Mark
und bei jedem weiteren Mitwirkenden je	3 Mark

für den Tag beträgt.

Steuerpflichtige Vorträge der zu 2 bezeichneten Art sind von den Unternehmern vor Beginn bei der Steuerstelle anzumelden. Haben die Unternehmer solcher Vorträge an einem Tage bereits in einer anderen Gemeinde Steuer entrichtet, so sind sie von der weiteren Steuer befreit. Über die Entrichtung der Steuer haben sie sich auszuweisen.

Gelegentliche Gesang- und Musikvorträge auf öffentlichen Wegen, Straßen und Plätzen sind steuerfrei.

Nach der Größe des benutzten Raumes.

§ 18. Soweit die Pauschsteuer nicht nach den Bestimmungen der §§ 15 bis 17 zu berechnen ist, wird sie nach der Größe des Raumes berechnet, der für die steuerpflichtige Veranstaltung benutzt wird. Die Größe des Raumes wird festgestellt nach dem Flächeninhalte der für die Vorführung und die Zuschauer bestimmten Räume einschließlich der Ränge, Logen und Galerien und Wandelgänge. Findet die Veranstaltung ganz oder teilweise im Freien statt, so sind von den im Freien gelegenen Flächen nur die für die Vorführung und die Zuschauer bestimmten Flächen einschließlich der dazwischen befindlichen Wege und der angrenzenden Veranden, Zelte und ähnlichen Einrichtungen anzurechnen.

Die Pauschsteuer beträgt:

Bei einem Flächenraume von nicht mehr als	1 Für Veranstaltungen im Freien, Zirkusvorstellungen, Volksbelustigungen aller Art (Karusselle, Schiffsschaukeln, Schießbuden, Vorführung von Tieren usw.) Mark	2 Für Vorführung von Lichtbildern, Theatervorstellungen, Konzerte, Vorträge und alle sonstigen Veranstaltungen, die nicht unter 1 und 3 fallen Mark	3 Für Tanzbelustigungen, Tingeltangel Varietés, Kabarette und ähnliche Veranstaltungen, die im wesentlichen der Gewinnerzielung aus der Verabreichung von Speisen und Getränken dienen Mark
50 qm . . .	—	8	20
100 „ . . .	—	16	30
200 „ . . .	—	30	50
300 „ . . .	—	45	60
400 „ . . .	—	60	75
u. für jede weiteren 200 qm	—	20	25
1000 qm . . .	10	—	—
2000 „ . . .	20	—	—
3000 „ . . .	30	—	—
u. f. jede weiteren 1000 qm	10	—	—

Die Steuer wird für jede Veranstaltung besonders erhoben, auch wenn in dem Raume an einem Tage mehrere Veranstaltungen stattfinden. Bei fortlaufender Aufeinanderfolge der Veranstaltungen gilt jeder angefangene Zeitraum von drei Stunden als eine Veranstaltung. Bei Veranstaltungen, die mehrere Tage dauern, wird die Steuer für jeden angefangenen Tag besonders erhoben.

Ist die Berechnung der Steuer nach Abs. 1 bis 3 schwer durchführbar, so kann die Steuerstelle den Steuerbetrag mit dem Unternehmer vereinbaren.

Entrichtung.

§ 19. Die Pauschsteuer (§§ 15 bis 18) ist bei der Anmeldung (§§ 4, 16 Abs. 4, § 17 Abs. 3) zu entrichten und wird erstattet, wenn die Veranstaltung nicht stattfindet. Der Erteilung eines förmlichen Steuerbescheids bedarf es nicht.

Die Bestimmungen des § 8 Abs. 3 und des § 14 finden sinngemäß Anwendung.

IV. Besondere Bestimmungen für künstlerisch hochstehende Veranstaltungen.

Steuer vom Bruttoertrage.

§ 20. Künstlerisch hochstehende Veranstaltungen, deren Geschäfts- und Kassenführung den Anforderungen entspricht, die an kaufmännisch geleitete Unternehmen üblicherweise gestellt werden, werden zu einer Steuer von 10 vom Hundert des Bruttoertrags herangezogen.

Darüber, ob es sich um künstlerisch hochstehende Veranstaltungen handelt, und ob die Voraussetzungen ordnungsmäßiger Geschäfts- und Kassenführung erfüllt sind, entscheidet die Landesregierung oder die von ihr beauftragte Behörde.

V. Gemeinsame Bestimmungen.

Steuerpflicht und Haftung.

§ 21. Steuerpflichtig ist der Unternehmer der Veranstaltung. Wer zur Anmeldung verpflichtet ist, ohne selbst Unternehmer zu sein, haftet neben dem Unternehmer als Gesamtschuldner.

Steueraufsicht.

§ 22. Auf die im § 21 bezeichneten Personen und auf die Teilnehmer an einer steuerpflichtigen Veranstaltung finden die Vorschriften der §§ 193 bis 201 der Reichsabgabenordnung sinngemäß Anwendung.

Erlaß und Erstattung der Steuer.

§ 23. Zur Vermeidung außergewöhnlicher Härten kann die Gemeinde in besonders gearteten Einzelfällen die Steuer ganz oder teilweise erlassen oder erstatten.

Strafen.

§ 24. Die Hinterziehung der Steuer (§ 359 der Reichsabgabenordnung) wird mit einer Geldstrafe bis zum zwanzigfachen Betrage der hinterzogenen Steuer bestraft. Soweit der Betrag der hinterzogenen Steuer nicht festgestellt werden kann, ist auf eine Geldstrafe von zwanzig bis zwanzigtausend Mark zu erkennen.

Geltung des Landesrechts oder der Reichsabgabenordnung.

§ 25. Soweit diese Steuerordnung nichts anderes bestimmt, finden die Vorschriften des Landesrechts über Gemeindeabgaben Anwendung. Soweit und solange eine landesrechtliche Regelung nicht besteht, finden die Vorschriften der Reichsabgabenordnung sinngemäß Anwendung.

Artikel III.

§ 1. Mit Genehmigung der Landesregierung oder der von ihr beauftragten Behörden können die Gemeinden besondere Steuerordnungen erlassen. Dabei darf von der Steuerordnung des Artikels II nur im Rahmen der nachfolgenden Bestimmungen abgewichen werden. Unter den gleichen Beschränkungen können zu der gemäß Artikel II geltenden Steuerordnung einzelne Abweichungen von den Gemeinden beschlossen werden.

§ 2. Zu Artikel II § 1 Abs. 2 können die steuerpflichtigen Veranstaltungen im einzelnen noch näher bezeichnet werden.

§ 3. Zu Artikel II § 2 kann der Kreis der steuerfreien Veranstaltungen anders abgegrenzt werden. Dabei müssen die zu 1, 3 bis 5 bezeichneten Veranstaltungen steuerfrei bleiben.

§ 4. Zu Artikel II § 3 Abs. 1 bis 3 können abweichende Bestimmungen erlassen werden.

§ 5. Zu Artikel II § 5 kann der Unternehmer zur Ausgabe von Eintrittskarten verpflichtet werden, wenn die Teilnahme an der Veranstaltung von der Zahlung eines Entgelts abhängig gemacht wird.

Zu § 5 Satz 2 können abweichende Bestimmungen erlassen werden.

§ 6. Zu Artikel II §§ 6 und 7 können abweichende Bestimmungen erlassen werden.

§ 7. Zu Artikel II § 8 können die Steuersätze erhöht werden. Dabei können die steuerpflichtigen Veranstaltungen zu Gruppen zusammengefaßt und verschieden besteuert werden.

§ 8. Zu Artikel II § 9 können abweichende Bestimmungen über die Beschaffenheit der Karten erlassen werden. Auch kann die ausschließliche Verwendung von amtlich hergestellten Karten vorgeschrieben werden, die der Unternehmer gegen Erstattung der Unkosten zu entnehmen hat.

§ 9. Zu Artikel II § 11 können besondere Bestimmungen über die von dem Unternehmer zu führende Nachweisung sowie über die Behandlung und weitere Verwendung nicht ausgegebener Karten erlassen werden.

§ 10. Zu Artikel II §§ 15 bis 17 können abweichende Bestimmungen erlassen werden. Dabei dürfen die Steuersätze nicht unterschritten werden.

Zu Artikel II § 18.

§ 11. Zu Abs. 1 kann die Berechnung der Raumflächen anders vorgeschrieben, auch kann der Steuerberechnung für bestimmte Veranstaltungen die Zahl der zugelassenen Plätze oder ein anderer Maßstab zugrunde gelegt werden.

Zu Abs. 2 können die steuerpflichtigen Veranstaltungen zu anderen Gruppen zusammengefaßt, die Flächengrößen anders bestimmt und die Steuersätze erhöht werden.

Zu Abs. 3 können abweichende Bestimmungen erlassen werden.

§ 12. Beschließt eine Gemeinde Abweichungen von der Steuerordnung des Artikels II, die in den vorstehenden §§ 2 bis 11 nicht vorgesehen sind, so bedarf der Beschluß zu seiner Gültigkeit außer der Genehmigung der Landesregierung der Zustimmung des Reichsministers der Finanzen oder der von ihm beauftragten Reichsbehörde.

Artikel IV.

Diese Bestimmungen treten zwei Monate nach ihrer Veröffentlichung im Reichs-Gesetzblatt in Kraft.

2. Erhebung von Schulbeiträgen für die Berufsschulen.

a) Ministerialerlaß vom 3. August 1921.

Zur Deckung der Unterhaltungskosten der Berufsschulen sind gemäß § 16 des Gewerbe- und Handelslehrer-Diensteinkommensgesetzes vom 10. Juni d. Js. (GS. S. 421) Schulbeiträge zu erheben, deren Höhe durch „Ortssatzung" festzusetzen ist, wenn die Schulträger Gemeinden oder Gemeindeverbände, und durch „Beschluß", wenn sie andere Körperschaften öffentlichen Rechtes sind. Die beiliegenden Muster einer „Ortssatzung" und eines „Beschlusses" *) sollen den Schulträgern dabei als Richtlinien dienen, und ich ersuche Sie (das Provinzialschulkollegium), ihnen umgehend davon Kenntnis zu geben.

Die erforderlichen Abdrucke sind gemäß Erlaß vom 14. November 1910 — C B 3915 (HMBl. S. 539) von Carl Heymanns Verlag, hier, zu beziehen. Ich mache aber darauf aufmerksam, daß das Muster für den „Beschluß" nicht etwa allen Schulträgern, sondern nur den in § 16 Abs. 4 bezeichneten Körperschaften öffentlichen Rechtes zuzustellen ist.

Der Minister für Handel und Gewerbe.

IV 8927.

b) Ortssatzung, betreffend die Erhebung von Schulbeiträgen

für die Berufsschule in ....

Auf Grund des § 16 des Gewerbe- und Handelslehrer-Diensteinkommensgesetzes vom 10. Juni 1921 (GS. S. 421) wird unter Zustimmung der Stadtverordneten- (Gemeinde-) Versammlung für den Gemeindebezirk .... nachstehendes gestimmt:

§ 1. Die Arbeitgeber der zum Besuche der Berufsschule (Pflichtfortbildungsschule) verpflichteten Schüler und Schülerinnen und sämtliche Gewerbebetriebe, die in der Regel mindestens 5 Arbeiter beschäftigen, haben zur Deckung der Schulunterhaltungskosten Schulbeiträge zu zahlen.

§ 2. Die Schulbeiträge, die für jeden schulpflichtigen Schüler und jede schulpflichtige Schülerin zu zahlen sind, werden wie folgt festgesetzt:

I.

a) für Gewerbetreibende, die gewerbesteuerfrei oder nach Gewerbesteuerklasse IV veranlagt sind, auf 30 Mark;

b) für die Gewerbetreibenden der Gewerbesteuerklassen III bis I auf .... Mark;

oder II.

a) für Gewerbetreibende, die gewerbesteuerfrei oder nach Gewerbesteuerklasse IV veranlagt sind, auf 30 Mark;

*) Nicht abgedruckt.

b) für Gewerbetreibende der Gewerbesteuerklasse III auf .... Mark;

c) für Gewerbetreibende der Gewerbesteuerklasse II auf .... Mark;

d) für Gewerbetreibende der Gewerbesteuerklasse I auf .... Mark;

oder III.

a) für Gewerbetreibende, die gewerbesteuerfrei oder nach Gewerbesteuerklasse IV veranlagt sind, auf 30 Mark;

b) für die Gewerbetreibenden der Gewerbesteuerklassen III bis I auf .... Mark für jeden Schüler und jede Schülerin der gewerblichen Berufsschule, auf .... Mark für jeden Schüler und jede Schülerin der kaufmännischen Berufsschule, auf .... Mark für jede Schülerin der hauswirtschaftlichen Berufsschule;

oder IV.

eine Verbindung der unter II und III vorgesehenen Veranlagungsarten.

(Maßgebend ist die Veranlagung zur Gewerbesteuer für das vorangegangene Steuerjahr.)

Für die Arbeitgeber der nicht in Gewerbebetrieben beschäftigten Berufsschulpflichtigen wird der jährliche Schulbeitrag auf .... Mark (mindestens 50 Mark) festgesetzt.

§ 3. Gewerbebetriebe, die in der Regel mindestens 5 Arbeiter beschäftigen, haben für jedes angefangene Zehnt der Arbeiter den Schulbeitrag für einen Berufsschüler zu entrichten, wenn die Zahl der beschäftigten Jugendlichen unter 18 Jahren weniger als 10 vom Hundert der Arbeiter beträgt. Eine Beitragserhebung nach § 2 erfolgt in diesem Falle nicht.

§ 4. Gewerbebetriebe, die für ihre jugendlichen Arbeiter eigene staatlich anerkannte Werkschulen eingerichtet haben, haben die Schulbeiträge nach § 3 nur insoweit zu entrichten, als die Zahl der die Werkschule besuchenden Jugendlichen unter 10 vom Hundert der beschäftigten Arbeiter bleibt.

§ 5. Die Veranlagung der Schulbeiträge nach § 2 erfolgt jährlich, beginnend mit dem 1. April. Die Veranlagung von Zugängen erfolgt jeweils für ein halbes Jahr. Abgänge werden erst nach Ablauf des Halbjahres berücksichtigt.

Veranlagungsmaßstab ist die Durchschnittszahl der Jugendlichen, die in dem dem Veranlagungsjahre vorangegangenen

Jahre schulpflichtig waren. Die Durchschnittszahl wird ermittelt, indem die Summe der am 1. Juli und am 1. Januar vorhandenen Schulpflichtigen durch 2 geteilt wird.

Bei der Veranlagung solcher Gewerbetreibenden, die erst während des Veranlagungsjahrs hinzukommen, wird die Zahl der Schulpflichtigen zugrunde gelegt, die an dem auf die Betriebseröffnung folgenden Monatsersten tatsächlich vorhanden waren.

§ 6. Die Veranlagung der Schulbeiträge nach § 3 erfolgt jährlich, beginnend mit dem 1. April.

Die der Beitragserhebung zugrunde zu legende Arbeiterzahl wird berechnet, indem die Gesamtzahl der Arbeitstage, die von den Arbeitern des Betriebes in dem dem Veranlagungszeitraum vorangegangenen Rechnungsjahre geleistet wurden, durch 300 geteilt wird. Bei den gegen Gehalt oder Vergütung beschäftigten Personen entspricht ein Jahr 300 Arbeitstagen. Besteht der Betrieb noch kein volles Jahr, so wird die Gesamtzahl der geleisteten Arbeitstage durch die Zahl der in die Betriebszeit fallenden Arbeitstage geteilt.

Als Arbeiter im Sinne dieser Bestimmungen gelten alle in einem Gewerbebetriebe beschäftigten, der Reichsversicherungsordnung unterliegenden Personen (Arbeiter und Angestellte). Mitgerechnet werden auch solche von hiesigen Betrieben beschäftigte Personen, die zu auswärtigen Arbeiten (Montage usw.) zeitweise von der Arbeitsstätte im Gemeindebezirk NN. entfernt sind, es sei denn, daß diese Arbeiter an keinem Tage des für die Veranlagung maßgebenden Zeitraums im Gemeindebezirk NN. gearbeitet haben.

§ 7. Die Schulbeiträge sind halbjährlich (vierteljährlich) am .... und am .... fällig und an die .... Kasse zu zahlen.

§ 8. Die Schulbeiträge sind Kommunalabgaben im Sinne des Gesetzes vom 14. Juli 1893 (GS. S. 152). Das Rechtsmittelverfahren regelt sich nach §§ 69 und 70, die Bestrafung unrichtiger Angaben der Beitragspflichtigen nach § 79 dieses Gesetzes. Durch Einspruch und Klage wird die Verpflichtung zur Zahlung der Beiträge nicht aufgehalten.

§ 9. Die Schulbeitragspflichtigen oder deren gesetzliche Vertreter sind verpflichtet, auf eine von der zuständigen Behörde an sie gerichtete Aufforderung über bestimmte Tatsachen, die auf die Berechnung der Schulbeiträge von Einfluß sind, innerhalb einer ihnen gestellten Frist schriftlich oder mündlich Auskunft zu erteilen.

§ 10. Wer eine nach dieser Satzung ihm obliegende Auskunft nicht oder nicht vollständig oder nicht rechtzeitig erteilt, wird, sofern nicht nach den bestehenden Gesetzen eine höhere Strafe verwirkt ist, mit einer Geldstrafe bis zu .... Mark bestraft.

§ 11. Die an dem Unterricht freiwillig teilnehmenden Schüler und Schülerinnen haben ein Schulgeld von .... Mark (mindestens 5 Mark) für jede Halbjahrswochenstunde zu entrichten, sofern sie im Bezirk der Gemeinde NN. und von .... Mark, sofern sie außerhalb dieses Bezirkes wohnen.

Das Schulgeld ist zu Beginn des Schulhalbjahrs an die .... Kasse zu zahlen.

§ 12. Die Bestimmungen dieser Ortssatzung treten rückwirkend vom 1. Januar 1921 an die Stelle der Bestimmungen im § ... des Ortsstatuts vom ...... Die nach diesem Ortsstatut für die Zeit seit dem 1. Januar 1921 bereits entrichteten Schulbeiträge werden auf die nach dieser Satzung zu entrichtenden Schulbeiträge angerechnet.

............., den .... 1921.

....

3. Grundwertzuwachssteuern.

a) Verfügung vom 24. März 1921, betreffend die Erhebung der Wertzuwachssteuer.

Für die Besteuerung des Wertzuwachses beim Verkauf von Grundstücken (Berechtigungen) kommen für die Gemeinden und Kreise nebeneinander folgende Möglichkeiten in Betracht:

a) Erhebung der Zuwachssteueranteile gemäß § 58 des Reichsgesetzes vom 14. Februar 1911 (RGBl. S. 33),
b) Einführung einer Steuerordnung gemäß § 59 des Reichsgesetzes, durch die Zuschläge zu den ihnen nach § 58 zustehenden Anteilen festgesetzt werden,
c) selbständige Regelung der Zuwachsbesteuerung auf Grund des Kommunalabgabengesetzes, des Kreisabgabengesetzes und des Reichsgesetzes vom 3. Juli 1913 (RGBl. S. 521).

Für alle diese Möglichkeiten der Zuwachsbesteuerung zusammen soll als höchstzulässiger Steuersatz 50 Prozent des Wertzuwachses gelten.

Zur Herbeiführung der Einheitlichkeit der Veranlagung wird es zweckmäßig sein, daß Gemeinden (Verbände), welche eine Steuer nach a oder nach a und b erheben, welche aber zur schärferen Besteuerung des Zuwachses eine selbständige kommunale Steuer erheben wollen, von der Veranlagung und Erhebung der Steuer zu a bezw. zu a und b absehen und lediglich eine den örtlichen Verhältnissen angepaßte Steuerordnung auf Grund des Kommunalabgabengesetzes erlassen. Was die äußere Form dieser Steuerordnungen anlangt, so haben einige Gemeinden für die kommunale Besteuerung einerseits die Bestimmungen des Reichsgesetzes maßgebend sein lassen wollen, andererseits aber derartig umfangreiche Änderungen im Wortlaut des Gesetzes für notwendig gehalten, daß die Steuerordnung an Übersichtlichkeit verliert. Im Interesse der Steuerpflichtigen muß in solchen Fällen der Erlaß einer Steuerordnung verlangt werden, die die Voraussetzungen für die Steuererhebung in geschlossenem Zusammenhange enthält.

Es wird ferner Vorsorge zu treffen sein, daß bei der Ausübung des Steuerrechts durch die Konkurrenz der Kreise und kreisangehörigen Gemeinden weder eine das Höchstmaß (50 Prozent) übersteigende Belastung der Steuerpflichtigen eintritt noch den Gemeinden bezw. Kreisen das ihnen zustehende Steuerrecht verkümmert wird.

Indem wir ein Muster für eine kommunale Zuwachssteuerordnung beifügen, ermächtigen wir für die Kreise und Städte die Oberpräsidenten und für die Landgemeinden die Regierungspräsidenten, zu Steuerordnungen, deren Inhalt den Bestimmungen der beiliegenden Ordnung im wesentlichen, d. h. in bezug auf die persönlichen und sächlichen Steuermerkmale und den Steuersatz, entspricht, die Zustimmung zunächst auf die Dauer eines Jahres mit der Maßgabe zu erteilen, daß aus dieser Zustimmung keine Ansprüche irgendwelcher Art gegen den Staat oder das Reich auf Gewährleistung des Steuerertrages oder in ähnlicher Beziehung hergeleitet werden können, falls etwa der Staat oder das Reich genötigt sein sollte, diese Steuerart für sich in Anspruch zu nehmen. Falls die Steuer nach Ablauf des Jahres weiter erhoben werden soll, wird es einer rechtzeitigen erneuten Beschlußfassung der Gemeinden oder Gemeindeverbände sowie der Einholung einer weiteren Genehmigung und Zustimmung bedürfen. Für die Stadt Berlin bleibt die Erteilung der Zustimmung uns vorbehalten.

Über das Verhältnis der Zuwachssteuerordnung eines Landkreises zu der einer kreisangehörigen Gemeinde wird besonderer Erlaß ergehen.

Berlin, den 24. März 1921.

Zugleich für den Finanzminister:
Der Minister des Innern. J. A.: Mulert.

An die Herren Oberpräsidenten und Regierungspräsidenten. — M. d. J. IV St. 38, Fin.Min. II 1864.

b) Ordnung, betreffend die Erhebung einer Wertzuwachssteuer

für ....

Auf Grund der §§ 13, 18 und 82 des Kommunalabgabengesetzes vom 14. Juli 1893 und des Gesetzes über Änderungen im Finanzwesen vom 3. Juli 1913 wird gemäß Beschluß .... nachstehende Wertzuwachssteuerordnung erlassen (deren Bestimmungen an die Stelle der Besteuerung des Wertzuwachses nach dem Reichszuwachssteuergesetz vom 14. Februar 1911 — RGBl. S. 33 — und der Ordnung für die Erhebung eines Zuschlags zum Reichszuwachssteueranteil vom .. ten .... sowie der kommunalen Wertzuwachssteuerordnung vom .. ten .... treten). *)

§ 1. Beim Übergang des Eigentums an Grundstücken und Bergwerken, Anteilen an Grundstücken und Bergwerken sowie Berechtigungen, auf welche die Vorschriften des bürgerlichen Rechts über Grundstücke Anwendung finden, wird eine Zuwachssteuer nach Maßgabe folgender Ordnung erhoben.

§ 2. Als steuerpflichtiger Wertzuwachs gilt der Unterschied zwischen dem Erwerbspreis und dem Veräußerungspreis.

Der Preis bestimmt sich nach dem Gesamtbetrage der Gegenleistungen einschließlich der vom Erwerber übernommenen oder ihm sonst infolge der Veräußerung obliegenden Leistungen und der vorbehaltenen oder auf dem Grundstücke lastenden

*) Nichtzutreffendes ist zu durchstreichen.

Nutzungen, bei Verträgen über Leistungen an Erfüllungs Statt nach dem Werte, zu dem die Gegenstände an Erfüllungs Statt angenommen werden. Die auf einem nicht privatrechtlichen Titel beruhenden Abgaben und Leistungen, die auf dem Grundstücke kraft Gesetzes lasten (gemeine Lasten), werden nicht mitgerechnet. Der Wert wiederkehrender Leistungen und Nutzungen bestimmt sich nach den Vorschriften der Reichsabgabenordnung. Ist einem der Vertragschließenden ein Wahlrecht oder die Befugnis eingeräumt, innerhalb gewisser Grenzen den Umfang der Gegenleistung zu bestimmen, so ist der höchstmögliche Betrag der Gegenleistung maßgebend.

Wenn die Beteiligten zum Zwecke der Steuerersparnis einen Teil des Entgelts in die Form einer Vermittlungsgebühr, einer den üblichen Zinssatz erheblich übersteigenden Verzinsung des gestundeten Preises oder einer sonstigen Nebenleistung kleiden, so ist der als Teil des Entgelts anzusetzende Betrag durch Schätzung zu ermitteln.

Fand auf dem Grundstücke der Betrieb einer Gastwirtschaft, Schankwirtschaft oder einer Apotheke statt, so wird dem für das Grundstück vereinbarten Preise derjenige Wert hinzugerechnet, der durch das Vorhandensein eines der bezeichneten Betriebe entsteht oder entstanden ist. Als solcher Mehrwert gilt unbeschadet des Rechtes auf Nachprüfung und anderweite Feststellung durch den Verwaltungsrichter im Streitverfahren in der Regel derjenige Betrag, der als Entschädigung für den Verzicht auf die Konzession oder unter ähnlicher Bezeichnung vereinbart ist.

Erfolgt der Eigentumswechsel auf Grund mehrerer aufeinanderfolgender Rechtsgeschäfte von dem bisherigen Eigentümer an den letzten Erwerber, so gilt der von dem ersteren gezahlte Preis als Erwerbspreis. Anrechnungsfähig sind nur seine Aufwendungen. Als Veräußerungspreis kommt der höchste Preis, der bei den einzelnen Rechtsgeschäften vereinbart ist, in Frage.

Ist ein Preis nicht vereinbart oder nicht zu ermitteln, so tritt an dessen Stelle der gemeine Wert des Grundstücks. Das gleiche gilt, wenn auf dem Grundstück ein Nießbrauchsrecht lastet, zu dessen Beseitigung der Veräußerer nicht verpflichtet ist, und der gemeine Wert des Grundstücks den Wert der Gegenleistung übersteigt.

Bei dem Übergang im Wege der Zwangsversteigerung gilt als Preis der Betrag des Meistgebots, zu dem der Zuschlag erteilt ist, unter Hinzurechnung der vom Ersteher übernommenen, gerichtlich festgestellten Leistungen. Im Falle der Abtretung der Rechte aus dem Meistgebot oder der Erklärung des Meistbietenden, daß er für einen anderen geboten habe, tritt an Stelle des Meistgebots der Wert der Gegenleistung, wenn sie höher ist als das Meistgebot.

§ 3. Beruht der Erwerb des Grundstücks auf einem steuerfreien Rechtsvorgang, so ist für die Ermittlung des Wertzuwachses von dem Preise des letzten steuerpflichtigen Rechtsvorganges auszugehen.

Ob im Sinne dieser Vorschrift Rechtsvorgänge steuerfrei oder steuerpflichtig sind, ist auch für die Zeit vor dem Inkrafttreten der Ordnung nach ihr zu bestimmen.

§ 4. Liegt der für die Bemessung des Wertzuwachses maßgebende Erwerbsvorgang vor dem 1. Januar 1871, so tritt an die Stelle des Preises der gemeine Wert, den das Grundstück an diesem Tage hatte, wenn der Steuerpflichtige nicht nachweist, daß er oder sein Rechtsvorgänger bei dem letzten steuerpflichtigen Erwerb vor jener Zeit einen höheren Preis gezahlt hat.

Der für die Steuerberechnung maßgebende Zeitraum beginnt mit dem jeweiligen Stichtage.

§ 5. Dem Erwerbspreis sind hinzuzurechnen:

1. 5 v. H. des Erwerbspreises als Ersatz der mit dem Erwerb verknüpften Auslagen einschließlich der Vermittelrgebühr; hat der Eigentumswechsel nach dem 1. Oktober 1919 stattgefunden, so erhöht sich der Pauschsatz auf 8 v. H.; tritt an die Stelle des Erwerbspreises der gemeine Wert des Grundstücks, so fällt die Anrechnung der Erwerbsunkosten fort;

2. falls der Erwerb im Wege der Zwangsversteigerung erfolgt ist und der Veräußerer zur Zeit der Einleitung der Zwangsversteigerung Hypotheken- oder Grundschuldgläubiger war, der nachweisliche Betrag seiner ausgefallenen Forderungen bis zu dem gemeinen Werte, den das Grundstück zur Zeit der Zwangsversteigerung hatte. Die Forderungen kommen, wenn sie durch entgeltliches Rechtsgeschäft erworben sind, nur in Höhe des geleisteten Entgelts in Anrechnung;

3. bei unbebauten Grundstücken für jedes vollendete Jahr des für die Steuerberechnung maßgebenden Zeitraums (der Eigentumsdauer) ... v. H. Zinsen von dem Erwerbspreise

ohne Zinseszins und abzüglich der erzielten Einnahmen. Bei Grundstücken, welche nur während eines Teiles des Zeitraumes unbebaut waren, kommen Zinsen nur für diesen Teil in Anrechnung *);

4. Aufwendungen und Beiträge zu Straßenbauten und anderen Verkehrsanlagen, ferner die auf Grund § 9 KAG. gezahlten nicht laufenden Abgaben.

§ 6. Dem Veräußerungspreise sind hinzuzurechnen:

1. Entschädigungen für eine Wertminderung des Grundstücks (z. B. wegen Bergbau, Teilenteignungen usw.), die während der maßgebenden Eigentumsdauer gezahlt sind oder deren Anspruch während dieser Zeit entstanden ist, wenn und soweit der Geldbetrag nicht zur Beseitigung des Schadens verwendet wurde;

2. ein nach den Vorschriften dieser Ordnung zu berechnender Steuerbetrag, wenn der Erwerber des Grundstücks die Zahlung der Zuwachssteuer übernommen hat.

§ 7. Von dem Veräußerungspreise sind in Abzug zu bringen:

1. die dem Veräußerer nachweislich zur Last fallenden Kosten der Veräußerung einschließlich der von ihm für die Vermittlung gezahlten ortsüblichen Gebühr;

2. bei bebauten Grundstücken alle nachgewiesenen Ausgaben für Neu-, Um- und Anbauten sowie für sonstige dauernde besondere Verbesserungen, soweit die Bauten und Verbesserungen noch vorhanden sind, mit demjenigen Betrage der nachgewiesenen Ausgaben, der dem Werte der Bauten und Verbesserungen zur Zeit des Verkaufs entspricht. Handelt es sich um ein Grundstück mit aufstehendem Wohnhause, so sind den Baukosten 15 v. H. des anrechnungsfähigen Betrages hinzuzurechnen, wenn der Veräußerer das Grundstück unbebaut erworben und das Haus als Bauherr errichtet hat. Zuschüsse dritter Personen, auf deren Rückgabe der Hergeber verzichtet hat, sind von den Kosten des Neubaues oder der Verbesserung abzuziehen, ebenso bleiben die durch Versicherungen gedeckten Kosten und die von Bergwerken oder anderen Verpflichteten verauslagten oder erstatteten Kosten außer Ansatz;

---

*) Es bleibt der einzelnen Gemeinde überlassen, ob sie aus praktischen Gründen von dem Abzug der erzielten Einnahmen absehen will. Werden die Gegeneinnahmen nicht abgezogen, kann der Zinssatz entsprechend niedriger gehalten werden.

3. bei den im § 2 Abs. 4 bezeichneten Fällen der zur Erlangung der Erlaubnis nachweislich gezahlte Betrag.

§ 8. Als unbebaut gelten die Grundstücke, die zur Zeit des Eigentumswechsels oder, wenn die Übergabe an den Käufer vorher stattgefunden hat, an diesem Zeitpunkt überhaupt nicht oder nur mit solchen Gebäuden bebaut waren, die — wie Schuppen, Gartenhäuser, Lagerstätten und dergl. — vorübergehenden Zwecken dienten.

War das Grundstück früher mit Gebäuden bestanden, so gilt dasselbe als unbebaut. Ausgaben im Sinne § 7 Abs. 2 können jedoch bis zur Höhe des beim Abbruch vorhandenen Wertes berücksichtigt werden, ebenso können Ausgaben für die in Abs. 1 genannten Baulichkeiten bis zur Höhe des im Verkaufspreise für die Gebäude enthaltenen Entgelts mit Zustimmung des Gemeindesteuerausschusses angerechnet werden.

Werden Teile von einem Hausgrundstück abgetrennt und unbebaut veräußert, so gilt das veräußerte Grundstück als unbebaut, jedoch werden Zinsen gemäß § 5 Abs. 3 erst vom Tage der Trennung vom Hausgrundstück an in Ansatz gebracht.

Auf Bergwerke und Berechtigungen (§ 1) finden die für bebaute Grundstücke geltenden Vorschriften sinngemäß Anwendung.

§ 9. Beschränkt sich der steuerpflichtige Rechtsvorgang auf einen Teil eines Grundstücks, so wird der Erwerbspreis dieses Teiles nach dem Verhältnis seiner Größe zur Größe des Gesamtgrundstücks berechnet. Das zu Straßen und Plätzen unentgeltlich abgetretene Land wird hierbei von der Gesamtgröße vorab in Abzug gebracht. Sind in dem Erwerbspreise Bauten oder sonstige Leistungen eingeschlossen, so ist deren Wert aus dem Erwerbspreise vorher auszusondern.

Werden mehrere Teile des Grundstücks durch verschiedene Rechtsvorgänge von demselben Veräußerer oder seinen Erben innerhalb drei Jahren veräußert, so ist der Steuerpflichtige berechtigt, den bei einem Geschäft erlittenen, nach den Vorschriften dieser Ordnung zu berechnenden Verlust bei dem Veräußerungspreis des jeweilig letzten Geschäftes innerhalb dieses Zeitraumes in Abzug zu bringen. Die während des Zeitraumes stattgefundenen Veranlagungen sind erforderlichenfalls zu berichtigen, ein diesbezüglicher Antrag ist innerhalb drei Monaten nach Ablauf der dreijährigen Frist zu stellen. Für Erwerbsvorgänge, die vor dem Inkrafttreten dieser Ordnung stattgefunden haben, beginnt der Lauf der Frist mit dem Tage, an dem die Ordnung Geltung erlangt.

Aufwendungen kommen nur insoweit in Anrechnung, als sie den veräußerten Teil betreffen. Handelt es sich um eine das Gesamtgrundstück oder mehrere Teile desselben betreffende Anlage, so sind die zu berücksichtigenden Kosten nach dem Flächenverhältnis zu verteilen.

§ 10. Bei der steuerpflichtigen Überlassung eines gemeinschaftlichen Grundstücks an einen Mitberechtigten bleibt die Steuerpflicht auf den veräußerten Anteil beschränkt. Bei dem nächsten Steuerfall ist der Wertzuwachs für den eigenen und für den hinzuerworbenen Anteil gesondert zu berechnen und zu versteuern.

Eine gleiche gesonderte Steuerberechnung hat auch in anderen Fällen dann stattzufinden, wenn der Veräußerer Anteile des Grundstücks zu verschiedenen Zeiten erworben hatte.

§ 11. Beim Tausch von Grundstücken ist die Steuer für jedes Grundstück gesondert zu berechnen.

§ 12. Bei einem aus Anlaß einer Flurbereinigung, Grenzregelung oder Umlegung empfangenen Grundstück ist als Erwerbspreis das Entgelt anzusehen, das bei dem letzten steuerpflichtigen Rechtsvorgang für das in die Flurbereinigung usw. gegebene Grundstück gezahlt worden ist.

Ausgleichszahlungen sind dem Erwerbspreise hinzu- oder abzurechnen. Für die Steuerberechnung kommt der auf diesem Wege berichtigte Erwerbspreis und die Größe des aus der Vereinigung empfangenen Grundstücks in Frage. Als Besitzdauer gilt die Zeit von dem Erwerb des in die Vereinigung usw. gegebenen Grundstücks an.

§ 13. *) Die Steuer beträgt ...... des Wertzuwachses bei einer Wertsteigerung von .... bis ausschließlich .... v. H. des Erwerbspreises zuzüglich der Anrechnungen

---

*) Die Gestaltung des Steuertarifs bleibt grundsätzlich der Gemeinde überlassen. Die Steuer darf 50 v. H. des Wertzuwachses nicht überschreiten. Um die Möglichkeit der Steuererhöhung nach § 15 Abs. 1 zu sichern, empfiehlt es sich, als Regelsätze nicht zu überschreiten einen Satz von 10 v. H. bei einer Steigerung bis zu 20 v. H., 20 v. H. bei einer Steigerung von mehr als 20 bis 100 v. H., 30 v. H. bei einer Steigerung von mehr als 100 bis 200 v. H., 40 v. H. bei einer Steigerung von mehr als 200 v. H.

	bei einer Wertsteigerung				
11 v. H.	.... von	20	bis	ausschl.	30 v. H.
12 „	.... „	30	„	„	40 „
13 „	.... „	40	„	„	50 „
14 „	.... „	50	„	„	60 „
15 „	.... „	60	„	„	70 „
16 „	.... „	70	„	„	80 „
17 „	.... „	80	„	„	90 „
18 „	.... „	90	„	„	100 „
19 „	.... „	100	„	„	110 „
20 „	.... „	110	„	„	120 „
21 „	.... „	120	„	„	130 „
22 „	.... „	130	„	„	140 „
23 „	.... „	140	„	„	150 „
24 „	.... „	150	„	„	160 „
25 „	.... „	160	„	„	170 „
26 „	.... „	170	„	„	180 „
27 „	.... „	180	„	„	190 „
28 „	.... „	190	„	„	200 „
29 „	.... „	200	„	„	210 „
30 „	.... „	210	„	„	220 „
31 „	.... „	220	„	„	230 „
32 „	.... „	230	„	„	240 „
33 „	.... „	240	„	„	250 „
34 „	.... „	250	„	„	260 „
35 „	.... „	260	„	„	270 „
36 „	.... „	270	„	„	280 „
37 „	.... „	280	„	„	290 „
38 „	.... „	290	„	„	300 „
39 „	.... „	300	„	„	310 „
40 „	.... „	310 v. H. und mehr.			

Ist der Wertzuwachs zwar geringer als 10 v. H. des Erwerbspreises einschließlich der Anrechnungen, jedoch höher als 5000 Mark, so wird eine Zuwachssteuer von 10 v. H. des Wertzuwachses erhoben.

§ 14. *) Die nach den §§ 13 bis 14 sich ergebende Steuer

---

*) Zu Absatz 1 und 2:

1. Die angegebenen Prozentziffern stellen das alleräußerste Höchstmaß des Zulässigen dar. Ob so weit zu gehen ist, haben die Gemeinden zu erwägen.

2. Die fünfjährige Frist, während deren eine Steigerung der

erhöht sich bei einer Eigentumsdauer

bis zu	1 Jahr	um	100	v. H.
„ „	2 Jahren	„	80	„
„ „	3 „	„	60	„
„ „	4 „	„	40	„
„ „	5 „	„	20	„

mit der Maßgabe, daß die Steuer 50 v. H. des Wertzuwachses nicht übersteigen darf.

Bei einer Eigentumsdauer von 6 Jahren wird die sich nach den §§ 13 bis 14 ergebende Steuer ohne Änderung erhoben.

Die Steuer ermäßigt sich für das 7. und jedes vollendete weitere Jahr um je 1 v. H. bis zu einer Ermäßigung von 30 v. H. bei einer Eigentumsdauer von 36 Jahren. Die Ermäßigung tritt nicht ein, wenn das veräußerte Grundstück unbebaut und Teil eines baureifen Geländes war, welches der Veräußerer zu spekulativen Zwecken erworben hatte.

Handelt es sich um den Verkauf eines Wohnhauses oder einer Ansiedelungsstätte an Kriegsbeschädigte oder an Hinterbliebene von Kriegsteilnehmern, die auf Grund des Kapitalabfindungsgesetzes Grundstücke erwerben, oder an Minderbemittelte, so kann auf Antrag eine außerordentliche Ermäßigung der Steuer bis zu 50 v. H. gewährt werden, wenn der Veräußerungspreis mit Rücksicht auf die Person des Erwerbers wesentlich niedriger als sonst üblich festgesetzt ist. Die Entscheidung trifft der ....

§ 15. Zu der nach den §§ 13 und 14 veranlagten Gemeindewertzuwachssteuer tritt entsprechend der Bestimmung im § 58 des Reichszuwachssteuergesetzes vom 14. Februar 1911 (RGBl. S. 33) für seine Mitwirkung zugunsten des Staates ein Zuschlag von 10 v. H.*)

§ 16. Die sich nach vorstehenden Bestimmungen ergebende Steuer wird nach oben oder nach unten auf volle Mark abgerundet, wenn sich ein Pfennigbetrag von 50 Pf. und mehr oder weniger als 50 Pf. ergeben sollte.

Steuerbeträge unter 20 Mark werden nicht erhoben.

Steuersätze zulässig ist, darf im ganzen nicht überschritten, wohl aber verringert werden. Spätestens mit dem 6. Jahr müssen die Normalsätze des § 13 eintreten. Vergl. aber ME. vom 17. Dez. 1921, III.

*) Diese Bestimmung ist von mehreren Bezirksausschüssen im Genehmigungsverfahren als rechtsungültig beanstandet.

§ 17. Die Zahlung der Steuer liegt demjenigen ob, dem das Eigentum an dem Grundstück vor dem die Steuerpflicht begründenden Rechtsvorgange zustand. Mehrere Zahlungspflichtige haften als Gesamtschuldner.

Kann die Steuer von dem Veräußerer nicht beigetrieben werden, so haftet der Erwerber 2 Jahre bis zu einem Betrage von 2 v. H. des Veräußerungspreises. Auf Erwerbungen im Wege der Zwangsversteigerung findet diese Bestimmung keine Anwendung.

Gehen dem Eintritt der Steuerpflicht mehrere aufeinanderfolgende Rechtsgeschäfte voraus, so haften die an einem dieser Rechtsgeschäfte als Veräußerer beteiligten Personen neben dem Steuerpflichtigen als Gesamtschuldner.

§ 18. Von der Steuerpflicht sind befreit Vereinigungen, die sich mit innerer Kolonisation, Arbeiteransiedelung, Grundentschuldung oder Errichtung von Wohnungen für die minderbemittelten Klassen befassen, ohne Erwerbszwecken zu dienen. Der zur Verteilung gelangende Reingewinn darf höchstens 5 v. H. der Kapitaleinlagen betragen, den Mitgliedern, Geschäftsführern oder sonstigen Beteiligten sind auch nicht in anderer Form besondere Vorteile zu gewähren; bei Auslosung, Austritt eines Mitgliedes oder für den Fall der Auflösung ist nicht mehr als der Nennwert der Anteile zuzusichern und ein etwaiger Vermögensrest bei der Auflösung für die eingangs bezeichneten Zwecke zu bestimmen.

§ 19. Die Steuer wird nicht erhoben:

1. beim Erwerb von Todes wegen im Sinne §§ 1 und 20 des Erbschaftssteuergesetzes sowie beim Erwerb auf Grund einer Schenkung unter Lebenden im Sinne § 40 des Erbschaftssteuergesetzes, sofern die Form der Schenkung nicht gewählt ist, um die Zuwachssteuer zu ersparen;

2. bei der Begründung, Änderung, Fortsetzung und Aufhebung der ehelichen Gütergemeinschaft;

3. beim Erwerb auf Grund von Verträgen, die zwischen Miterben oder Teilnehmern an einer ehelichen oder fortgesetzten Gütergemeinschaft zum Zwecke der Teilung der zum Nachlaß oder zum Gesamtgut gehörenden Gegenstände abgeschlossen werden, sowie beim Erwerb auf Grund eines Zuschlags, der in den vorgenannten Fällen bei Teilung im Wege der Versteigerung einem Miterben oder Teilnehmer erteilt wird;

4. bei dem Erwerbe der Abkömmlinge von den Eltern, Großeltern und entfernteren Voreltern sowie beim Erwerb der Eltern von Kindern; den Eltern stehen die Stiefeltern und Adoptiveltern gleich, wenn kein Verdacht besteht, daß die Annahme an Kindes Statt zum Zwecke der Steuerhinterziehung vorgenommen ist;

5. beim Einbringen in eine ausschließlich aus dem Veräußerer und dessen Abkömmlingen oder aus diesen allein bestehende Vereinigung. Die Steuerpflicht tritt ein, wenn nachträglich ein Gesellschafter aufgenommen wird, der nicht zu den Abkömmlingen des Veräußerers gehört;

6. beim Einbringen von Nachlaßgegenständen in eine ausschließlich von Miterben gebildete Vereinigung. Die Vorschrift der Nr. 5 Satz 2 findet entsprechende Anwendung;

7. bei Teilung einer sonstigen Gemeinschaft zwischen Miteigentümern.

Eine Herauszahlung darf den 5. Teil des Gesamtwertes, auf keinen Fall aber 2000 Mark übersteigen, andernfalls ist die Teilung in vollem Umfange steuerpflichtig nach Maßgabe § 10;

8. beim Austausch von Grundstücken zum Zwecke der Zusammenlegung (Flurbereinigung), der Grenzregelung oder der besseren Gestaltung von Bauflächen (Umlegung);

9. bei dem Rückerwerb von Grundstücken gemäß § 21.

Zu den Miterben im Sinne der Nr. 3 und 6 wird auch der überlebende Ehegatte gerechnet, der mit den Erben des verstorbenen Gatten gütergemeinschaftliches Vermögen zu teilen hat. Die Steuerbefreiungen nach Nr. 3 und 4 kommen auch Ehegatten von Miterben oder Teilnehmern an einer fortgesetzten Gütergemeinschaft sowie Ehegatten von Abkömmlingen zu, wenn sie auf Grund des bestehenden Güterstandes ohne rechtsgeschäftliche Übertragung Miteigentum erwerben.

§ 20. Die Steuer wird auf Antrag erlassen, erstattet oder ermäßigt:

1. bei Nichtigkeit der Auflassung oder des sonstigen den Eigentumserwerb begründenden Rechtsvorganges;

2. bei Rückerwerb des Eigentums infolge Nichterfüllung der Vertragsbedingungen des Veräußerungsgeschäfts;

3. bei Rückerwerb des Eigentums innerhalb zweier Jahre seit der Veräußerung zu einem Preise, der nur die Kosten des Erwerbs deckt;

4. bei Preisminderung nach den §§ 459, 460 des Bürgerlichen Gesetzbuches, soweit sie eine Ermäßigung der Steuer zur Folge haben würde.

Der Antrag muß innerhalb eines Jahres nach Eintritt des Ereignisses gestellt werden, auf welches der Erstattungsanspruch sich gründet.

Wird die Steuer erlassen, so gilt die Veräußerung und der Rückerwerb im Sinne dieser Ordnung als nicht erfolgt.

§ 21. Die Steuerpflichtigen haben binnen zwei Wochen dem .... von jedem steuerpflichtigen Rechtsvorgang Anzeige zu machen und auf Verlangen über bestimmte, für die Veranlagung maßgebende Tatsachen innerhalb einer zu bestimmenden Frist Auskunft zu erteilen, insbesondere alle die Steuerpflicht und das Veräußerungsgeschäft betreffenden Urkunden vorzulegen.

Wird die erteilte Auskunft beanstandet, so sind dem Steuerpflichtigen die Gründe der Beanstandung mitzuteilen mit dem Anheimstellen, innerhalb einer angemessenen Frist weitere Erklärungen abzugeben.

§ 22. Die Veranlagung erfolgt durch den ....

Der Steuerpflichtige erhält einen schriftlichen Veranlagungsbescheid, aus dem die Berechnungsunterlagen ersichtlich sind.

Die Zahlung der Steuer hat innerhalb vier Wochen nach Zustellung des Veranlagungsbescheides an die .... kasse zu erfolgen.

§ 23. Dem Steuerpflichtigen stehen gegen die Veranlagung die Rechtsmittel gemäß § 69 des Kommunalabgabengesetzes offen.

§ 24. Wer eine ihm nach dieser Ordnung obliegende Anzeige oder Auskunft nicht erstattet oder nicht rechtzeitig oder unvollständig abgibt, wird, sofern nicht eine höhere Strafe verwirkt ist, mit einer Geldstrafe von 1 bis 30 Mark bestraft.*)

§ 25. Die Steuerordnung tritt mit dem Tage der Verkündung in Kraft.

.........., den ....

---

*) Vergl. jetzt § 82 KAG.

4. Ankündigungssteuern.

a) Ministerialerlaß vom 3. September 1921.

Die derzeitige schwierige Finanzlage hat eine Anzahl von Gemeinden veranlaßt, Steuerordnungen für die Erhebung einer Ankündigungssteuer zu beschließen. Da derartige, hier zur Vorlage gelangte Steuerordnungen vielfach und in wesentlichen Punkten voneinander abwichen, zudem auch nicht in allen Teilen unbedenklich erschienen, haben wir uns, um für die Zukunft ein möglichst einwandfreies und in den grundsätzlichen Punkten einheitliches Verfahren der Gemeinden bei der Ankündigungsbesteuerung zu ermöglichen, entschlossen, eine Mustersteuerordnung mit Steuerhöchstsätzen aufzustellen, die in der Anlage übersandt wird.*)

Zu der Mustersteuerordnung bemerken wir im einzelnen folgendes:

1. Zur Einleitung: Das Datum der letzten Novelle zum Kommunalabgabengesetz steht zurzeit noch nicht fest. Nach Veröffentlichung derselben in der Gesetzsammlung, die in Kürze zu erwarten ist, wird das Datum hier einzurücken sein.

2. Zu § 1: Hinsichtlich der Besteuerung der Ankündigungen in Verkehrsmitteln (Straßenbahnen, Autoomnibussen usw.), die mehrere Ortschaften berühren, wird es sich für die Gemeinden, sowohl zur Vermeidung von Doppelbesteuerungen als auch zur Ausschaltung von Steuerhinterziehungen, empfehlen, rechtzeitig mit den Vertretern der Verkehrsunternehmungen, mit Sachverständigen und mit den in Frage kommenden Nachbargemeinden in Verbindung zu treten.

3. Zu § 4: Als nicht farbig sind nur Ankündigungen zu erachten, die in schwarz auf weißem Grunde ausgeführt sind.

4. Zu § 7 Ziffer 6: Es bleibt den Gemeinden überlassen, auch Ankündigungen, durch welche die Einladungen zu den nicht öffentlichen Mitgliederversammlungen wirtschaftlicher Vereinigungen oder politischer Parteien erfolgen, von der Besteuerung auszunehmen.

5. Zu § 7 Ziffer 9: Zu den dort genannten Wahrzeichen werden auch die Barbierteller zu rechnen sein, die die Friseure vor ihren Geschäften aushängen.

---

*) Inzwischen ist eine weitere Staffelung der Steuersätze bis zu 300 Mark seitens der Ministerialinstanz zugelassen worden.

6. Zu § 7 Ziffer 10: Hierunter fallen unter den genannten Voraussetzungen insbesondere die Schilder, die Ärzte, Rechtsanwälte, Musiklehrer usw. anzubringen pflegen.

Wir ermächtigen für die Städte die Oberpräsidenten und für die Landgemeinden die Regierungspräsidenten, zu Steuerordnungen, deren Inhalt den Bestimmungen der beiliegenden Ordnung im wesentlichen, d. h. in bezug auf die persönlichen und sächlichen Steuermerkmale und den Steuersatz, entspricht, die Zustimmung zunächst auf die Dauer eines Jahres mit der Maßgabe zu erteilen, daß aus dieser Zustimmung keine Ansprüche irgendwelcher Art gegen das Reich oder den Staat auf Gewährleistung des Steuerertrages oder in ähnlicher Beziehung hergeleitet werden können.

Falls die Steuer nach Ablauf des Jahres weitererhoben werden soll, wird es einer rechtzeitigen erneuten Beschlußfassung der Gemeinden sowie der Einholung einer weiteren Genehmigung und Zustimmung bedürfen. Für die Stadt Berlin bleibt die Erteilung der Zustimmung uns — dem Minister des Innern und Finanzminister — vorbehalten.

Dieser Runderlaß gelangt nebst Mustersteuerordnung im Ministerialblatt der inneren Verwaltung zum Abdruck.

Berlin, den 3. September 1921.

Zugleich im Namen des Finanzministers:
Der Minister des Innern. J. V.: Loehrs.

An die Ober- und Regierungspräsidenten. — M. d. J. IV St. 645. Fin.Min. II A 2. 1232.

b) Ordnung für die Erhebung einer Ankündigungssteuer im Bezirk der Gemeinde ....

Auf Grund der §§ 13, 18, 77 und 82 des Kommunalabgabengesetzes vom 14. Juli 1893 (GS. S. 152) in der Fassung der Novelle vom 26. August 1921 (GS. S. 495) und des Beschlusses der .... vom .... wird folgende Steuerordnung erlassen:

§ 1. Wer innerhalb des Gemeindebezirks in seinem geschäftlichen oder sonstigen Interesse eine Ankündigung selbst oder durch einen anderen öffentlich anbringt, hat eine Gemeindesteuer zu entrichten.

Als Ankündigungen gelten auch Aufschriften und Mitteilungen jeder Art, ferner, wenn sie eine Ankündigung ersetzen oder begleiten, Abbildungen, Lichtwirkungen, Bildwerke und plastische Figuren. Als Ankündigungen gelten nicht Zeitungen und Zeitschriften, die nicht nur den Zweck der Reklame haben, und Beilagen dazu.

Werden mehrere, ihrem Inhalte nach verschiedene Ankündigungen verschiedener Personen oder Personenvereinigungen äußerlich zu einer Ankündigung vereinigt, so gilt jede davon als besondere Ankündigung.

Eine Ankündigung ist als öffentlich anzusehen, wenn sie die Aufmerksamkeit einer unbestimmten Personenzahl auf sich zu lenken bestimmt ist.

Unter Anbringen wird auch das Verteilen, Umherfahren, Umhertragen verstanden.

§ 2. Die Steuer beträgt bei einer Größe der zur Mitteilung benutzten Fläche

a) bis zu 0,30 qm . . . . 6,00 Mark,
b) „ „ 0,60 „ . . . . 12,00 „ ,
c) „ „ 1,20 „ . . . . 20,00 „ ,
d) über 1,20 „ . . . . 30,00 „ .

Plastische Figuren sind nach dem nach Ziffer d zulässigen Steuersatze zu versteuern.

§ 3. Die Steuersätze des § 2 gelten, wenn e i n e oder gleichzeitig 2 bis 10 Ankündigungen der gleichen Art erfolgen. Die Steuer erhöht sich bei mehr als 10 bis einschließlich 50 gleichartiger, gleichzeitig zur Veröffentlichung gelangender Ankündigungen um 50 v. H., bei mehr als 50 Stück um 100 v. H.

§ 4. Für Ankündigungen in farbigem Druck oder farbigem Licht ist das Doppelte der Steuersätze der §§ 2 und 3 zu zahlen.

§ 5. Die Steuersätze der §§ 2 bis 4 gelten, wenn die Ankündigungen bis zu 14 Tagen sichtbar sein sollen. Sollen sie länger sichtbar sein, so wird für einen Zeitraum bis zu einem Monat ein Zuschlag von 50 v. H., für einen Zeitraum bis zu 3 Monaten ein Zuschlag bis zu 75 v. H. und für einen Zeitraum von 3 Monaten bis zu einem Jahre ein Zuschlag bis zu 100 v. H. zu den vorstehenden Sätzen erhoben.

§ 6. Ankündigungen von Theatern, Konzerten und ähnlichen Darbietungen mit wechselndem Programm, die weniger als 14 Tage sichtbar sein sollen, werden mit einem Jahressteuersatze besteuert. Dieser beträgt ¾ der Gesamtsumme, die nach Maßgabe der §§ 2 bis 5 dieser Steuerordnung zu zahlen wäre.

Sofern es sich um künstlerisch hochstehende Veranstaltungen (§ 20 der reichsrätlichen Bestimmungen über die Vergnügungssteuer — RGBl. 1921 S. 856 ff. —) handelt, beträgt der Jahressteuersatz ½ der in Abs. 1 genannten Gesamtsumme.

§ 7. Der Steuer unterliegen nicht:

1. Ankündigungen der Reichs-, Staats- und Kommunalbehörden sowie der öffentlichen Beamten in amtlichen Angelegenheiten, ohne Unterschied, ob sie die Ankündigungen selbst erlassen oder ob solche mit ihrer ausdrücklichen Zustimmung im ausschließlich öffentlichen Interesse ergehen;

2. Ankündigungen von kirchlichen und religiösen Veranstaltungen sowie von denjenigen Veranstaltungen, die lediglich dem Unterricht an öffentlichen oder erlaubten privaten Unterrichtsanstalten dienen oder mit Genehmigung der Schulbehörden ausschließlich für Schüler solcher Anstalten und deren Angehörige dargeboten werden, sowie die Ankündigungen über Volkshochschulkurse;

3. Ankündigungen über öffentliche Wahlen und deren Vorbereitung vom Tage der Bekanntgabe des Wahltermins bis einschließlich des Wahltages;

4. Fahrpläne und sonstige auf die Regelung des öffentlichen Verkehrs bezügliche Ankündigungen privater Verkehrsunternehmungen, soweit sie lediglich diesem Zwecke dienen;

5. Ankündigungen von Veranstaltungen, welche von den Ländern, einem Gemeindeverbande oder einer Gemeinde im öffentlichen Interesse unternommen, unterhalten oder wesentlich unterstützt werden, sowie ferner von solchen Veranstaltungen, die ohne die Absicht auf Gewinnerzielung ausschließlich zum Zwecke der Kunstpflege oder der Volksbildung unternommen werden und von der Landesregierung als gemeinnützig ausdrücklich anerkannt sind;

6. Ankündigungen von Veranstaltungen, deren Ertrag ausschließlich und unmittelbar zu vorher anzugebenden mildtätigen Zwecken verwendet wird, sofern keine Tanzbelustigungen damit verbunden sind;

7. Ankündigungen in eigenen Geschäfts- oder Betriebsräumen, insbesondere auch Schaufenstern, wenn sie den eigenen Geschäftsbetrieb betreffen;

8. Firmenschilder, die an Gebäuden, in welchen sich die Räume des Unternehmens befinden, oder an Fahrzeugen angebracht sind, die dem Unternehmen gehören, sofern die Schilder

lediglich die Namen der Firma bezw. der von ihr angebotenen Waren oder Dienstleistungen derselben enthalten, sowie althergebrachte Wahrzeichen eines Handels- oder Gewerbezweiges, wenn sie nicht mit besonderen Anpreisungen verbunden sind;

9. Ankündigen nicht gewerbsmäßiger Natur, sofern sie auf dem vom Ankündigenden bewohnten oder dem ihm gehörigen Grundstücke erfolgen, insbesondere die Ankündigung der Veräußerung, Verpachtung oder Vermietung von Grundstücken, Gebäuden, Gebäudeteilen sowie von beweglichen Sachen;

10. Ankündigungen, die lediglich Name, Beruf, Wohnung und Sprechzeit des Ankündigenden enthalten, sofern sie sich auf dem Grundstück oder in nächster Nähe des Grundstücks befinden, auf dem der Ankündigende seine berufliche Tätigkeit ausübt oder seine Wohnung hat;

11. Warnungstafeln aller Art.

§ 8. Der Gemeindevorstand kann auf Antrag von der Steuer ganz oder teilweise befreien:

1. Ankündigungen von Veranstaltungen, die ausschließlich der Jugendpflege oder der Leibesübung dienen. Die Befreiung ist jedoch ausgeschlossen bei gewerbsmäßigen Veranstaltungen dieser Art und bei solchen, die mit Totalisatorwettbetrieben oder Tanz verbunden sind;

2. Mitteilungen und Ankündigungen, die sich auf wissenschaftliche, künstlerische und gemeinnützige Veranstaltungen beziehen, sofern jede Erwerbsabsicht dabei ausgeschlossen ist;

3. Ankündigungen jeder Art in Fällen, in denen die Einziehung der Steuer nach Lage der Sache eine außergewöhnliche Härte bedeuten würde.

§ 9. Alle Ankündigungen, für welche die Steuer nach dieser Ordnung zu entrichten ist, müssen, mit Ausnahme der in § 6 gedachten, unter Angabe der für die Steuerbehörde erforderlichen Merkmale vor ihrer Veröffentlichung zur Versteuerung angezeigt werden. Die Steuerstelle kann die Leistung einer angemessenen Sicherheit verlangen.

Über die Ankündigungen der im § 6 bezeichneten Art ist für jedes Steuerjahr eine laufende Nachweisung zu führen, die Anzahl und Steuermerkmale der betreffenden Ankündigungen enthält. Von der Einrichtung der Nachweisung ist der Steuerbehörde vor Erlaß der ersten steuerpflichtigen Ankündigung im Steuerjahre Kenntnis zu geben. Die Nachweisung ist der Steuerbehörde auf Verlangen jederzeit vorzulegen. Nach Ablauf des Steuerjahres, jedoch spätestens bis zum 15. April j. Js., oder nach Ablauf der im Verlauf des Steuerjahres endenden Spielzeit ist die Nachweisung der Steuerbehörde zur Festsetzung der Steuer vorzulegen. Anderweite Vereinbarungen bleiben den Beteiligten überlassen.

§ 10. Die Steuer ist zu entrichten, nachdem der Steuerbetrag dem Steuerpflichtigen bekanntgegeben ist.

Über die erfolgte Zahlung der Steuer ist von der Steuerbehörde eine Bescheinigung zu erteilen, die auf Verlangen jederzeit vorzuzeigen ist.

Für die Steuer haften neben den Ankündigenden die Eigentümer der die Ankündigung enthaltenden oder tragenden beweglichen oder unbeweglichen Gegenstände, wenn die Ankündigung mit ihrer Zustimmung oder Duldung erfolgt ist, sowie die Personen, die das Anbringen (Verteilen usw.) selbst ausführen oder gewerbsmäßig ausführen lassen.

§ 11. Gegen die Heranziehung zur Steuer steht dem Steuerpflichtigen binnen 4 Wochen der Einspruch bei dem .... offen. Gegen diesen Beschluß ist binnen 2 Wochen die Klage im Verwaltungsstreitverfahren zulässig.

Durch Einspruch und Klage wird die Verpflichtung zur Zahlung der Steuer nicht aufgehoben.

§ 12. Zuwiderhandlungen gegen die Bestimmungen dieser Ordnung werden mit Geldstrafe bis zu 1000 Mark bestraft.

§ 13. Diese Steuerordnung tritt mit dem Tage der Veröffentlichung in Kraft.

.... 1921.

Der Magistrat. Gemeindevorstand.

---

5. Filialsteuern.

a) Ministerialerlaß vom 3. September 1921.

Die durch Runderlaß vom 31. März 1916 — IV a 488, Fin.Min. II 2561 — bekanntgemachte Filialgewerbesteuerordnung entspricht nicht mehr den Zeitverhältnissen. Es ist deshalb erforderlich geworden, ein der heutigen Wirtschaftslage Rechnung tragendes Muster für eine Filialgewerbesteuerordnung herauszugeben.

Indem wir diese Mustersteuerordnung anbei übersenden, bemerken wir hierzu folgendes:

a) Die Gemeinden ersuchen wir darauf hinzuweisen, daß es unerläßlich ist, vor dem Erlaß einer Gewerbesteuerordnung auf Zweigbetriebe die zuständigen Handelskammern gutachtlich zu hören;

b) Zu § 1: Hinsichtlich der Besteuerung der Konsumvereine ist der in § 28 Ziffer 1 des Kommunalabgabengesetzes in Bezug genommene § 5 des Gewerbesteuergesetzes vom 24. Juni 1891 zu beachten;

c) Zu § 8: Die Berechnung der Steuer nach § 8 Abs. 1 und 2 können folgende Beispiele erläutern:

1. Wenn der nach den §§ 2 bis 7 dieser Steuerordnung errechnete Steuersatz eines Zweigbetriebes 1000 Mark beträgt und der auf die Gemeinde entfallende entsprechende Anteil an dem staatlich veranlagten Gewerbesteuersatz 600 Mark ausmacht, so berechnet sich die von dem Zweigbetriebe zu erhebende Gewerbesteuer, sofern von den dieser Steuerordnung nicht unterliegenden Betrieben 350 Prozent der staatlich veranlagten Gewerbesteuersätze erhoben werden und der im § 8 Abs. 2 festgesetzte Höchstsatz mindestens 350 Prozent beträgt, auf $\frac{1000 . 350}{100} = 3500$ Mark.

2. Beträgt der nach den §§ 2 bis 7 dieser Steuerordnung errechnete Steuersatz eines Zweigbetriebes 1000 Mark und beläuft sich der auf die Gemeinde entfallende entsprechende Anteil an dem staatlich veranlagten Gewerbesteuersatz 600 Mark, so berechnet sich die von dem Zweigbetriebe zu erhebende Gewerbesteuer, sofern von den dieser Steuerordnung nicht unterliegenden Betrieben 800 Prozent der staatlich veranlagten Gewerbesteuersätze erhoben werden und der im § 8 Abs. 2 festgesetzte Höchstsatz 400 Prozent beträgt, auf $\frac{1000 . 400}{100} = 4000$ Mark + $\frac{600 . 400}{100} = 2400$ Mark, zusammen 6 400 Mark.

d) Zu § 17: Soweit bereits bestehende Steuerordnungen den Höchstsätzen dieser Mustersteuerordnung nicht entsprechen, sind sie mit diesen in Einklang zu bringen. Dies muß spätestens bis zum 31. März 1922 geschehen sein.

Wir ermächtigen für die Städte die Oberpräsidenten und für die Landgemeinden die Regierungspräsidenten, zu Steuerordnungen, deren Inhalt den Bestimmungen der beiliegenden Ordnung im wesentlichen, d. h. in bezug auf die persönlichen und sächlichen Steuermerkmale und den Steuersatz, entspricht, die Zustimmung zunächst auf die Dauer eines Jahres mit der Maßgabe zu erteilen, daß aus dieser Zustimmung keine Ansprüche irgendwelcher Art gegen den Staat oder das Reich auf Gewährleistung des Steuerertrages oder in ähnlicher Beziehung hergeleitet werden können. Falls die Steuer nach Ablauf des Jahres weitererhoben werden soll, wird es einer rechtzeitigen erneuten Beschlußfassung der Gemeinden sowie der Einholung einer weiteren Genehmigung und Zustimmung bedürfen. Für die Stadt Berlin bleibt die Erteilung der Zustimmung uns — dem Minister des Innern und Finanzminister — vorbehalten.

Zugleich im Namen des Finanzministers:
Der Minister des Innern. J. V.: Loehrs.

b) Gewerbesteuerordnung der Gemeinde ....
(Gewerbesteuer auf Zweigbetriebe).

Auf Grund des Beschlusses der .... vom .... wird gemäß den §§ 23, 29, 31 und 32 des Kommunalabgabengesetzes vom 14. Juli 1893 (GS. S. 152) für die Gemeinde .... folgende Steuerordnung erlassen:

§ 1. Von den nach den §§ 28 und 32 des Kommunalabgabengesetzes gewerbesteuerpflichtigen Betrieben, welche ihre Hauptniederlassung nicht in der Gemeinde .... haben, wird an Stelle der Gewerbesteuern, die von den dieser Steuerordnung nicht unterliegenden Betrieben erhoben werden, eine besondere Gewerbesteuer nach den Bestimmungen dieser Steuerordnung erhoben. Eine Hauptniederlassung in .... ist nicht gegeben, wenn der hiesige Betrieb mit auswärtigen Betrieben des gleichen Unternehmers in wirtschaftlichem oder organisatorischem Zusammenhang steht und die einheitliche Leitung dieser Betriebe außerhalb der Gemeinde .... ihren Sitz hat.

§ 2. Die Besteuerung erfolgt nach folgendem Steuersatz. Es werden zusammengerechnet:

1. von dem in .... erzielten Ertrag (§ 3) (.........) Prozent,
2. von dem Nutzungswert der dem hiesigen Betrieb gewidmeten Räumlichkeiten und Geländeflächen (§ 4) (.....) Prozent,
3. von dem Gesamtbetrag der im hiesigen Betrieb im letzten Geschäftsjahr bezahlten Gehälter und Löhne (§ 5) bei Betrieben mit weniger als (20) beschäftigten Personen (.....) Prozent, bei Betrieben mit (20) und mehr, aber weniger als (50) beschäftigten Personen (.....) Prozent, bei Betrieben mit (50) und mehr beschäftigten Personen (.....) Prozent. Die Zahl der beschäftigten Personen bemißt sich nach dem Durchschnitt des letzten Geschäftsjahres. Die sich nach der Zusammenrechnung ergebende Summe stellt den Steuersatz dar.*)

§ 3. Der in der Gemeinde .... erzielte Ertrag (§ 2 Ziffer 1) wird unter Anwendung der Vorschriften des § 32 Abs. 2 des Kommunalabgabengesetzes sowie in der Weise ermittelt, daß:

a) bei Versicherungs-, Bank- und Kreditgeschäften derjenigen Gemeinde, in welcher die Leitung des Gesamtbetriebes stattfindet der zehnte Teil der Gesamteinnahme vorab überwiesen, dagegen der Überrest nach Verhältnis der in den einzelnen Gemeinden erzielten Roheinnahme verteilt,
b) in den übrigen Fällen das Verhältnis der in den einzelnen Gemeinden erwachsenen Ausgaben an Gehältern und Löhnen einschließlich der Tantiemen des Verwaltungs- und Betriebspersonals zugrunde gelegt wird.

Die Ermittelung der Roheinnahmen der Versicherungs- Bank- und Kreditgeschäfte sowie der Ausgaben an Löhnen und Gehältern erfolgt im dreijährigen Durchschnitt nach Einsicht eines den steuerberechtigten Gemeinden von dem Unternehmer

---

*) Andere als die unter 1 bis 3 bezeichneten Steuermerkmale sind nur ausnahmsweise bei besonderen örtlichen Verhältnissen zulässig. Der Umsatz darf als Steuermerkmal überhaupt nicht herangezogen werden.

Als Anhalt für die prozentuale Bemessung kann dienen: bei Ziffer 1 ein halbes Prozent, bei Ziffer 2 ein halbes Prozent, bei Ziffer 3 ein oder einundeinviertel oder einundeinhalbes Prozent.

bezw. Gesellschaftsvorstande jährlich mitzuteilenden Verteilungsplans.

Erstreckt sich ein Handels- oder Gewerbeunternehmen, einschließlich eines Bergbauunternehmens, über preußische und nichtpreußische Gemeinden, so finden behufs Ermittelung des dem Steuerpflichtigen in den verschiedenen Gemeinden zufließenden Einkommens die vorstehenden Vorschriften sinngemäße Anwendung.

§ 4. Der Nutzungswert der dem hiesigen Betrieb gewidmeten Räumlichkeiten und Geländeflächen wird festgesetzt: *)

....

....

....

Maßgebend ist der bei Beginn des Rechnungsjahres geltende Nutzungswert.

§ 5. Der Gesamtbetrag der in dem hiesigen Betrieb bezahlten Löhne und Gehälter umfaßt alle Vergütungen, auch Tantiemen, Provisionen usw. für Arbeitsleistungen der im Betriebe beschäftigten Personen. Als solche gelten u. a. Geschäftsführer, Handlungsgehilfen, Angestellte und Arbeiter, Reisende, Hausdiener, Lehrlinge, Laufburschen, Pförtner, Wächter usw.

Maßgebend für die Besteuerung ist der Gesamtbetrag von Löhnen und Gehältern im Durchschnitt der drei letzten der Besteuerung vorangehenden Geschäftsjahre. Soweit noch nicht drei Geschäftsjahre abgelaufen sind, wird der Betrag nach dem Durchschnitt der seit Betriebsbeginn bezahlten Löhne und Gehälter auf einen Jahressatz umgerechnet.

§ 6. Der nach § 2 ermittelte Steuersatz darf .... Prozent des nach § 3 berechneten Ertrages des hiesigen Betriebes nicht übersteigen. **)

§ 7. Soweit der nach den §§ 2 und 6 ermittelte Steuersatz niedriger ist als der für den hiesigen Betrieb staatlich veranlagte

---

*) In der Regel wird es sich empfehlen, den für gleichartige Räume und Geländeflächen zurzeit ortsüblichen Miet- oder Pachtpreis zugrunde zu legen.

**) Die Höchstgrenze der Steuersätze kann nach der Höhe des Ertrages abgestuft werden. Ein Satz von 3 v. H. wird nicht überschritten werden dürfen.

Steuersatz oder dessen hierher überwiesener Teilbetrag, so ist dieser staatliche Steuersatz oder Teilbetrag für die Besteuerung maßgebend.

§ 8. Von den nach den §§ 2 bis 7 errechneten Steuersätzen werden Zuschläge in der gleichen Höhe wie bei den dieser Steuerordnung nicht unterliegenden gewerbesteuerpflichtigen Betrieben von den staatlich veranlagten Gewerbesteuersätzen erhoben.

Sofern dieser Prozentsatz .... v. H. übersteigt, können die .... v. H. übersteigenden Zuschläge jedoch nur von dem auf die Gemeinde entfallenden Anteil von den staatlich veranlagten Gewerbesteuersätzen erhoben werden. *)

Wird in der Gemeinde die Gewerbesteuer allgemein auf Grund einer besonderen Steuerordnung veranlagt, so ist der aus dem Aufkommen der besonderen Gewerbesteuer im Vergleich zu dem Aufkommen der staatlich veranlagten Steuer ermittelte durchschnittliche Zuschlag zugrunde zu legen.

§ 9. Die Veranlagung der Gemeindegewerbesteuer erfolgt durch den Gemeindevorstand (Steuerausschuß) für jedes Rechnungsjahr.

Die Bekanntmachung erfolgt nach den Vorschriften des § 65 Abs. 2 bis 4 des Kommunalabgabengesetzes.

§ 10. Jeder Unternehmer eines gewerbesteuerpflichtigen Betriebes ist verpflichtet, auf die an ihn von dem Gemeindevorstand (Steuerausschuß) gerichtete schriftliche Aufforderung hin über bestimmte für die Besteuerung erhebliche Tatsachen innerhalb der ihm gesetzten Frist schriftlich oder zu Protokoll Auskunft zu erteilen, insbesondere im Falle des § 5 einen Verteilungsplan nach Maßgabe der Bestimmungen des § 3 Abs. 2 einzureichen.

Werden die Angaben des Steuerpflichtigen beanstandet, so sind ihm vor der Veranlagung die Gründe der Beanstandung mit dem Anheimgeben mitzuteilen, hierüber binnen einer gesetzten Frist eine weitere Erklärung abzugeben.

§ 11. Die nach § 10 dem Steuerpflichtigen obliegenden Verbindlichkeiten liegen auch ihren gesetzlichen Vertretern sowie den mit der Leitung der steuerpflichtigen Betriebe betrauten Personen ob.

---

*) Hier wird der Höchstsatz von 400 v. H. nicht überschritten werden dürfen.

§ 12. Gegen die Heranziehung zur Steuer steht dem Steuerpflichtigen binnen 4 Wochen der Einspruch bei dem .... offen, gegen dessen Beschluß binnen 2 Wochen die Klage im Verwaltungsstreitverfahren. Durch Einspruch und Klage wird die Verpflichtung zur Zahlung der Steuer nicht aufgehoben.

§ 13. Wegen Ermäßigung und wegen Niederschlagung der veranlagten Gemeindegewerbesteuer finden die §§ 44 und 45 des Gewerbesteuergesetzes in Verbindung mit § 11 Abs. 2 des Steueraufhebungsgesetzes vom 14. Juli 1893 Anwendung.

§ 14. Zugangsveranlagungen werden nach den Vorschriften dieser Steuerordnung durch den Gemeindevorstand (Steuerausschuß) vorgenommen.

§ 15. Die Vereinbarung fester jährlicher Steuerbeträge ist nach Maßgabe des § 43 des Kommunalabgabengesetzes in der Fassung der Novelle vom .... zulässig.

§ 16. Zuwiderhandlungen gegen die Bestimmungen der §§ 10 und 11 werden mit Geldstrafe bis zu 1000 Mark bestraft

§ 17. Die Steuerordnung tritt vom .... in Kraft (mit Wirkung vom .... an die Stelle der Gewerbesteuerordnung vom ....).

---

6. Musikinstrumentensteuern.

a) Ministerialerlaß vom 17. Juli 1921.

Infolge der Finanznot der Gemeinden ist es erforderlich, auf dem Gebiet der indirekten Steuern auch zu solchen Besteuerungen zu greifen, die früher wegen der mit der Erhebung verbundenen Belästigung der Allgemeinheit und der geringen Ertragsfähigkeit ungeeignet erschienen. Dies gilt auch für die Besteuerung von Musikinstrumenten.

Im Hinblick auf die kultur- und kunstschädigende Wirkung einer Besteuerung von Tast-, Streich- und Blasinstrumenten können wir uns zwar nicht dazu entschließen, hierzu die Zustimmung zu erteilen, jedoch erklären wir uns bereit, gegen eine Besteuerung der durch mechanische Vorrichtungen (auch elektrisch) betriebenen Musikinstrumente sowie der Grammophone keine Einwendungen zu erheben, soweit sich solche nicht aus den in Kürze zur Veröffentlichung gelangenden reichsrätlichen Vorschriften über die Vergnügungssteuer (§ 12/13 LStG.) ergeben und die hauptsächlichen Bestimmungen der beigefügten Musterordnung beachtet werden.

Für alle diese Instrumente kann eine Steuer bis zum Höchstsatze von 150 Mark zugelassen werden.

Indem wir ein Muster für die Steuerordnung beifügen, ermächtigen wir für die Städte die Oberpräsidenten und für die Landgemeinden die Regierungspräsidenten, zu Steuerordnungen, deren Inhalt den Bestimmungen der beiliegenden Ordnung im wesentlichen, d. h. in bezug auf die persönlichen und sächlichen Steuermerkmale und den Steuersatz, entspricht, die Zustimmung zunächst auf die Dauer eines Jahres mit der Maßgabe zu erteilen, daß aus dieser Zustimmung keine Ansprüche irgendwelcher Art gegen den Staat oder das Reich auf Gewährleistung des Steuerertrages oder in ähnlicher Beziehung hergeleitet werden können. Falls die Steuer nach Ablauf des Jahres weitererhoben werden soll, wird es einer rechtzeitigen erneuten Beschlußfassung der Gemeinden sowie der Einholung einer weiteren Genehmigung und Zustimmung bedürfen. Für die Stadt Berlin bleibt die Erteilung der Zustimmung uns — dem Minister des Innern und Finanzminister — vorbehalten.

Dieser Runderlaß gelangt nebst der Mustersteuerordnung im Ministerialblatt der inneren Verwaltung zum Abdruck.

Berlin, den 17. Juni 1921.

Zugleich im Namen des Finanzministers:
Der Minister des Innern. J. V.: Freund.

IV St. 416, Fin.Min. II A 2. 295.

b) Steuerordnung, betreffend die Erhebung einer Musikinstrumentensteuer

im Bezirk der ....

Auf Grund der §§ 13, 18 und 82 des Kommunalabgabengesetzes vom 14. Juli 1893 wird gemäß Beschluß .... für den Bezirk der .... nachstehende Steuerordnung erlassen.

§ 1. Das Halten von mechanisch (auch elektrisch) betriebenen Flügeln und Klavieren, wie Pianolas, Phonolas, Orchestrions, Mignon-Klavieren, sowie von Grammophonen, Phonographen und sonstigen mechanisch angetriebenen Apparaten zur Wiedergabe musikalischer Stücke unterliegt einer Steuer nach Maßgabe dieser Steuerordnung.

§ 2. Der Steuer unterliegen nicht die im § 1 genannten Instrumente, welche zur gewerbsmäßigen Veräußerung gestellt werden. Das gleiche gilt von denjenigen Instrumenten, welche der Vergnügungssteuer (§ 12 und 13 LStG.) unterliegen.

§ 3. *) Die Steuer beträgt jährlich: a) für mechanisch betriebene Flügel und Klaviere ..... Mark, b) für Grammophone, Phonographen und sonstige mechanische Apparate zur Wiedergabe musikalischer Stücke ..... Mark.

§ 4. Die Steuer ist vom Eigentümer zu entrichten. Für ihren Eingang haftet der Besitzer.

§ 5. Der Eigentümer und der Besitzer eines der in § 2 genannten Instrumente ist verpflichtet, diese binnen 2 Wochen nach Inkrafttreten dieser Steuerordnung bei der Ortsbehörde anzumelden. Wer sich ein der Steuer unterliegendes Instrument anschafft, oder mit einem solchen zuzieht, hat dieses binnen 2 Wochen nach der Anschaffung der Ortsbehörde zu melden.

Der Untergang oder die Abschaffung eines steuerpflichtigen Instrumentes muß spätestens innerhalb 2 Wochen nach dem Ablauf des Vierteljahres, in welchem der Untergang oder der Besitzwechsel stattfindet, der Ortsbehörde angezeigt werden, widrigenfalls die Steuer bis einschließlich des Vierteljahres, in dem die Abmeldung erfolgt, gezahlt werden muß. Die Abmeldung hat bei der Abschaffung den Namen, Stand und die Wohnung des neuen Besitzers zu enthalten. Eine Steuererstattung für das laufende Vierteljahr findet nicht statt.

§ 6. Die Steuer ist in vierteljährlichen Teilbeträgen, und zwar bis zum 15. der Monate April — Juli — Oktober — Januar, an die ...... Kasse zu entrichten. Sie kann auch für das ganze Jahr im voraus gezahlt werden.

Wer mit einem bereits außerhalb der Gemeinde versteuerten Instrument zuzieht oder ein bereits versteuertes Instrument

---

*) Als Höchstsatz gilt für städtische Verhältnisse: zu a) 150 Mark, zu b) 75 Mark.

anschafft, darf für das laufende Vierteljahr die bereits gezahlte Steuer auf die zu zahlende in Anrechnung bringen.

§ 7. Gegen die Heranziehung zur Steuer steht dem Steuerpflichtigen binnen 4 Wochen der Einspruch bei dem .... zu gegen dessen Entscheidung binnen 2 Wochen die Klage im Verwaltungsstreitverfahren. Durch Einspruch und Klage wird die Verpflichtung zur Zahlung der Steuer nicht aufgehoben.

§ 8. Zuwiderhandlungen gegen diese Steuerordnung werden mit Geldstrafe bis zu 30 Mark bestraft, soweit nicht nach § 79 des Kommunalabgabengesetzes eine höhere Strafe verwirkt ist. Außerdem ist im Falle einer Steuerhinterziehung die hinterzogene Steuer nachzuzahlen.

§ 9. Steuerrückstände werden im Verwaltungszwangsverfahren beigetrieben.

§ 10. Diese Ordnung tritt 1 Monat nach dem Tage ihrer Verkündung in Kraft.

---

7. Besteuerung des Herbergsvertrages.

a) Ministerialerlaß vom 22. Juni 1921.

Die äußerst bedrängte Finanzlage der Gemeinden hat sie in zahlreichen Fällen veranlaßt, eine Besteuerung des Herbergsvertrages vorzunehmen. Um ein einigermaßen einheitliches Verfahren der Gemeinden zu sichern, haben wir die beigefügte Mustersteuerordnung aufgestellt. Die in § 3 angegebenen Steuersätze sind als Höchstsätze anzusehen und dürfen nicht überschritten werden. Wir ermächtigen für die Städte die Oberpräsidenten und für die Landgemeinden die Regierungspräsidenten zu Steuerordnungen, deren Inhalt den Bestimmungen der beiliegenden Ordnung im wesentlichen, d. h. in bezug auf die persönlichen und sächlichen Steuermerkmale und den Steuersatz, entspricht, die Zustimmung zunächst für die Dauer eines Jahres mit der Maßgabe zu erteilen, daß aus dieser Zustimmung keine Ansprüche irgendwelcher Art gegen den Staat oder das Reich auf Gewährleistung des Steuerertrages oder in ähnlicher Beziehung hergeleitet werden können. Falls die Steuer nach Ablauf eines Jahres weiter erhoben werden soll, wird es einer rechtzeitigen erneuten Beschlußfassung der Gemeinden oder Gemeindeverbände sowie der Einholung einer weiteren Genehmigung und Zustimmung bedürfen. Für die Stadt Berlin bleibt die Erteilung der Zustimmung uns vorbehalten.

Dieser Runderlaß gelangt nebst der Mustersteuerordnung im Ministerialblatt für die innere Verwaltung zum Abdruck.

Berlin, den 22. Juni 1921.

Zugleich im Namen des Finanzministers:
Der Minister des Innern. J. V.: Freund.

An die Ober- und Regierungspräsidenten. — M. d. J. IV St. 303 III. Fin.Min. II A 2. 441.

b) Ordnung, betreffend Besteuerung des Herbergsvertrages.

Auf Grund der §§ 13, 18, 63, 69, 70 und 82 des Kommunalabgabengesetzes vom 14. Juli 1893, des Beschlusses der .... wird für den Bezirk der Gemeinde .... nachstehende Steuerordnung erlassen:

§ 1. Wer gewerbsmäßig Zimmer oder Wohnungen in Hotels, Gasthäusern, Wirtschaften, Pensionen oder Privathäusern zu vorübergehendem Aufenthalt vermietet, hat eine Steuer gemäß § 2 und § 3 dieser Steuerordnung zu entrichten. Vorübergehend ist der Aufenthalt, der 3 Monate nicht übersteigt. *) **)

§ 2. Die Steuer wird nach dem für die Benutzung der Betten, Zimmer oder Wohnungen gezahlten täglichen Entgelt berechnet. Vergütungen für Nebenleistungen (z. B. für Beleuchtung, Heizung, Bedienung) werden mit Ausnahme des nachweislich für die Verpflegung gezahlten Betrages dem Entgelt hinzugerechnet.

§ 3. Die Steuer beträgt bei einem täglichen Gesamtentgelt von mehr als 5 Mark bis einschließlich zu 50 Mark = 15 Prozent,

---

*) Gemeinden, welche eine Kurtaxe nach § 12 KAG. erheben, sollen im allgemeinen die Kurtaxe auf die Beherbergungssteuer in Anrechnung bringen.

**) Für Sanatorien und Badeorte kann ein weiterer Termin festgesetzt werden.

von mehr als 50 Mark = 20 Prozent des Entgelts. Ein Gesamtentgelt bis zu 5 Mark bleibt steuerfrei.

§ 4. Die Steuer ist vom Vermieter zu entrichten. Es steht ihm frei, die Steuer von dem Mieter einzuziehen. In diesem Fall ist er jedoch verpflichtet, dem Beherbergten die Steuer neben dem Entgelt besonders in Rechnung zu stellen.

§ 5. Die Vermieter haben ein Fremdenbuch zu führen. Darin sind zu vermerken: Vor- und Zuname des Mieters, Bezeichnung des vermieteten Zimmers, das Entgelt und der Betrag der Steuer. Die Führung des Fremdenbuches kann mit dem für die polizeiliche Meldung vorgeschriebenen Fremdenbuche verbunden werden.

Die Steuerbehörde ist berechtigt, diese Bücher jederzeit einzusehen. Die Bücher sind nach ihrem Abschluß 1 Jahr noch vom Vermieter aufzubewahren.

§ 6. Die Vermieter haben die nach § 3 geschuldete Steuer wöchentlich spätestens bis .... einer jeden Wochen an die vom Magistrat (Gemeindevorstand) bezeichnete Kasse zu entrichten und gleichzeitig eine schriftliche Erklärung über den Gesamtbetrag der von ihnen für die steuerpflichtigen Leistungen in der vergangenen Woche vereinnahmten Entgelte abzugeben. Für diese Erklärung kann der Magistrat (Gemeindevorstand) ein Muster vorschreiben. *)

§ 7. Vermag der Vermieter auf die Aufforderung des Magistrats (Gemeindevorstandes) über seine Angaben ausreichende Aufklärung nicht zu geben, oder verweigert er weitere Auskunft, so kann der .... den steuerpflichtigen Betrag der Entgelte — nötigenfalls unter Zuziehung von Sachverständigen — schätzen und die Steuer hiernach festsetzen.

Dasselbe gilt für den Fall, daß der Vermieter eine Erklärung binnen der ihm gestellten Frist überhaupt nicht abgibt.

§ 8. Der Magistrat (Gemeindevorstand) kann aus Billigkeitsgründen die Steuern in einzelnen Fällen ganz oder teilweise erlassen oder niederschlagen. **)

---

*) Die Festsetzung der Abrechnungszeit (täglich, wöchentlich, monatlich) bleibt den einzelnen Gemeinden überlassen.

**) Der Erlaß einer allgemeinen Befreiungsvorschrift für Patienten in Krankenhäusern erscheint erforderlich für den Fall, daß Krankenanstalten in § 1 mit aufgeführt werden.

§ 9. Einsprüche gegen die Heranziehung sind binnen 4 Wochen nach Zahlungsaufforderung bei dem Magistrat (Gemeindevorstand) anzubringen. Gegen den Beschluß desselben ist innerhalb 2 Wochen die Klage beim Bezirks- (Kreis-) Ausschuß zulässig. Durch Einspruch und Klage wird die Verpflichtung zur Zahlung der Steuer nicht aufgehoben.

§ 10. Zuwiderhandlungen gegen die Bestimmungen dieser Steuerordnung werden mit Geldstrafe bis zu ..... Mark bestraft, an deren Stelle im Unvermögensfalle eine entsprechende Haftstrafe tritt.

§ 11. Diese Ordnung tritt mit dem Tage der Verkündigung in Kraft.

---

8. Andere zurzeit geltende Bestimmungen für Gebühren- und Steuerordnungen

finden sich für:

a) Baugebühren. MBl. 1896 S. 162, vergl. § 6 A. 4.

b) Biersteuer. MBl. 1900 S. 10, PVBl. XXI S. 169, vergl. § 13 A. 1.

c) Wirtschaftskonzessionssteuer. MBl. 1906 S. 277 und 1907 S. 91 und 236. Vergl. ferner oben KAG. § 13 Anm. 3.

d) Hundesteuer. AA. Art. 12, vergl. § 16 A. 2 und PVBl. XIX S. 505, XXI S. 581 ff.

e) Grundsteuer. AA. Art. 17 Nr. 1. Neues Muster (Steuer vom gemeinen Wert) MBl. 1899 S. 160, PVBl. XXI S. 47, vergl. § 25 A. 3. Vergl. auch ME. vom 6. April 1901 MBl. S. 129 und ME. vom 21. Mai 1904 MBl. S. 149.

f) Gewerbesteuer. ME. vom 21. Juni 1897 MBl. 1897 S. 150 und ME. vom 22. November 1905 MBl. 1905 S. 203, vergl. oben KAG. § 29 A. 3 und PVBl. XXVII S. 423 ff., ferner oben Abschnitt V. 5.

Sachregister.

(Die Zahlen verweisen auf die Seiten.)

A.

B.

C.

D.

E.

F.

G.

Druck von Otto Walter in Berlin S 14.

Mai 1922

Guttentagsche Sammlung

Deutscher Reichsgesetze
und
Preußischer Gesetze

Textausgaben mit Anmerkungen und Sachregister — Taschenformat Gebunden

enthält alle wichtigeren Gesetze in absolut zuverlässigen Gesetzestexten und in mustergültiger, gemeinverständlicher Weise erläutert

Das am Schluß befindliche Schlagwortregister wird geneigter Beachtung empfohlen

Zu den mit * versehenen Preisen tritt noch ein Teuerungszuschlag des Verlages von 200 %.

Vereinigung wissenschaftlicher Verleger
Walter de Gruyter & Co.
vormals G. J. Göschen'sche Verlagshandlung — J. Guttentag, Verlagsbuchhandlung — Georg Reimer — Karl J. Trübner — Veit & Comp.
Berlin W 10, Genthiner Straße 38.

20 000. — V. 22. 3.

Guttentagsche Sammlung
Deutscher Reichsgesetze.

Text-Ausgaben mit Anmerkungen. Taschenformat.

Nr. 1. **Verfassung des Deutschen Reichs.** Von Dr. **L. von Rönne. 10. Aufl.** von Landrat **P. v. Rönne** und Reg.-Assessor **v. Tobbeler. — 1912.** * 3,90 ℳ

Neue Verfassung von 1919 siehe **Nr. 187.**

Nr. 2. **Strafgesetzbuch** für das Deutsche Reich nebst 20 der wichtigsten strafrechtl. Nebengesetze. Von Prof. Dr. **Fr. v. Liszt** und Prof. Dr. **E. Delaquis. 25. Aufl. — 1920.** 30,— ℳ

Nr. 3. **Militärstrafgerichtsordnung** nebst Einführungsgesetz. Von Wirkl. Geh. Kriegsrat Dr. **A. Romen** und Kriegsgerichtsrat Dr. **E. Rissom. — 1918. 2. Aufl.** 35,— ℳ

Nr. 4. **Handelsgesetzbuch vom 10. Mai 1897** unter Ausschluß des Seerechts. Von **Litthauer. 16. Aufl.** Herausgegeben von Geh. Justizrat Prof. Dr. **A. Mosse.** 8°. — **1920.** 64,— ℳ

Nr. 5. **Wechselordnung vom 3. Juni 1908.** Kommentar von Justizrat Dr. **J. Stranz** und Rechtsanwalt Dr. **M. Stranz.** Neue Auflage im Druck.

Nr. **5a. Wechselstempelgesetz** apart. **11. Aufl. — 1913.** * 2,35 ℳ

Nr. 6. **Reichsgewerbeordnung** nebst Ausführungsbestimmungen. **20. Aufl.** von Dr. **Fr. Hiller** und Dr. **H. Luppe. — 1921.** 50,— ℳ

Nr. 7. **Post- und Telegraphen-Gesetzgebung.** Nebst Weltpostvertrag und Internationalem Telegraphenvertrag. **6. Aufl.** von Geh. Ob.Postrat Dr. **M. König. — 1908.** * 5,85 ℳ

Nr. 8. Die Reichsgesetze über den **Unterstützungswohnsitz, Freizügigkeit, Reichs- und Staatsangehörigkeit.** Von Geh. Rat Dr. **J. Krech. 9. Aufl. — 1922.** 58,— ℳ

ein Teuerungszuschlag des Verlages von 200 %.

Guttentagsche Sammlung Deutscher Reichsgesetze.

Nr. 9. **Sammlung kleinerer strafrechtlicher Reichsgesetze.** Von Prof. Dr. **R. H. Kriegsmann. 3. Aufl. — 1910.** 20,— M

Nr. 10. **Das Reichsbeamtengesetz** vom 31. März 1873. Von **J. Pieper. 2. Aufl. — 1901.** * 6,50 M

Reichsbeamtengesetz von **1907** siehe **Nr. 82.**

Nr. 11. **Zivilprozeßordnung mit Gerichtsverfassungsgesetz.** Von **R. Sydow.** Fortgeführt von Reichsgerichtsrat **L. Busch** und Landgerichtsrat Dr. **Krantz. 17. Aufl.** Gr. 8°. — **1922.** Im Druck.

Nr. 12. **Strafprozeßordnung und Gerichtsverfassungsgesetz** nebst den Gesetzen, betr. die Entschädigung der im Wiederaufnahmeverfahren freigesprochenen Personen und die Entschädigung für unschuldig erlittene Untersuchungshaft. **19. Aufl.**, bearbeitet von Prof. Dr. **Kohlrausch. — 1922.** 65,— M

Nr. 13. **Konkursordnung und Anfechtungsgesetz.** Von **R. Sydow.** Fortgeführt von **L. Busch. 12. Aufl. — 1916.** 25,— M

Nr. 14. **Gerichtsverfassungsgesetz** mit Einführungsgesetz. Herausgegeben von **R. Sydow.** Fortgeführt von **L. Busch. 10. Aufl. — 1905.** In Bearbeitung.

Nr. 15. **Das Deutsche Gerichtskostengesetz** nebst den Gebührenordnungen für Gerichtsvollzieher, Zeugen und Sachverständige. Von **R. Sydow.** Fortgeführt von Reichsgerichtsrat **L. Busch** und Amtsrichter **Koehler. 10. Aufl. — 1920.** Mit Nachtrag, enthaltend die Änderungen von 1921. 24,— M

Nr. 16. **Rechtsanwaltsordnung.** Von **R. Sydow. 5. Aufl.** von Justizrat **M. Jacobsohn.** Mit Nachtrag, enth. die Bestimmungen vom 22. Mai 1910. — **1907.** 7,50 M

Nr. 17. **Die Deutsche Gebührenordnung für Rechtsanwälte und das Preußische Gebührengesetz** vom 27. IX. / 6. X. 1899. Von **R. Sydow.** Fortgeführt von **L. Busch. 12. Aufl. — 1922.** Im Druck.

Guttentagsche Sammlung Deutscher Reichsgesetze.

Nr. 18. **Reichsstempelgesetz** vom 3. Juli 1913. (Börsen-, Lotterie-, Frachturkunden-, Fahrkarten-, Kraftfahrzeug-, Tantieme-, Scheck- und Grundstücksübertragungssteuer.) Mit den gesamten Ausführungsbestimmungen. Von Geh. Reg.Rat **P. Loeck.** 8°. **12. Aufl. — 1914.** Vergriffen.
Neue Auflage unter Berücksichtigung der inzwischen ergangenen Abänderungsbestimmungen befindet sich in Vorbereitung.
Siehe auch Nr. **131 b.**

Nr. 19. Die **Seegesetzgebung.** Von Dr. **W. E. Knitschky. 5. Aufl.** bearbeitet von Ober-L.G.Rat **O. Rudorff. — 1913.** 44,— ℳ

Nr. 20. **Krankenversicherungsgesetz (1883).** Von weil. Dr. **E. von Woedtke.** — Neue Fassung **(1911)** siehe **Nr. 107.**

Nr. 21. Die **Konsulargesetzgebung.** Von Prof. Dr. **Ph. Zorn. 8. Aufl.** von Dr. **A. Zorn. — 1911.** 25,— ℳ

Nr. 22. **Patentgesetz.** Nebst Ausführungsbestimmungen, völkerrechtlichen Verträgen und der Patentanwalts-Ordnung. Von **R. Lutter,** Geh. Reg.Rat im Reichs-Patentamt. **8. Aufl. — 1920.** 45,— ℳ

(Kriegsvorschriften auf dem Gebiete des gewerblichen Rechtsschutzes. Von **R. Lutter. — 1917.** 8°. 12,50 ℳ.)

Nr. 23. **Gewerbe-Unfallversicherungsgesetz. (1884.)** Von weil. Dr. **E. v. Woedtke.** — Neue Fassung **(1911)** siehe **Nr. 108.**

Nr. 24. **Aktiengesellschaft und Kommanditgesellschaften auf Aktien.** Von Dr. **H. Keyßner** und Dr. **H. Veit Simon. 7. Aufl.** von Amtsrichter **L. Keyßner. — 1922.** In Bearbeitung.

Nr. 25. **Brausteuergesetz** vom 15. Juli 1909. Von Oberzollrevisor **A. Düffe. 2. Aufl. — 1910.** * 4,40 ℳ

Nr. 26. Die Reichsgesetzgebung über **Münz- und Notenbankwesen,** Papiergeld, Prämienpapiere und Reichsschulden. Von Dr. **R. Koch. — 6. Aufl. 1910.** Vergriffen.
Neue Auflage in Bearbeitung.

Nr. 27. **Gesundheitswesen im Deutschen Reich.** Von Dr. jur. **E. Goesch** und Dr. med. **J. Karsten. — 1888.** * 2,60 ℳ

ein Teuerungszuschlag des Verlages von 200 %.

Guttentagsche Sammlung Deutscher Reichsgesetze.

Nr. **28.** **Bau-Unfallversicherungsgesetz.** Vom 30. Juni 1900. Von **R. Chrzescinski.** Neue Fassung **(1911)** siehe Nr. **108.**

Nr. **29.** **Erwerbs- und Wirtschaftsgenossenschaften.** Von **L. Parisius** und Dr. **H. Crüger.** **16., neubearbeitete Aufl.** von Dr. **H. Crüger.** — **1920.** 18,— *M*

Nr. **30.** **Invalidenversicherungsgesetz** (1899). Von weil. Dr. **E. v. Woedtke.** Neue Fassung **(1911)** siehe Nr. **109.**

Nr. **31.** **Gewerbegerichtsgesetz.** Von Stadtrat **L. Mugdan.** **7. Aufl.** bearbeitet von Oberbürgermeister **W. Cuno.** — **1911.** * 3,65 *M*

Nr. **32.** Reichsgesetz, betr. die **Gesellschaften mit beschränkter Haftung.** Von **L. Parisius** und Dr. **H. Crüger.** **15. Aufl.** von Dr. **H. Crüger.** — **1921.** 12,— *M*

Nr. **33.** **Vereins- und Versammlungsrecht.** Von Dr. **E. Ball.** **2. Aufl.** von Dr. **F. Friedenthal.** — **1907.** * 3,65 *M*

Reichs-Vereinsgesetz vom 19. April 1908 siehe Nr. **88.**

Nr. **34.** Die **Abzahlungsgeschäfte.** Gesetz vom 16. Mai 1894. **3. Aufl.** von Land-G.Rat Dr. **E. Wilke.** — **1910.** * 2,10 *M*

Nr. **35.** Die **Reichs-Eisenbahngesetzgebung.** Von Amtsrichter **W. Coermann.** — **1895.** * 3,40 *M*
Siehe auch Nr. **66.**

Nr. **36.** Gesetze, betr. die **privatrechtlichen Verhältnisse der Binnenschiffahrt und der Flößerei.** Von Geh. Justizrat **E. Löwe.** **5. Aufl.** — **1915.** * 5,20 *M*

Nr. **37.** **Gesetz** gegen den **unlauteren Wettbewerb.** Von Justizrat **A. Pinner.** **7. Aufl.** von Dr. **A. Elster.** — **1921.** 12,— *M*

Nr. **38/39.** **Bürgerliches Gesetzbuch nebst Einführungsgesetz** von Dr. **A. Achilles.** In Verbindung mit Prof. Dr. **André,** Senatspräsident **Meyer,** Reichs-G.Rat Dr. **Strecker,** Staatsrat Dr. **v. Unzner** herausgegeben von Wirkl. Geh. Ob.J.Rat und Ober-L.G.-Präsident **Greiff.** **10., unveränderte Aufl.** 190,— *M*

Einzelverkauf. Nachtrag zur 8. Auflage: **Bestimmungen über das Erbbaurecht** v. 15. Januar 1919. — **1919.** * —,80 *M*

Zu den mit * versehenen Preisen tritt noch

Guttentagsche Sammlung Deutscher Reichsgesetze.

Nr. **40.** Gesetz, betr. die **Pflichten der Kaufleute bei Aufbewahrung fremder Wertpapiere [Depotgesetz].** Von Min.Dir. **F. Lusensky. 3. Aufl. — 1916.** 9,— M

Nr. **41. Börsengesetz.** Von **Th. Hemptenmacher. 3. Aufl.** von Syndikus **O. Meyer. — 1915.** 20,— M

Nr. **42. Grundbuchordnung** nebst preuß. Ausf.-Best. Von Prof. Dr. **O. Fischer. 7. Aufl. — 1920.** 16,— M

Nr. **43. Zwangsvollstreckung in das unbewegliche Vermögen** im Reiche und in Preußen. Kosten- und Gebührentabellen. Von Dr. **J. Krech** und Dr. **O. Fischer. 8. Aufl.** bearbeitet von Prof. Dr. **O. Fischer. — 1916.** * 3,90 M

Nr. **44.** Das Reichsgesetz über das **Auswanderungswesen.** Von Prof. Dr. **F. Stoerk. — 1899.** * 3,25 M

Nr. **45.** Das **Entmündigungsrecht** mit den für Preußen geltenden Vorschriften nebst Just.-Min.-Verfügung vom 28. Nov. 1899. Von Land-G.Rat Dr. **P. Koll. — 1900.** * 2,35 M

Nr. **46.** Die Gesetze des Reiches und Preußens über die **freiwillige Gerichtsbarkeit.** Von Amts-G.Rat **H. Jastrow. 6. Aufl.** von Land-G.Rat Dr. **Herm. Günther. — 1921.** 36,— M

Nr. **47.** Das **deutsche Vormundschaftsrecht** und das preuß. Gesetz über die Fürsorgeerziehung Minderjähriger. Von Ober-Verw.G.Rat **M. Schultzenstein** und Amts-G.Rat Dr. **P. Köhne. 2. Aufl. — 1901.** * 4,40 M

Nr. **48.** Gesetze, betr. den **Drogen-, Gift- und Farbenhandel** außerhalb der Apotheken. Von Dr. **J. Broh. — 1899.** * 1,95 M

Nr. **49.** Deutsche **Kolonialgesetzgebung.** Von Geh. J.Rat Prof. Dr. **Ph. Zorn. 2. Aufl.** von Gerichtsassessor Dr. **Sassen. — 1913.** * 10,40 M

Nr. **50.** Der **Viehkauf [Viehgewährschaft] nach dem BGB.** Verordnung betr. die Hauptmängel und Gewährsfristen beim Viehhandel. Von Rechtsanwalt Dr. **H. Stölzle** und Reg.- und Vet.Rat **H. Weiskopf. 5. Aufl. — 1913.** 25,— M

ein Teuerungszuschlag des Verlages von 200 %.

Guttentagsche Sammlung Deutscher Reichsgesetze.

Nr. 51. **Hypothekenbankgesetz** vom 13. Juli 1899. Von Dr. **H. Göppert. 2. Aufl.** bearbeitet von Geh. Reg.Rat Dr. **Seidel. — 1911.** 10,50 ℳ

Nr. 52. Gesetz, betr. die gemeinsamen **Rechte der Besitzer von Schuldverschreibungen.** Von Dr. **H. Göppert. 2. Aufl.** bearbeitet von Amtsrichter Dr. **E. Trendelenburg. — 1915.** 9,— ℳ

Nr. 53. **Reichspreßgesetz** vom 7. Mai 1874. Mit Kommentar von Bürgermeister **A. Born. 2. Aufl. — 1911.** 10,— ℳ

Nr. 54. Verkehr mit **Nahrungsmitteln, Genußmitteln** und **Gebrauchsgegenständen.** Von Dr. **G. Lebbin,** Nahrungsmittelchemiker in Berlin **— 1900.** * 3,25 ℳ

Nr. 55. **Das** Recht der **Beschlagnahme von Lohn- und Gehaltsforderungen.** Von Justizrat **G. Meyer. 5. Aufl. — 1914.** Mit Nachtrag, enthaltend Verordnung über Lohnpfändung vom 10. August 1920. 15,— ℳ
Nachtrag allein. 4,— ℳ

Nr. 56. Gesetz, betr. die **Bekämpfung gemeingefährlicher Krankheiten.** Nebst Ausführungsbestimmungen. Von Reg.Rat Dr. **B. Burkhardt. — 1900.** * 2,10 ℳ

Nr. 57. **See-Unfallversicherungsgesetz (1887).** Von Ober-L.G.Rat Dr. **M. Mittelstein. —** Neue Fassung **1911** siehe Nr. **108.**

Nr. 58. **Das Recht der unehelichen Kinder nach dem BGB.** Von Amtsgerichtsrat **H. Jastrow. — 1901.** * 2,60 ℳ

Nr. 59. Reichsgesetz über die **Beurkundung des Personenstandes und die Eheschließung. Von** Amtsgerichtsrat Dr. **F. Fidler. 2. Aufl. — 1912.** 12,— ℳ

Nr. 60. Gesetz, betr. das **Urheberrecht an Werken der Literatur und der Tonkunst.** Von Geh. Ob.J.Rat **O. Lindemann. 4. Aufl. — 1921.** 21,— ℳ

Nr. 61. Gesetz über das **Verlagsrecht. Von** Rechtsanwalt Dr. **B. Marwitz. 2. Aufl. — 1911.** 9,— ℳ

Nr. 62. Gesetz über **private Versicherungsunternehmungen.** Von Reichs-G.Rat **H. Könige. 2. Aufl. — 1910.** * 5,85 ℳ

Guttentagsche Sammlung Deutscher Reichsgesetze.

Nr. **63.** **Gesetzestafel des Deutschen Reichsrechts.** Systematisch geordnete Nachweisung des z. Z. geltenden Reichsrechts. Von **H. Bruhns. 2. Aufl. — 1913.** * 5,20 M

Nr. **64.** Gesetzsammlung betr. den **Handel mit Drogen und Giften.** Mit Anhang: landesgesetzliche Verordnungen sämtlicher Bundesstaaten. Von Rechtsanwalt **H. Sonnenfeld,** Syndikus der Berliner Drogisten-Innung. **2. Aufl. — 1912.** * 5,85 M

Nr. **65.** Das **Weingesetz** in der Fassung von 1909. Mit Ausführungsbestimmungen von Dr. **G. Lebbin,** Nahrungsmittelchemiker. **2. Aufl. — 1909.** * 3,65 M

Nr. **66.** Die **Eisenbahn-Gesetzgebung.** Von **W. Pietsch,** Rechnungsrat im Reichseisenbahnamt. **2. Aufl. — 1913.** * 5,20 M

Nr. **67.** **Militär-Strafgesetzbuch für das Deutsche Reich.** Von Wirkl. Geh. Kriegsrat Dr. **A. Romen** und Kriegsgerichtsrat Dr. **C. Rissom. 3. Aufl. — 1918.** 35,— M

Nr. **68.** Das **Fleischbeschaugesetz.** Vom 3. Juni 1900. Von Dr. **G. Lebbin** und Dr. **G. Baum. — 1903.** * 5,85 M

Nr. **69.** Reichsgesetz über die **Naturalleistungen der bewaffneten Macht im Frieden** nebst den preußischen Bestimmungen. Von Dr. **W. v. Hippel. — 1903.** * 2,10 M

Nr. **70.** Das **Reichs-Haftpflichtgesetz** vom 7. Juni 1871. Von Reg.Rat Dr. **G. Eger. — 1903.** Vergriffen.

(Kommentar von **Seligsohn. — 1920.** 20,— M.)

Nr. **71.** Gesetz betr. **Kinderarbeit in gewerblichen Betrieben** vom 30. März 1903. Von Ober-Verw.G.Rat **H. Spangenberg. 2. Aufl. — 1904.** * 2,35 M

Nr. **72.** **Unfallversicherungsgesetz für Land- und Forstwirtschaft.** (1886.) Von weil. Dr. **E. v. Woedtke.** Siehe Nr. **108.**

Nr. **73.** **Entschädigung für unschuldig erlittene Verhaftung und Bestrafung.** Anhang: Nebengesetze über Schadensersatz. Von Wirkl. Geh. Kriegsrat Dr. **A. Romen. — 1904.** * 3,10 M

ein Teuerungszuschlag des Verlages von 200 %.

Guttentagsche Sammlung Deutscher Reichsgesetze.

Nr. 74. **Die Kaufmannsgerichte** nebst Ausführungsbestimmungen. Von Prof. Dr. **M. Apt. 3. Aufl. — 1904.** * 3,10 ℳ

Siehe auch Nr. **112.**

Nr. **75.** Reichsgesetz über die **Konsulargerichtsbarkeit.** Von Rechtsanwalt Dr. **A. F. Vorwerk,** Schanghai. **2. Ausgabe,** mit den Schutzgebietsgesetzen. — **1908.** * 3,10 ℳ

Nr. **76. Die Rechtshilfe im Verkehr mit den ordentlichen Gerichten** nach deutschem Reichsrecht. Von Landrichter Dr. **A. Friedländer. — 1906.** * 2,60 ℳ

Nr. **77. Das Erbschaftssteuergesetz.** Vom 10. September 1919. Von Oberzollsekretär **B. Henckel. — 1920.** 56,— ℳ

Nr. **78. Zigarettensteuergesetz.** Vom 3. Juni 1906. Von Regierungsassessor Dr. **Cuno.** In Vorbereitung.

Nr. **79. Die Militärpensionsgesetze** vom 31. Mai 1906 nebst Ausführungsbestimmungen. Zum Gebrauch für Heer, Marine und Schutztruppe von Wirkl. Geh. Kriegsrat Dr. **A. Romen.**

a) I. Teil: **Offizierpensionsgesetz. — 1907.** * 4,95 ℳ

b) II. Teil: **Mannschaftsversorgungsgesetz** mit Nachtrag, enth. **Kapitalabfindungsgesetz** vom 3. Juli 1916. — **1908.** * 4,95 ℳ

Militärversorgungsgesetze siehe auch Nr. **136.**

Nr. **80.** Reichsgesetzgebung über **gerichtliche Registerführung.** Von Geh. Ob.J.Rat **O. Lindemann. — 1906.** * 4,40 ℳ

Nr. **81. Urheberrecht an Werken der bildenden Künste und der Photographie.** Von Rechtsanwalt Dr. **L. Fuld. — 1907.** Vergriffen. — Neue Auflage im Druck.

Nr. **82. Reichsbeamtengesetz** vom 18. Mai 1907 mit Ergänzungen von Geh.Rat Prof. Dr. **A. Arndt. 2. Aufl. — 1921.** 24,— ℳ

Nr. **83.** Reichsgesetz über den **Versicherungsvertrag** nebst Einführungsgesetz. Von Dr. **P. Hager** und Dr. **E. Bruck. 4. verm. u. verb. Aufl. — 1920.** 60,— ℳ

Nr. **84. Sammlung kleinerer privatrechtlicher Reichsgesetze.** Von Ober-L.G.Rat **G. Müller. — 1908.** 30,— ℳ

Guttentagsche Sammlung Deutscher Reichsgesetze.

Nr. 85. **Scheckgesetz.** Von Prof. Dr. **M. Apt.** Vergriffen. Siehe Nr. 113.

Nr. 86. **Die Auslieferungsverträge des Deutschen Reiches.** Von Landrichter Dr. **A. Cohn.** — **1908.** * 5,85 *M*

Nr. 87. Gesetz zum **Schutz der Warenbezeichnungen.** Von Geh. Reg.Rat, Mitgl. des Kaiserl. Patentamts Dr. **Freund** und Rechtsanwalt **Magnus. 5. Aufl.** — **1909.** Vergriffen. Neue Auflage in Vorbereitung.

Nr. 88. **Vereinsgesetz** vom 19. April 1908. Von Wirkl. Geh. Kriegsrat Dr. **A. Romen.** Mit den **Bestimmungen** über **Jugendliche und Gewerkschaften. 4. Aufl.** — **1916.** 15,— *M*

Nr. 89. **Vogelschutzgesetz** vom 30. Mai 1908 nebst den das Flugwild betr. Bestimmungen der Preuß. Jagdordnung. Von Dr. **L. v. Boxberger.** — **1909.** 8,— *M*

Nr. 90. Die Haager Abkommen über das **Internationale Privatrecht.** Von Dr. **G. Bogeng.** — **1908.** 9,— *M*

Nr. 91. **Eisenbahn-Verkehrsordnung** mit Ausführungsbestimmungen. Von Reg.-Rat Dr. **E. Blume. 2. Aufl.** von Geh. Reg.Rat Dr. **Weirauch.** — **1922.** 90,— *M*

Nr. 92. Gesetz, betr. den **Verkehr mit Kraftfahrzeugen.** Von Amtsgerichtsrat **R. Kirchner. 3. Aufl.** — **1915.** 27,— *M*

Nr. 93. Gesetz über die **Sicherung der Bauforderungen.** Von Justizrat Dr. **E. Harnier. 3. Aufl.** — **1912.** * 2,35 *M*

Nr. 94. **Die Beamtenhaftpflichtgesetze des Reiches und der Länder.** Von Geh. Justizrat Dr. **H. Delius. 3. Aufl.** — **1921.** 32,— *M*

Nr. 95. Die Berner Übereinkunft über **Internationales Urheberrecht.** Von Geh.Rat Dr. **H. Dungs.** — **1910.** 8,— *M*

Nr. 96. **Branntweinsteuergesetz** vom 15. Juli 1909 mit den für das Reich erlassenen Ausf.-Bestimmungen und Kriegsverordnungen. **2. Aufl.**, bearbeitet von Reg.Assessor Dr. **K. Kniebe,** Hilfsarbeiter im Reichsamt des Innern. — **1916.** * 5,20 *M*

Branntweinmonopolgesetz siehe Nr. **131 a.**

ein Teuerungszuschlag des Verlages von 200 %.

Guttentagsche Sammlung Deutscher Reichsgesetze.

Nr. **97. Schutzgebietsgesetz** nebst dem G. über die Konsulargerichtsbarkeit sowie den Ausf.-Bestimmungen. Von **J. Gerstmeyer,** Wirkl. Legationsrat. — **1910.** * 4,40 *M*

Nr. **98. Sechs Haager Abkommen** über **Internationales Privatrecht.** Von Geh.Rat Dr. **Dungs.** — **1910.** 9,— *M*

Nr. **99. Die Abkommen der Haager Friedenskonferenz.** Von Dr. **H. Wehberg.** — **1910.** Vergriffen.

Neue Auflage unter dem Titel: **„Wehberg, Völkerbundakte".** (Außerhalb der Sammlung.) 14,— *M*

Nr. **100.** Gesetz über den **Absatz von Kalisalzen.** Von Geh. Bergrat **B. Voelkel.** — **1910.** * 3,40 *M*

Nr. **101. Zuwachssteuergesetz** vom 14. Februar 1911. Von Geh. Reg.Rat Dr. **W. Cuno.** — **1911.** * 5,20 *M*

Nr. **102. Urheberrecht an Mustern und Modellen** und Ges. betr. Schutz von **Gebrauchsmustern.** Von Reg.Rat **J. Neuberg,** Mitgl. d. Patentamts. — **1911.** 12,— *M*

Nr. **103. Reichs-Viehseuchengesetz** vom 26. Juni 1909 nebst Ausführungsvorschriften und dem preuß. Ausführungsgesetz. Von Landrat Dr. **W. v. Hippel. 2. Aufl.** — **1912.** * 6,50 *M*

Nr. **104. Versicherungsgesetz für Angestellte.** Von **O. Bernstein** und Dr. **J. Kupferberg. 2. Aufl.** — **1912.** Vergriffen. (Siehe auch Nr. **144.**)

Nr. **105. Das Geldwesen in den deutschen Schutzgebieten.** Von **W. Hintze,** Geh. Sekr. im Reichskolonialamt. — **1912.** * 2,90 *M*

Nr. **106—109. Reichs-Versicherungsordnung nebst Einführungsgesetz.** Herausgegeben von Direktor Dr. **F. Caspar** und Geh. Ob.Reg.Rat **A. Spielhagen. 4 Bände.**

Nr. **106.** I., V. und VI. Buch. **Gemeinsame Vorschriften. — Beziehungen der Versicherungsträger zu einander und zu anderen Verpflichteten. — Verfahren.** Von Dr. **K. Lippmann,** Senatspräsident im Reichs-Vers.Amt, Dr. **L. Laß** und **H. Siefart.** — **1913.** Mit Nachtrag, enthaltend Ergänzungen zum I. und VI. Buch. Von Dr. **K. Lippmann.** — **1920.** 36,— *M*

Nachtrag einzeln. 4,— *M*

Guttentagsche Sammlung Deutscher Reichsgesetze.

Nr. **107.** II. Buch. **Krankenversicherung.** Von Geh. Reg.-Rat **H. Siefart** und Reg.Rat Dr. **F. Sitzler.** — **1916.** Mit Nachtrag, enthaltend Ergänzungen zum II. Buch. Bearbeitet von Dr. **K. Lippmann.** — **1920.** 45,— M

Nachtrag einzeln. 12,— M

Nr. **108.** III. Buch. **Unfallversicherung.** Von **A. Radtke,** Senatspräsident im R.Vers.Amt. — **1913.** Mit Nachtrag, enthaltend Ergänzungen zum III. Buch. Bearbeitet von **A. Radtke.** — **1921.** 56,— M

Nachtrag einzeln. 16,— M

Nr. **109.** IV. Buch. **Invaliden- und Hinterbliebenenversicherung.** Von Geh. Ob.Reg.Rat **B. Jaup** und **H. Follmann,** Senatspräsident im R.Vers.Amt. — **1912.** Mit Nachtrag, enthaltend die Ergänzungen 1914—1916. 28,— M

Nr. **110. Wehrbeitragsgesetz** mit Ausf.-Bestimmungen. Von Wirkl. Geh. Ob.Fin.Rat **A. Fernow. 2. Aufl.** — **1913.** *2,90 M

Nr. **111. Reichs- und Staatsangehörigkeitsgesetz.** Von Wirkl. Geh. Kriegsrat Dr. **A. Romen.** — **1913.** *3,25 M

Nr. **112. Kaufmannsgerichtsgesetz** mit Best. des Gewerbegerichtsgesetzes. Von Dr. **H. Depène,** Vors. des Kaufmannsgerichts zu Berlin. — **1914.** 13,— M

Nr. **113. Postscheckgesetz.** Von Oberpostinspektor **J. Weiland.** — **1914.** Mit Nachtrag **1918.** *2,35 M

Nr. **113 a. Postscheckordnung** mit Ausführungsbestimmungen. Von **J. Weiland.** — **1914.** Mit Nachtrag **1918.** *2,35 M

Nr. **114. Waffengebrauch und Festnahmerecht des Militärs.** Von Wirkl. Geh. Kriegsrat Dr. **A. Romen** und Kriegsgerichtsrat Dr. **C. Rissom.** — **1914.** *2,90 M

Nr. **115. Das vertragliche Wettbewerbsverbot [Konkurrenzklausel].** Nebst Kommentar zum G. v. 10. Juni 1914. Von Rechtsanwalt Dr. **G. Baum.** — **1914.** 13,— M

Nr. **116. Kriegs-Zivil- und Finanzgesetze** vom 4. Aug. 1914 und die dazu erlassenen Verordnungen und Bekanntmachungen. **3. Aufl.** — **1915.** *3,40 M

Nr. **116 a.** Zweite Folge: Das Jahr 1915. — **1916.** Siehe auch Nr. **129.** *2,90 M

ein Teuerungszuschlag des Verlages von 200 %.

Guttentagsche Sammlung Deutscher Reichsgesetze.

Nr. 117. **Darlehnskassengesetz.** Von Rechtsanwalt **Salomon** und Bankvorsteher **Bud.** — **1915.** * 2,90 M

Nr. 118. **Militärhinterbliebenengesetz.** Von Rechnungsrat **Reh.** Mit Nachtrag, enth. das **Kapitalabfindungsgesetz** vom 11. Juli 1916. — **1915.** — (Siehe auch Nr. **136.**) * 3,65 M

Nr. 119. **Kriegsleistungsgesetz.** Von Rechtsanwälten J.Rat **Heilberg** und **Schäffer.** — **1915.** Vergriffen.

Nr. 120. **Telegraphenwegegesetz.** Von Postreferendar **Wolf.** — **1916.** * 2,35 M

Nr. 121. **Direkte Kriegssteuer.** Gesetze z. Besteuerung der Kriegsgewinne. Von Ob.Verw.Gerichtsrat **A. Mrozek.** — **1916.** *5,85 M

Nr. 122. **Gesetz über den Belagerungszustand.** Von Kriegsgerichtsrat Dr. **H. Pürschel.** — **1916.** * 6,50 M

Nr. 123. **Warenumsatzstempel.** Von Geh. Ober-Justizrat **Lindemann.** — **1916.** * 3,25 M
Umsatzsteuergesetze — 1918 und 1919. Siehe Nr. **132.** — (Ausgabe ohne Anmerkung S. 22.)

Nr. 124. **Todeserklärung Kriegsverschollener.** Von Prof. Dr. **J. Partsch.** — **1916.** * 3,90 M

Nr. 125. Das Gesetz über den **vaterländischen Hilfsdienst. 3. vermehrte Aufl.** — **1917.** * 1,50 M

Nr. 126. **Besitzsteuergesetz** mit Ausführungsbestimmungen. Von Ob.Verw.Gerichtsrat **A. Mrozek.** — **1917.** 16,— M

Nr. 127. Verordnung über die **Geschäftsaufsicht zur Abwendung des Konkurses** vom 14. Dez. 1916. Von Rechtsanwalt **G. Klien,** mit system. Einleitung von Geh. Hofrat Dr. **Ernst Jaeger,** ord. Prof. a. d. Universität Leipzig. — **1917.** 9,— M

Nr. 128. Gesetz, betr. die **Verhaftung und Aufenthaltsbeschränkung,** vom 4. Dez. 1916. Nebst Anhang, betr. Entschädigung unschuldig Verhafteter. Von Wirkl. Geh. Kriegsrat Dr. **A. Romen.** — **1917.** * 2,50 M

Nr. 129. Kriegsgesetze auf dem Gebiete des **Zivil- und Prozeßrechtes,** für die gerichtliche Praxis zusammengestellt von Amtsrichter Dr. **Johannes Fischer.** — **1918.** * 4,— M

Guttentagsche Sammlung Deutscher Reichsgesetze.

Nr. 130. **Ersatzlebensmittelverordnung** nebst Ausf.-Vorschr. des Reichs und der wichtigsten Bundesstaaten. Verordnungen über **Schleichhandel, Preistreiberei und Papierhandel.** Von **Heinz Emil Wendel,** Polizeirat in Berlin. — **1918.** * 2,— ℳ

Nr. 131 a. **Reichsfinanzgesetzgebung 1918.** Bd. I. **Getränkesteuern** (Bier, Branntwein, Wein, Schaumwein, Limonaden). Von Dr. **G. Mayer.** — **1918.** * 6,50 ℳ

Nr. 131 b. **Reichsfinanzgesetzgebung 1918.** Bd. II. **Abgabe vom Einkommen, Stempel, Umsatz, Kriegsgewinn** usw., **Steuerflucht.** Von Dr. **G. Mayer.** — **1919.** * 4,— ℳ

Nr. 132. **Umsatzsteuergesetz** und Ausführungsbestimmungen. Von Geh. Ober-Justizrat **Otto Lindemann,** vortr. Rat im Justizministerium. **2. Aufl.** — **1920.** 48,— ℳ

Nr. 133. **Reichswuchergesetzgebung.** Von Reichsgerichtsrat Dr. **Ad. Lobe.** — **1918.** * 6,50 ℳ

Nr. 134. **Die Friedensverträge.** Von Dr. **Karl Strupp.** I. **Die Ostfrieden.** — **1918.** * 12,— ℳ

Nr. 135. Verordnung über das **Erbbaurecht.** Von Land-G.Rat Dr. **Hermann Günther.** — **1919.** * 5,— ℳ

Nr. 136. **Militärversorgungsgesetze.** Von Landrichter Dr. **Hermann Günther.** — **1919.** * 6,50 ℳ

Nr. 137. **Die neue Verfassung des Deutschen Reiches.** Von Prof. Dr. **A. Arndt.** **2. Aufl.** — **1921.** 24,— ℳ

Nr. 138 a. **Arbeiterschutz und Arbeitsrecht.** Von Prof. Dr. **A. Günther.** — **1920.** 40,— ℳ

Nr. 138 b. **Betriebsrätegesetz.** Von Prof. Dr. **A. Günther.** — **1920.** 15,— ℳ

Nr. 139. **Grunderwerbsteuergesetz.** Von Geh. Ober-Justizrat **Otto Lindemann.** — **1919.** * 6,— ℳ

Nr. 140. **Die Siedelungsgesetzgebung im Reich und in Preußen.** Von Geh. Ob.-Justizrat **W. Holzapfel.** — **1920.** 22,— ℳ

ein Teuerungszuschlag des Verlages von 200 %.

Guttentagsche Sammlung Deutscher Reichsgesetze.

Nr. **141.** **Sozialisierungsgesetze.** Von Rechtsanwalt Dr. **Otto Meier.** — **1920.** 15,— ℳ

Nr. **142.** **Wirtschaftliche Demobilmachung.** Von Geh. Reg.-Rat Dr. **Gg. Fischbach.** — **1920.** 8,— ℳ

Nr. **143.** **Reichsabgabenordnung** mit Einleitung. Von Rechtsanwalt Dr. **Friedmann.** — **1920.** 16,— ℳ

Nr. **144.** **Versicherungsgesetz für Angestellte.** Von Senatspräsident Dr. **Lippmann.** — **1920.** Mit Nachtrag, enthaltend Ergänzungen bis 23. Juli 1921. 24,— ℳ

Nachtrag einzeln. 2,— ℳ

Nr. **145.** Gesetzgebung über **Steuer- und Kapitalflucht.** Von Rechtsanwalt Dr. **E. H. Meyer.** 2. Aufl. — **1921.** 12,— ℳ

Nr. **146.** **Tabaksteuergesetz.** Von Rechtsanwalt Dr. **Wündisch.** — **1920.** 27,— ℳ

Nr. **147.** Gesetz über **Filmzensur.** Von Regierungsrat **Szczesny.** — **1920.** 14,— ℳ

Nr. **148.** **Reichsausgleichsgesetz.** Von Rechtsanwalt Dr. **Decke.** — **1920.** 14,— ℳ

Nr. **149.** **Reichsnotopfergesetz.** Von Rechtsanwalt Dr. **Friedmann** und Dr. **Richard Wrzeszinsky.** — **1921.** 36,— ℳ

Nr. **150** **Reichsschädengesetze.** Von Rechtsanwalt Dr. **Adolf Hohenstein** und Rechtsanwalt und Notar Dr. **Wenzel Goldbaum.** — **1921.** 50,— ℳ

ein Teuerungszuschlag des Verlages von 200 %.

Guttentagsche Sammlung Preußischer Gesetze.

Nr. 12. **Allgemeines Berggesetz.** Mit seinen Novellen und Nebengesetzen. **3. Aufl.**, bearbeitet von den Oberbergräten **Schlüter** und **Hense. — 1913.** * 10,40 M

Nr. 13. **Ergänzungssteuergesetz** (Vermögenssteuergesetz). Von Wirkl. Geh. Ob.Fin.Rat **A. Fernow. 5. Aufl.** Mit Nachtrag, enth. Ges. betr. Erhöhung der Zuschläge vom 8. Juli 1916. — **1914.** * 5,85 M

Nr. 14. **Kommunalabgabengesetz** vom 14. Juli 1893 und Ges. wegen Aufhebung direkter Staatssteuern. Von Oberbürgermeister Dr. **F. Adickes. 6. Aufl.** bearbeitet von Bürgermeister Dr. **Falk.** In Bearbeitung.

Nr. 15. Die **Kreisordnungen** für den Preußischen Staat. Von Land-G.Rat **O. Kolisch. — 1894.** * 5,50 M

Nr. 16. **Konzessionierung gewerblicher Anlagen.** Von Geh. Reg.Rat Dr. **W. v. Rüdiger. 2. Aufl. — 1901.** Vergriffen.

Nr. 17. Preußisches **Gerichtskostengesetz.** Vom 25. Juli 1910. Mit Kostentabellen. Von Kammer-G.Rat Dr. **P. Siméon. 7. Aufl. — 1913.** Mit Nachtrag: Abänderungen der Jahre 1919 und 1920. 20,— M

Nr. 18. Preußisches **Stempelsteuergesetz** vom 30. Juni 1909. Mit sämtlichen Ausführungsbestimmungen. Von **P. Loeck. 8. Aufl.** von Reg.Rat **W. Seyffarth. — 1914.** * 11,70 M
Neue Auflage in Vorbereitung.

Nr. 19. Das **Jagdscheingesetz.** Von Wirkl. Geh. Ob.Reg.Rat **F. Kunze. 2. Aufl. — 1899.** * 2,90 M

Nr. 20. Die **preußischen Erbschaftssteuergesetze.** Von Rechnungsrat **A. Hoffmann. — 1905.** * 5,20 M
(**Reichs**-Erbschaftssteuergesetz siehe Reichsgesetze Nr. **77** und Seite 22.)

Nr. 21. Gesetz über die **Handelskammern.** Von Min.Dir. **F. Lusensky. 2. Aufl. — 1909.** 15,— M

Nr. 22. Gesetz, betr. **Anstellung und Versorgung der Kommunalbeamten.** Von Dr. **W. Ledermann. 2. Aufl.**, bearbeitet von Dr. **L. Brühl. — 1914.** * 8,10 M

Guttentagsche Sammlung Preußischer Gesetze.

Nr. 23. **Ausführungsgesetz zum Bürgerlichen Gesetzbuche.** Von Kammer-G.Rat Dr. **P. Siméon. 3. Aufl. — 1914.** 12,— ℳ

Nr. 24. **Die Hinterlegungsordnung. (1879.)** Von Reg.Rat Dr. **G. Bartels. 2. Aufl. — 1908.** * 2,60 ℳ

— —, Abänderungsgesetz vom 21. April 1913 siehe Nr. **53.**

Nr. 25. **Preußische Kommunalbeamtengesetzgebung.** Von Mag.Assessor Dr. **F. Kremski,** Berlin. — **1901.** * 4,40 ℳ

Nr. 26. Gesetze über das **Diensteinkommen der Lehrer und Lehrerinnen, Ruhegehalt und Hinterbliebenenfürsorge.** Tabelle zur Berechnung der Ruhegehalts-, Witwen- und Waisenbezüge. Von Bürgermeister Dr. **E. Cremer. — 1900.** * 3,40 ℳ

Nr. 27. Gesetz, betr. die **Warenhaussteuer.** Von Geh. Ober-Fin.Rat Dr. **G. Strutz. — 1900.** * 1,95 ℳ

Nr. 28. Die **Fürsorgeerziehung Minderjähriger.** Von Geh. Justizrat Dr. **P. F. Aschrott.** Mit Ausführungsbestimmungen und allen wichtigeren Ministerialerlassen. **3. Aufl. — 1917.** 18,— ℳ

Nr. 29. Gesetz, betr. **die ärztlichen Ehrengerichte, das Umlagerecht und die Kassen der Aerztekammern.** Von Amtsgerichtsrat Dr. **F. Fidler. — 1901.** * 2,35 ℳ

Nr. 30. **Das Preußische Staatsschuldbuch** und **Reichsschuldbuch.** Von Wirkl. Geh. Ob.Fin.Rat **J. Mücke. — 1902.** * 2,60 ℳ

Nr. 31. **Die geltenden Preußischen Gesindeordnungen. Zwei Bände.** Von Rechtsanwalt **St. Gerhard.**

31 a. Gesindeordnung für die altpreußischen Provinzen vom 8. Nov. 1810, unter Berücksichtigung der Ergänzungsgesetze, der Rechtsverhältnisse der Stellenvermittler und Reichsversicherungsordnung, sowie die Gesindeordnungen für Neuvorpommern und Rügen und für die Rheinprovinz. **2. Aufl. — 1914.** * 4,40 ℳ

31 b. Gesindeordnungen für Hannover, Schleswig-Holstein, Hessen-Nassau und den Regierungsbezirk Hohenzollern. — **1902.** * 3,65 ℳ

ein Teuerungszuschlag des Verlages von 200 %.

Guttentagsche Sammlung Preußischer Gesetze.

Nr. 32. **Die Städteordnung für die sechs östlichen Provinzen Preußens.** Von Dr. **W. Ledermann** u. Dr. **L. Brühl. 2. Aufl. — 1913.** 32,— ℳ

Nr. 33. **Rentenguts- und Anerbenrechts-Gesetzgebung in Preußen.** Von Land-G.Rat **M. Peltasohn** und Rechtsanwalt **B. Peltasohn. — 1903.** * 4,40 ℳ

Nr. 34. Sammlung der wichtigsten **preußischen Strafgesetze** nebst Ges., betr. polizeil. Strafverfügungen, vom 23. April 1883. Von Geh. Ob.J.Rat **Lindemann. 2. Aufl. — 1912.** 13,— ℳ

Nr. 35. **Geschäftsordnung für Gerichtsvollzieher.** Von **E. Exner. — 1904.** * 4,55 ℳ

Nr. 36. **Polizeiverordnungen in Preußen.** Von Geh. Ober-Justizrat **O. Lindemann. — 2. Aufl. 1912.** 12,— ℳ

Nr. 37. Gesetz, betr. **Enteignung von Grundeigentum**, vom 11. Juni 1874. Von Ob.L.G.Rat **O. Meyer. 2. Aufl. — 1911.** * 3,25 ℳ

Nr. 38. **Kreis- und Provinzial-Abgabengesetz** vom 23. April 1906. Von Gemeindevorsteher **F. Schmidt. — 1906.** * 1,95 ℳ

Nr. 39. Gesetz, betr. die **Unterhaltung der öffentlichen Volksschulen.** Von Reg.Rat Dr. **A. Marcks. — 1906.** * 2,90 ℳ

Nr. 40. **Verwaltungsstrafverfahren** bei Zuwiderhandlungen gegen die Zollgesetze und indirekte Reichs- und Landesabgaben. Von Dr. **R. Katzenstein. — 1907.** 15,— ℳ

Nr. 41. Die **preußischen Jagdpolizeigesetze.** Von Wirkl. Geh. Ob.Reg.Rat **F. Kunze** und Rechtsanwalt **R. Kühnemann. 2. Aufl. — 1907.** * 5,20 ℳ

Nr. 42. Die Gesetzgebung über die **Allgemeine Landesverwaltung** und **Zuständigkeit der Verwaltungs- und Verwaltungsgerichtsbehörden.** Von Dr. **K. Friedrichs. 2. Aufl. — 1921.** 25,— ℳ

Nr. 43. Gesetz, betr. die **Zulassung einer Verschuldungsgrenze** für land- und forstwirtschaftlich benutzte Grundstücke. Von Syndikus Dr. **R. Leweck. — 1908.** * 3,40 ℳ

Zu den mit * versehenen Preisen tritt noch

Guttentagsche Sammlung Preußischer Gesetze.

Nr. **44.** **Quellenschutzgesetz** nebst den Ausführungsbestimmungen. Von Geh. Bergrat **E. Voelkel.** — **1909.** * 1,60 *M*

Nr. **45.** **Rechtsverhältnisse der Juden in Preußen.** Von Rechtsanwalt Dr. **M. Kollenscher.** — **1910.** * 3,40 *M*

Nr. **46.** Gesetz, betr. **Austritt aus der Landeskirche,** vom 14. Mai 1873. Von Ger.Assessor **H. Caro.** — **1911.** * 3,40 *M*

Nr. **47.** Gesetz, betr. die **Feuerbestattung.** Von Amtsgerichtsrat Dr. **W. Lohmann.** — **1912.** * 2,10 *M*

Nr. **48.** **Zweckverbandsgesetz für Groß-Berlin** vom 19. Juli 1911 nebst Abdruck des allgemeinen Zweckverbandsgesetzes. Von den Magistratsräten Dr. **L. Brühl,** Dr. **K. Gordan** und Stadtrat Dr. **W. Ledermann.** — **1912.** * 5,85 *M*

Nr. **49.** **Gesetze gegen die Verunstaltung landschaftlich hervorragender Gegenden** mit Ausführungsanweisungen. Von Regierungsrat **O. Goldschmidt.** — **1912.** * 3,40 *M*

Nr. **50.** **Gesetz, betr. die Anlegung und Veränderung von Straßen und Plätzen in Städten und ländlichen Ortschaften.** Von Oberlandgerichtsrat **O. Meyer.** — **1913.** 15,— *M*

Nr. **51.** **Das preußische Disziplinargesetz für die nichtrichterlichen Beamten** und die Privatdozenten. Von Regierungsrat Dr. **E. v. Dultzig.** — **1914.** 20,— *M*

Nr. **52.** **Preußisches Wassergesetz** vom 7. April 1913. Von den Rechtsanwälten **G. Wulff und F. Herold.** — **1913.** 25,— *M*

Nr. **53.** **Hinterlegungsordnung** vom 21. April 1913. Von Landrichter **Hagemann.** — **1914.** 10,— *M*

Nr. **54.** Gesetz, betr. **Anlegung von Sparkassenbeständen in Inhaberpapieren** nebst Ausführungsverordnung vom 8. Mai 1913. Von Rechtsanwalt **H. Döhring.** — **1914.** * 2,90 *M*

ein Teuerungszuschlag des Verlages von 200 %.

Guttentagsche Sammlung
von
Textausgaben ohne Anmerkungen mit Sachregister.

Betriebsrätegesetz. 5,— ℳ
Bürgerliches Gesetzbuch nebst **Einführungsgesetz. 14. Aufl.** 80,— ℳ
Erbschaftssteuergesetz mit Ausführungsanweisung. **2. Aufl.** 6,— ℳ
Freiwillige Gerichtsbarkeit. — 1920. 18,— ℳ
Handelsgesetzbuch nebst **Einführungsgesetz** und **Seerecht. 10. Aufl. — 1921.** 24,— ℳ
Konkursordnung mit **Einführungsges. 2. Aufl. — 1915.** 6,— ℳ
Kriegsgewinnsteuer. — 1916. * —,80 ℳ
Die Kriegssteuergesetze. 2. Aufl. — 1917. * 2,— ℳ
Militärstrafgerichtsordnung m **Einführungsges. — 1901.** * 1,95 ℳ
Militär-Strafgesetzbuch. 2. Aufl. — 1916. * 1,55 ℳ
Reichseinkommensteuer — Körperschaftssteuer — Kapitalertragssteuer — Landessteuer. 10,— ℳ
Einkommensteuergesetz in der Fassung der Novelle v. 24. März 1921 mit den **Ausführungsbestimmungen,** ergänzt durch die Verordnungen bis Ende 1921. **— 1921.** 18,— ℳ
Reichsfinanzgesetze von 1909. **— 1909.** * 2,60 ℳ
Reichsnotopfergesetz. * 1,50 ℳ
Reichsversicherungsordnung (**Kranken-**, Unfall-, Invaliden- und Hinterbliebenenversicherung). **20. bis 30. Tausend.** * 6,— ℳ
Strafgesetzbuch. — 1921. 10,— ℳ
Strafprozeßordnung. 3. Aufl. — 1920. 18,— ℳ
Umsatzsteuergesetz. — 1920. 5,— ℳ
Verkehrs- u. Kohlensteuer u. Kriegssteuerzuschlag. 1917. * 2,— ℳ
Verfassung des Deutschen Reiches v. 11. 8. 1919. **2. Aufl.** 9,— ℳ
Verfassung des Freistaates Preußen. 5,40 ℳ
Versicherungsgesetz für Angestellte. — 1911. S. **R.** 144. Vergriffen.
Wechselordnung. — 1908. 8,— ℳ
Wehrbeitrag und Besitzsteuer. — 1913. * 1,30 ℳ
Zivilprozeßordnung mit **Gerichtsverfassungsgesetz** und **Einführungsgesetzen. 1921.** 24,— ℳ
Zuwachssteuergesetz. — 1911. * 1,05 ℳ
— — Ausführungsbestimmungen. — 1911. * —,80 ℳ
Preuß. Ausf.-Anweis. zur **Gewerbeordnung. — 1904.** * 2,90 ℳ

ein Teuerungszuschlag des Verlages von 200 %.

Größere Kommentarwerke in neuen Bearbeitungen.

Das Bürgerliche Gesetzbuch mit besonderer Berücksichtigung der Rechtsprechung des Reichsgerichts, erläutert von den Reichsgerichtsräten **Busch, Schaffeld,** Dr. **Ebbecke, Erler, Kiehl,** Dr. **Lobe, Mansfeld, Michaelis, Oegg, Schliewen, Seyffarth.** Drei Bände. **4. Auflage. 1922.** Lexikon-Oktav. Preis geb. 600,— *M*

Staubs Kommentar zum Handelsgesetzbuch. Von **Heinrich Koenige,** Senatspräsident am Reichsgericht in Leipzig, **Albert Pinner,** Justizrat in Berlin, und Dr. **Felix Bondi,** Geh. Justizrat in Dresden. **11. Auflage. 1921.** Lexikon-Oktav. Zwei Bände in vier Halbbänden mit Register. Preis 450,— *M*, geb. 660,— *M*.

Staubs Kommentar zur Wechselordnung, fortgesetzt von Dr. **J. Stranz** und Dr. **M. Stranz. 9. Auflage** bearbeitet von Justizrat Dr. **W. Stranz,** Rechtsanwalt am Kammergericht, und **Martin Stranz,** Rechtsanwalt an den Landgerichten Berlin. **1920.** Groß-Oktav. Preis 108,— *M*, geb. 133,— *M*.

Das deutsche Seerecht nebst Erläuterungen zu den seerechtlichen Nebengesetzen. Von Reichsgerichtsrat Dr. **Georg Schaps †. 2., vollständig umgearbeitete Auflage.** Nach dem Tode des Verfassers fertiggestellt und herausgegeben von Dr. **Max Mittelstein,** Senatspräsident am Hanseatischen Oberlandesgericht, Vorsitzender des Prisengerichts Hamburg, und Dr. **Julius Sebba,** Rechtsanwalt am Oberlandesgericht Königsberg. Erster Band. (Handelsgesetzbuch: Viertes Buch.) **1920.** Groß-Oktav. Preis geh. 320,— *M*, geb. 370 *M*.

Die Konkursordnung mit Einführungsgesetz, Nebengesetzen und Ergänzungen. Kommentar von Geh. Justizrat Dr. **Th. Wolff,** Kammergerichtsrat. **2., wesentlich vermehrte und verbesserte Auflage. 1921.** Gr.-Oktav. Preis 127,50 *M*, geb. 152,50 *M*.

Das Reichs-Strafgesetzbuch mit besonderer Berücksichtigung der Rechtsprechung des Reichsgerichts, erläutert von Dr. **Ludwig Ebermayer,** Oberreichsanwalt am Reichsgericht, **Julius Eichelbaum,** Reichsgerichtsrat, Dr. **Adolf Lobe,** Senatspräsident, und **Werner Rosenberg,** Reichsgerichtsrat. **2. Aufl.** Lexikon-Oktav. Im Druck.

Schlagwort-Register

R. = Nummer der Sammlung Deutscher **Reichs**gesetze.
P. = Nummer der Sammlung **Preußischer** Gesetze.
S. = Seite.

Schlagwort-Register. (R. = Reichsgesetz, P. = preuß. Gesetz.)

Schlagwort-Register. (R. = Reichsgesetz, P. = preuß. Gesetz.)

Schlagwort-Register. (R. = Reichsgesetz, P. = preuß. Gesetz.)

FSC
www.fsc.org
MIX
Papier | Fördert
gute Waldnutzung
FSC® C083411

Kolibri 360 GmbH
Ferdinand-Jühlke-Straße 7
99095 Erfurt, Deutschland
produktsicherheit@kolibri360.de